中青年经济与管理学者文库

西安石油大学优秀著作出版基金
油气资源经济管理研究中心 联合资助
国家哲学社会科学基金项目（16XJY007）

XINNENGYUAN CHANYE HUANJING XIAOYING YU JIAGE BUTIE ZHENGCE YANJIU

新能源产业环境效应与价格补贴政策研究

李志学 著

中国财经出版传媒集团
中国财政经济出版社

图书在版编目（CIP）数据

新能源产业环境效应与价格补贴政策研究 / 李志学著．-- 北京：中国财政经济出版社，2020.8

（中青年经济与管理学者文库）

ISBN 978 -7 -5095 -9889 -4

Ⅰ.①新… Ⅱ.①李… Ⅲ.①新能源－产业发展－研究－中国 ②新能源－价格补贴－财政政策－研究－中国 Ⅳ.①F426.2 ②F812.0

中国版本图书馆 CIP 数据核字（2020）第 117415 号

责任编辑：马 真　　责任印制：党 辉

封面设计：智点创意　　责任校对：徐艳丽

中国财政经济出版社 出版

URL：http：//www.cfeph.cn

E-mail：cfeph@cfemg.cn

社址：北京市海淀区阜成路甲 28 号 邮政编码：100142

营销中心电话：010 -88191537

北京富生印刷厂印刷 各地新华书店经销

880×1230 毫米 32 开 9.75 印张 230 000 字

2020 年 8 月第 1 版 2020 年 8 月北京第 1 次印刷

定价：45.00 元

ISBN 978 -7 -5095 -9889 -4

（图书出现印装问题，本社负责调换）

本社质量投诉电话：010 -88190744

打击盗版举报热线：010 -88191661 QQ：2242791300

策划人语

题记：一个人的精神成长史，取决于他的阅读史。只有阅读能最有效地培养精神生活习惯，而好的习惯又培养性格，性格决定人生。

——我们自豪，因为我们就是创造这精神产品的人。

选择了飞翔，总能看到蓝天；选择了远航，总能感受大海。人生不仅要作出选择，也要坚持住自己的选择。学会计、当编辑是我的意外选择。人说编辑是为人做嫁衣，可是这一选择我坚持了27年，苦在其中，乐在其中，也算是有声有色。每当我把一本本好书呈献给人们的时候，我觉得我是“富贵”的人：富，不是你身上的钱财，而是你心里的满足；贵，不是你地位的显赫，而是你被人需要的程度。

书海探寻，情怀永恒

我要说，做编辑我幸运，因为我不仅是第一个读者，可以对作品“品头论足”，也可以对作品“生杀予夺”；更重要的是，这是一个很高层次的平台，在多年与名家的交往和名著的“对话”中，深深地为他们的人格和才学所感动，被作品的精彩所吸引，这不仅使我“下笔如有神”，更使我的思想和灵魂也受到一次次洗礼和震撼，得到一次次升华。对于我的作者我的书，如数家珍，作者中不乏才学和为人同样过人的多位泰斗和“颜值高责任大”的众多才子佳人；策划的作品不仅立足专业还兼顾人文，也是情怀所在，专业加人文路才会更宽。

多年的体会是，作为一名编辑，起码要“三心二意”，即“责任心、细心、耐心”和“服务意识、创新意识”。要多策划一些有分量的拳头产品，用一个选题推动一个系统工程，用一个系统工程培养一个出版社品牌。给新入职编辑讲座时我做过一个比喻：编辑两项基本功，审稿——甚至要比博导审批学生论文还要全面、细致；选题策划——要像电影导演一样做“星探”，善于发现优秀作者和挖掘好的原创作品。记不得27年来我策划和编辑了多少书，组织和策划了一大批教材、业务培训用书、通俗读物、理论专著等，有的获得过国家、省部级各类奖项，有的以其填补空白、社会热点、风格新颖、开拓尝试等特点受到读者的欢迎。20世纪90年代我开始自主策划选题，多年来每年都有新丛书问世。比如，21世纪初内部控制研究在国内刚兴起时，策划了《现代内部控制丛书》，其中《企业内部控制管理操作手册》是我鼓励作者将自己饱含心血的经过长期钻研和实践并证明卓有成效的成果奉献付梓，使得更多的人能受益于此，这无疑是对我国内部控制理论探索和实践发展的一种贡献，内部控制选题至今还是热点。2013年的《来去无尘——一位财政部长的生前事》所展现的吴波精神，与深入推进党风廉政建设相得益彰，得到中央领导同志的高度重视和重要批示。中央各大主流媒体纷纷连续报道，掀起了全社会学习吴波高尚情操的热潮。2014 年至今的前沿选题《财务云丛书》等也越来越受到业界认可。

想是问题，做是答案

众所周知，目前的图书出版业在行业竞争和纸质图书受到严重冲击的情况下，出版人无不感到莫大的危机。在这种背景下，策划一套专业图书是颇感困惑的一件事，风险更大。但即使这样我们也不能因噎废食、停滞不前，还要积极应对，继续发挥纸质图书的固有特质，挖掘出版内容和形式都精彩的原创作品，适应新形势下读者的更高需求。2017 年，我们接受新的挑战，开启新的征程，又策划《中青年经济与管理学者文库》《当代税收名家丛书》《中国税务律师系列丛书》《现代管理实务丛书》《高等院校应用型会计人才精细化培养系列教材》等，继续为扶持学术研究和总结最新成果，在高端研究与专业知识普及和应用之间搭建一座座有益的桥梁。

每一个时代的经济环境不同，理论研究和实务探索所需要解决的问题也有所差别。当前我国不仅处于经济结构调整和供给侧改革的攻坚期，同时也处于大数据和互联网突飞猛进的变革期，矛盾叠加，风险交汇，市场环境和组织模式不断演变发展、推陈出新，经济、管理、财税等领域的新理论、新思想、新方法、新工具也层出不穷。乱花渐欲迷人眼，击水三千浪几何？这些领域的研究人员被时代赋予了更艰巨的责任，也面临着更高、更多元的要求，我们不仅要具备更广阔的学术视野，而且要有更严谨的学术思维。

输在犹豫，赢在行动

《中青年经济与管理学者文库》的作者，都是我国经济与管理领域的中坚力量，也是未来的大家。他们中有些人潜心从事理论研究，有些人则深耕在实务一线，但无论现实身份如何，视野全都没有被拘泥在“象牙塔”内。他们从不同视角对市场经济的不同要素进行细致审视，然后汇聚于“财经版”这面旗帜之下，相互碰撞，彼此激荡，力求在市场经济转型升级的关键时期留下最新鲜的“中国印记”。

这些经济与管理领域的中青年学者，就是我国市场经济发展的潜力与优势，他们的研究成果，不仅将引领市场经济的各个组成环节向更科学、更先进的方向发展，而且将成为我国政府和企业在未来经济世界扮演更重要角色的支点与动力。祝愿这些中青年学者能攀上更高的学术之山，走向更远的研究之路，也期待宏观、中观、微观各个层面的市场参与者都能从这套文库中得到切实的启发与指引，在全面深化改革、增强发展活力的关键时期，发挥正能量和积极作用，为经济社会发展增添新的动力！

如果您认可，如果您有意愿，欢迎您和您的朋友加盟我们的作者队伍！在中国财经出版传媒集团的“旗舰”下，中国财政经济出版社这“老字号”，一定励精图治，谱写新的篇章。我们用“龙的精神，玉的品质”来助力您实现梦想！

策划人：樊清玉
邮箱：qingyuf@ sina. com
2017 年春

自20世纪70年代以来，新能源越来越受到世人的关注。按照《关于可再生能源发展“十三五”规划实施的指导意见》，2020年底我国新能源发电装机容量将达到3.9亿千瓦以上，在全国电源总装机结构中占比达到29%，其中风电在我国电源结构中占比提升至10%。新能源作为传统常规能源的替代和补充，具有传统能源所不具备的优势，而我国新能源产业发展目前正处于起步阶段，尽管国家给予新能源产业诸多优惠政策，但其仍存在开发成本、技术以及财务绩效等方面的劣势。另外，新能源相较于传统能源在环境效应方面的优势如何衡量？发展新能源产业在财务绩效方面的劣势如何规避？国家对新能源产业补贴的依据又是什么？显然，传统的企业绩效评价方法已不适用于具有环境效应价值的新能源产业。党的十

九大对建设“资源节约型，环境友好型”社会的重申也在提醒人们发展新能源产业在节约资源、改善环境以及维持人类可持续发展方面发挥着重要作用。在此背景下，本书意在研究较之于传统能源，新能源产业所带来的环境效应有哪些以及如何改进原有绩效评价体系，以适应具有正外部性的新能源企业，并对新能源发电产业成本特征和投资效率进行分析，以环境效应价值、成本特性、投资结构为基础对价格补贴政策提供建议，从而推动新能源产业的可持续发展。

党的十九大对“资源节约型、环境友好型”社会的重申在某种程度上明晰了新能源产业发展的重要性，是对我国进一步发展新能源产业的鞭策，同时也符合我国供给侧结构性调整的发展趋势。本书首先以研究背景和意义为出发点，一是测算新能源所创造的环境效应价值，并将其数量化和货币化；二是试图对传统财务绩效评价指标体系进行修正，建立一套包含环境效应价值因素的新能源企业财务绩效评价指标体系；三是基于新能源所创造的环境效应价值和新能源企业财务绩效评价状况为国家完善价格补贴政策提供理论依据和可操作性的政策建议。与此同时，新能源发电与传统火电相比成本水平与上网电价较高，产业的发展离不开政府的补贴政策。在文献综述的基础上，对新能源发电成本与价格补贴政策进行了理论分析，探索了价格补贴政策的理论基础，分析了发电成本与价格补贴相关性研究的必要性。其次，本书介绍了新能源发电的成本特点，通过时间序列数据实证分析了新能源发电在初始投资阶段和生产运营阶段的成本结构特点，以及风力发电、光伏发电等新能源发电产业现阶段的生产成本水平；分析了新能源发电产业度电成本的影响因素；建立了风力发电产业单因素和双因素的学习曲线模型，从而分析成本水平的变动规律。本书还对成本对价格补贴的影响进行实证研究，对22

家新能源发电企业2014—2017年的成本与补贴数据进行相关性分析与回归处理。结果表明，新能源发电成本与价格补贴之间存在显著的正相关关系，新能源发电与传统火电在成本与上网电价之间的差异决定了价格补贴的额度与比例，发展前期成本水平的逐步降低需要较高额度的补贴支持，补贴政策对于成本降低具有显著的激励效果。本书利用Richardson投资效率模型对选取的新能源上市公司样本进行多元回归分析，得出了新能源企业存在过度投资的结论，然后在Richardson模型中将价格补贴作为影响因子加入，得到新的投资效率模型并进行回归，对比两次回归的残差得出了价格补贴与投资行为的强相关性结论。

关于新能源环境效应、成本特征、投资结构等与价格补贴之间相互关系的研究有很多，相比之下，本书的创新和主要建树表现在六个方面。

第一，理论创新。在对新能源产业环境效应的研究方面，提出了自然资源节约效应与环境改良效应的观点。假设新能源发电与煤电可等量替代，则可以用等效发电量所消耗的煤炭资源数量作为新能源替代煤电所节约的煤炭资源数量，再将其与单位煤炭成本、发电量相乘，所得结果即为新能源发电的煤炭资源节约价值；假设新能源发电与煤电可等量替代，则用等效发电量消耗的煤炭污染物排放量与相应的污染物环境价值标准和发电量相乘，所得结果即为新能源发电的环境改良价值，从这两个层面来评价新能源产业的环境效应。

第二，应用创新。将环境效益理论引入新能源公司绩效评价中，构建了新能源公司环境绩效评价模型。本书以资源价值和环境价值的产出为切入点，以具有资源节约效应和环境改良效应的新能源企业为研究对象，对现行企业绩效评价体系进行重新思考和构建，重建的指标体系是在原有财务绩效评价体系的基础上引入环境指标，该指标的引入可同时分析企业的经济效益、资源节约价值和环境改良价值，该体系是对传统企业财务绩效评价体系的进一步发展和完善。以我国48家新能源上市企业为研究样本，综合运用因子分析法和熵值法进行实证分析，以能够反映新能源企业盈利能力、营运能力、偿债能力、现金流量、发展能力和环保能力这六个方面的指标对新能源企业绩效进行评价。首先运用因子分析法按照降维的思想筛选出具有代表性的五个公因子，然后采用客观赋权法——熵值法对各个公因子赋予权重，通过计算得出48家企业的综合得分与排名情况，得出了新能源企业环境效应对财务绩效具有显著影响、各企业财务绩效差异显著以及总体现金流不足的结论，分别从企业和政府两个角度提出新能源企业需加强现金流管理，提高研发技术水平，引进先进管理经验和增强核心竞争力等政策建议。

第三，通过对新能源产业的成本结构与成本水平进行横向对比研究，揭示新能源产业与传统能源产业显著的成本差异。通过时间序列数据实证分析了新能源发电在初始投资阶段和生产运营阶段的成本结构特点，以及风力发电、光伏发电等新能源发电产业现阶段的生产成本水平，得出了新能源发电初始投资环节，设备购置及安装费用在成本结构中所占比重最高，折旧费用在新能源发电度电成本结构中占比最高；分析了新能源发电产业度电成本的影响因素，建立了风力发电产业单因素和双因素的学习曲线模型，得出了累计装机容量和研发投入对于风力发电度电成本的降低具有显著影响，进而分析成本水平的变动规律，从而概括了新能源产业的成本特征，即新能源发电在众多电力生产方式中，成本水平较高，企业间发展规模和成本水平存在差异，发电市场向大型发电企业集中。新能源发电成本受多种因素影响，在装机容量及研发投入等因素作用下，成本呈现出逐渐下降的趋势，此项结论为完善新能源产业价格补贴政策奠定了理论基础。

第四，在探讨价格补贴与新能源发电成本的相关性基础上，研究了新能源公司发电成本、投资增长与价格补贴的关系，即以新能源上市公司中的风力发电企业为研究样本，建立 2014—2017 年关于成本、总资产增长率与价格补贴间的面板数据。结果表明，新能源公司发电成本与投资增长均与价格补贴有较强的相关性，新能源发电成本与价格补贴之间存在显著的正相关关系，新能源发电与传统火电在成本与上网电价之间的差异决定了价格补贴的额度与比例，发展前期成本水平的逐步降低需要较高额度的补贴支持，补贴政策对于成本降低具有显著的激励效果，为价格补贴政策的调整提供了实证基础。

第五，本书认为国内外价格补贴存在方式、力度及特征上的差异，在横向对比国内外价格补贴政策，调查分析我国新能源价格补贴政策的内容与实施效果的基础上，以新能源上市公司为例，测算了价格补贴对企业经营绩效的影响，指出了我国新能源价格补贴政策中存在的主要问题，如产品定价缺陷、补贴资金缺口、发电上网障碍和价格补贴引致的贸易争端等，并提出了完善我国价格补贴政策的途径，主要有：完善定价机制、协调电网关系、拓宽补贴资金渠道、减少直接补贴等。

第六，在新能源产业投资影响因素方面，突出价格补贴政策的引导性，对 Richardson 投资效率模型进行改造应用。应用和模仿 Richardson 投资效率模型，首先，引入 Richardson 投资效率模型并对其变量做出理论解释，选取多家新能源上市企业作为样本，用 Richardson 模型做回归分析。其次，在模型中加入政府价格补贴变量。最后，做回归分析，并比较两次回归分析的残差，得出新能源行业存在过度投资行为且政府价格补贴对投资行为影响显著的结论。

绪　论

1.1　研究背景

工业社会的发展建立在能源消费基础之上，其中煤与石油是最受依赖的资源。能源是人类社会发展的重要物质基础，传统化石能源的大量开采直接带动了人类社会的迅速发展，同时带来了全球性的环境污染与气候变化。大量雾霾、酸雨、气候变暖等环境问题的出现也制约着全球社会的健康发展和人类的身体健康。目前全球对于能源的需求和消费呈现不断增长的趋势，能源发展面临化石能源的日益枯竭、新能源技术和接受度受限以及全球气候变化的挑战。能源经济中逐渐发挥新能源的优势，提高新能源在全球能源消费中的比重，构建清洁可持续的能源消费结构，是未来全球经济发展的要求。新能源因其清洁低碳、安全高效、循环可再生等优点，在能源利用中具有不可替代的地位，在全世界范围内影响力不断提高。

伴随着我国能源供给侧改革的深入推进，我国能源正优化发展。改革开放以来，我国能源结构从原煤为主正在向多元化、清洁化转变，发展动力正在由传统能源向新能源转变。新能源发电不需要传统化石能源的消耗，而且可以提供持续的电力支持，具有较大的成本下降空间。随着新能源发电技术的发展以及规模化发展，我国新能源发电成本下降速度明显，风力发电机组设备和光伏组件价格近五年分别下降了大约 20% 和 60% 。在南美洲、非洲和中东的个别国家，风力发电和光伏发电的招标电价已经具有一定的竞争力，美国长期购电协议价格也已经和传统化石能源发电方式达到均等水平。据统计①，以发电站的全生命周期计算，每发 1 千瓦 · 时电，传统火电碳排放能够达到 900 毫克，天然气发电碳排放能够达到 435 毫克，而光伏发电碳排放只有 110 毫克，风力发电碳排放仅为 17 毫克。可以看出新能源发电对于减少碳排放和改善环境具有非常重要的作用。在这个独特的竞争优势下，众多国家已将新能源作为战略性产业，投入大量资金支持新能源技术研发和产业发展，先后给予以风力发电和光伏发电为主的新能源发电产业价格补贴等政策，加大产业本身的经济竞争能力。新能源产业已成为国际竞争的新领域。以风力发电为例，如表 1 - 1 所示，欧洲地区发展风电较早，风电装机一直排在世界首位，从 2014 年开始亚洲地区开始在世界范围保持首位。如表 1 - 2 所示，截至 2017 年底，我国风电累计装机达到 188392 兆瓦，世界占比 35% ，2017 年新增装机 19660 兆瓦，世界占比 37% 。根据全球风能理事会数据，从 2008 年起，我国风电累计

① 《2015 年中国电力年鉴》。

装机容量和新增装机容量都居世界首位，截至2018年底，风电累计装机容量达到206吉瓦，我国成为世界上第一个总装机容量超过200吉瓦的国家，提前两年达到200吉瓦的目标（“2016—2020年五年计划”）。

表1-1 2005—2017年全世界风电装机容量 单位：万千瓦

年份	亚洲	欧洲	拉美和加勒比	北美洲	太平洋地区
2005	699.0	4090.0	21.2	983.4	89.2
2006	1056.9	4856.6	50.7	1303.8	104.0
2007	1579.5	5713.9	53.3	1867.0	115.8
2008	2418.8	6574.1	65.3	2743.7	164.3
2009	3963.9	7647.1	130.6	3840.5	222.1
2010	6110.6	8664.7	147.8	4482.5	251.6
2011	8207.0	9704.3	228.0	5276.3	286.1
2012	9771.5	10981.7	353.0	6774.8	321.9
2013	11596.8	12157.3	477.7	7085.0	387.4
2014	14197.3	13425.1	856.8	7793.5	444.2
2015	17597.0	14789.9	1221.8	8828.3	482.3
2016	20428.1	16134.2	1531.2	9748.5	494.8
2017	22868.4	17750.6	1789.1	10532.1	519.3

数据来源：Wind数据库。

表1-2 2017年世界风力发电装机容量排名

	风力发电累计装机容量世界排名			风力发电新增装机容量世界排名		
排序	国家和地区	兆瓦	占比（%）	国家和地区	兆瓦	占比（%）
1	中国	188392	35	中国	19660	37
2	美国	89077	17	美国	7017	13

续表

	风力发电累计装机容量世界排名			风力发电新增装机容量世界排名		
排序	国家和地区	兆瓦	占比（%）	国家和地区	兆瓦	占比（%）
3	德国	56132	10	德国	6581	12
4	印度	32848	6	英国	4270	8
5	西班牙	23170	4	印度	4148	8
6	英国	18872	4	巴西	2022	4
7	法国	13759	3	法国	1694	3
8	巴西	12763	2	土耳其	766	1
9	加拿大	12239	2	南非	618	1
10	意大利	9479	2	芬兰	535	1
	其他国家和地区	82391	15	其他国家和地区	5182	10
	排名前10国家总和	456732	85	排名前10国家总和	47310	90
	世界总和	539123	100	世界总和	52492	100

数据来源：GWEC。

我国新能源种类丰富，分布范围广泛，区域性显著。我国新能源发电产业起步较晚，发展速度较快，风电与光伏发电产业在20世纪七八十年代开始向规模化发展。近七年我国新能源发电产业发展如表1－3所示，风力发电和光伏发电2011年累计装机仅为0.48亿千瓦，截至2017年底，累计装机容量已达2.9亿千瓦，同比增长31%；2017年我国风力发电和光伏发电总发电量达到4238亿千瓦·时，同比增长38%，在总发电量结构中占比6.6%，同比提高1.5%。

表1－3 2011—2017年中国新能源发电累计装机容量及发电量

年份	风力发电				光伏发电			
	累计装机容量（万千瓦）	装机占比（%）	发电量（亿千瓦·时）	总发电量占比（%）	累计装机容量（万千瓦）	装机占比（%）	发电量（亿千瓦·时）	总发电量占比（%）
2011	4623	4.4	741	1.6	212	0.2	7	0
2012	6142	5.4	1030	2.1	341	0.3	36	0.1
2013	7652	6.1	1383	2.6	1589	1.3	84	0.2
2014	9657	7	1598	2.9	2486	1.8	235	0.4
2015	13075	8.6	1856	3.2	4218	2.8	395	0.7
2016	14747	8.9	2409	4	7631	4.6	665	1.1
2017	16367	9.2	3057	4.8	13025	7.3	1182	1.8

数据来源：国网能源研究院。

随着新能源发电装机容量规模的不断扩大，新能源发电在我国目前的电源结构中所占比例也逐年增加。截至2017年底，传统火电在我国电源结构中占比69%，风力发电在我国电源结构中占比达到9%，太阳能发电在电源结构中占比8%，核电在电源结构中占比2%，水电在电源结构中占比19%。根据《关于可再生能源发展“十三五”规划实施的指导意见》，2020年底我国新能源发电装机容量将达到3.9亿千瓦以上，在全国电源总装机结构中占比达到29%，其中风电在我国电源结构中占比提升至10%，太阳能发电在我国电源结构中占比提升至8%。

自20世纪70年代以来，新能源越来越受到世人的关注。首先，新能源作为传统常规能源的替代和补充，具有传统能源所不具备的优势，而我国新能源产业发展目前正处于起步阶段，尽管国家给予新能源产业诸多优惠政策，但其仍存在开发成本、技术以及财务绩效等方面的劣势。因此，新能源相较于传统能源在环境效应方面的优势如何衡量？发展新能源产业在财务绩效方面的劣势如何规避？国家对新能源产业补贴的依据又是什么？显然，传统的企业绩效评价方法已不适用于具有环境效应价值的新能源产业。其次，党的十九大对建设“资源节约型，环境友好型”（以下简称“两型”）社会的重申也在提醒人们发展新能源产业在节约资源、改善环境以及维持人类可持续发展方面发挥着重要作用。随着新能源发电产业的发展，电力市场竞争环境越发激烈，电力价格成为企业间竞争的关键。而发电成本是确定电力价格最基本的因素，也是市场竞争决定性的因素。新能源企业需要准确掌握其发电成本，从而实现对成本的动态管理，合理分摊成本，通过对成本的控制来多途径降低成本，提升利润空间和整体竞争力。因此深刻认识成本结构、深入分析成本动态变化趋势以及有力的成本控制对于现在的发电企业来说显得愈发重要。

伴随着传统化石能源储能安全问题和对环境负面影响程度的扩大，促进可再生能源技术进步和成本降低，进一步扩大可再生能源应用规模，提高可再生能源在能源消费结构中的比重，有利于推动我国能源结构优化升级。为了降低可再生能源的成本，鼓励可再生能源的积极应用，国内外纷纷给予可再生能源产业相应的经济鼓励。其中，补贴政策是积极机制中的重要组成部分。补贴政策具有积极的导向作用，对于可再生能源发展具有激励效果。

在价格补贴政策的带动下，我国新能源发电企业数量不断增加，规模不断扩大，但是成本仍然居高，与传统能源相比处于劣势，并且目前弃风弃光现象有增无减，政策的补贴成本压力逐渐增大。目前国内外学者对新能源的研究已经形成了理论体系，主要有对新能源发电投资成本的研究与技术创新下的成本变动研究等，并得出了具有代表性的结论。随着补贴政策的逐步深入和新能源产业成本的不断下降，补贴政策的力度与原则也在面临着考验。新能源发电在经营中成本具有哪些特征？目前我国新能源发电成本水平与传统电力方式差距多大？价格补贴与成本之间具有什么样的关系？补贴政策又应如何改进？在此背景下，本书意在研究较之于传统能源，新能源产业所带来的环境效应有哪些以及如何改进原有绩效评价体系，以适应具有正外部性的新能源企业，并以环境效应价值为基础，研究新能源电力的成本特性，如何完善价格补贴政策，提升发电上网竞争力。

1.2　研究意义

此次十九大“两型”社会的重申在某种程度上明晰了新能源产业发展的重要性，是对我国进一步发展新能源产业的鞭策，同时也符合我国供给侧结构性调整的发展趋势。本书旨在梳理总结国内外学者已有研究的基础上，首先，测算新能源所创造的环境效应价值，并将其数量化和货币化；其次，试图对传统财务绩效评价指标体系进行修正，建立一套包含环境效应价值因素的新能源企业财务绩效评价指标体系；最后，基于新能源所创造的环境效应价值和新能源企业财务绩效评价状况为国家完善价格补贴政策提供理论依据和可操作性的政策建议。

1.2.1　学术价值

（1）理论意义。第一，拓宽相关新能源研究领域。随着新能源产业被列为七大战略新兴产业以来，学者们便从各个角度对新能源产业展开了研究，其研究在新能源产业的环境价值以及环境绩效与财务绩效关系等方面有所进展，但关于新能源产业环境效应价值及其财务绩效评价的研究少之又少，仍处于探讨阶段，直至最近几年该领域才有部分学者开始涉足，并开展相关调查研究。因此，本书基于环境效应价值的视角，为研究新能源绩效评价问题提供新的思路。

第二，完善新能源绩效评价指标体系。目前学术界评价新能源企业的绩效仍采用传统的绩效评价指标体系，但该指标体系并未包含新能源创造的环境效应价值，因此评价结果并不能真实客观地反映新能源企业的真实业绩，新能源显著区别于传统能源的特征在于其环境效应价值创造能力。为了客观、科学评价新能源企业绩效，环境效应价值的评价在绩效评价指标体系中的重要性不言而喻。因此，本书的研究旨在完善传统企业绩效评价指标体系，建立囊括环境效应价值评价的新能源企业绩效评价指标体系，使其更适应新能源企业的实际发展。

（2）现实意义。第一，量化环境效应价值。新能源产业发展必然产生环境效应价值，其是新能源产业发展带来的正外部性，本书认为资源节约和环境改善两个方面均属于新能源创造的环境效应价值。据此，本书从环境效应价值视角切入，梳理了我国新能源产业的发展状况，根据产业、能源与环境和资源经济学三种经济学知识探讨新能源产业的上述两种价值，初步构建环境效应价值的测算模型，将其数量化和货币化并进行测算，使新能源的环境效应价值更实用和可操作。

第二，客观评价新能源企业绩效。目前国家给新能源企业提供了较多诸如财税补贴等优惠政策，但国家的补贴依据是什么？补贴产生的效果如何？如何在享受补贴的同时刺激新能源企业的发展积极性？上述问题均来源于科学的新能源企业绩效评价。因此，本书以环境效应价值作为研究的切入点，构建新能源企业的财务绩效评价指标体系，其包含环境效应价值因素，以期为国家制定合理的价格补贴政策提供相应的理论支撑并提出可操作性的政策建议以供参考。

第三，明确成本特征与水平。本书在总结国内外已有文献，梳理不同研究方向与相关结论的基础上，分析新能源发电成本的特征、水平与变动规律，对我国新能源发电成本与补贴进行相关性研究，有利于明晰我国新能源发电产业在国际上的地位，有利于了解新能源发电产业与传统火电之间的成本水平差异；同时，明晰新能源发电成本对价格补贴的影响，是促进可再生能源规模化发展的重要措施，同时又是目前急需解决的问题。本书以发电成本为切入点，为构建价格补贴政策提供理论支撑与实践支持。

1.2.2 实际应用价值

新能源产业环境效应价值测算模型为新能源公司环境绩效评价奠定了理论基础，在新能源公司环境绩效评价中，有较强的应用价值；本书研究所获得的新能源公司发电成本和投资增长与价格补贴的相关性研究结果对于进一步调整价格补贴政策、提高各行业价格补贴政策的有效性具有较强的应用价值；本书研究提出的新能源产业价格补贴政策建议吸收了国外新能源产业价格补贴政策的实践经验，总结了我国价格补贴政策实践中的问题，对于进一步调整我国新能源产业价格补贴政策有一定的指导意义。

1.3 国内外研究现状综述

1.3.1 环境效应研究

研究环境效应不能脱离我们生存的生态环境。因此，学者们大多结合生态环境与环境效应功能进行研究，研究的生态环境主要包括水、空气、土地等自然资源。O. G. Manoliadis 和 Krueger（2001）研究认为某一国家或某一地区的环境质量受规模效应、结构效应和技术效应因素的影响，且这三种因素伴随着经济增长而作用更加显著。Taylor（2003）和 Copeland（2016）构建了分解环境效应的数学模型，通过该模型分解测算了出口生产的环境总效应。Philippe Menanteau et al.（2003）发现新能源产业的发展有利于大气质量的改善，从而保护我们的生态环境。Bin Du、Zhigang Lia 和 Jia Yuan（2003）从社会、经济、自然以及生物等方面出发，系统地评价了灌溉工程对环境造成的影响。Ding 和 Han 等（2006）较详细地综述和评述大气非均相反应及其环境效应的最新研究进展，并系统地综述了大气非均相反应的研究方法。Hu 和 Wang（2006）是第一个运用 DEA 模型摸索研究我国各地区能源效率问题的学者，其提出的“全要素能源效率”概念开创了运用 DEA 模型研究能源效率的先河。Felix Amerasinghe 等（2008）认为当地灌溉农业的发展导致水涝、土壤肥力下降、土地沉积与生态环境恶化等环境问题。Kozue Yuge 等（2008）研究发现水稻灌溉能够有效防治污染水扩散，有利于改善生态环境。Evans A et al.（2009）对比研究风电、光伏发电与水电，发现在所有新能源当中风电的温室气体排放量最少，水资源消耗量也最小，相较于其他类型新能源其环境效益价值显著较大。Johnson CC Jr（2017）运用四个指标（水资源、生态和生物状况、公共健康和土地资源）对塞内加尔河三角洲地区的灌溉工程进行环境评价，并提出保护生态环境的建议。

魏学好（2003）、陈雷（2005）和李泓泽（2011）等基于煤电污染物的环境成本视角，衡量风电产业的环境效应价值。杨小力（2010）深入研究西北地区风力发电厂后发现，风力发电相较于火力发电减排效益更为显著，此外，他还认为风电资源储量有较好的发展前景，因此他建议只有充分发展当地的优势产业才能实现西北地区的经济可持续发展。汪克亮和杨宝臣等（2012）采用2000—2007年中国地区面板数据，选取合理的投入指标和产出指标并运用DEA模型测算了中国各地区的全要素能源效率，结果表明中国全要素能源效率总体水平偏低；各地区的能源效率差异较大，要提高能源效率必须调整能源消费结构、经济结构和倡导技术创新。陈龙珠和王军（2010）以保定英利绿色新能源有限公司为研究样本，发现光伏产业在提高企业生态效率、关联程度和产业贡献率等方面产生示范作用。成艾华（2011）通过对环境效应进行分解后研究发现：环境技术进步效应对提高各年度的环境效应贡献了积极作用。郭立伟和沈满洪（2012）认为新能源具有传统能源不具备的优势，包括干净、价格低廉、可供交通运输的液体燃料以及储量较多等。魏政和于冰清（2013）研究发现，由于光伏自身具有清洁、安全、便利的特点，其才能够有效改善生态环境。全球能源短缺和环境污染等问题的日益突出导致符合绿色环保要求的光伏已成为地方政府的首要选择。张朋宇（2014）运用SWOT分析法分析我国太阳能产业，研究结果表明，新能源的有效供应和补充与污染治理、生态保护以及人类社会可持续发展密切相关。何代欣（2014）提出生物质有机物发电、沼气工程和垃圾焚烧能显著保护环境。

丁芸和何辉（2015）认为大气环境福利的改善与上网电价的补贴密不可分，提出上网电价补贴不仅可以刺激新能源发电量的增加，还可以提高其代替煤电的贡献率，继而优化我国的能源消费结构。邵铁柱和郑伟（2015）运用模糊评价法并利用Matlab进行运算，研究我国光伏企业环境绩效与财务绩效的关系，该研究对于光伏上市公司环境信息披露与财务绩效的关系有较好的借鉴价值。白丽飞（2016）从不同角度（直接和间接以及区域内和区域外）测算了甘肃风电产业环境溢出效应，研究结果表明，风电正向环境溢出效应和正向跨区域环境溢出效应均非常显著；正向环境溢出效应远大于负向环境溢出效应并具有较高的环境价值，风电产业的发展能明显改善区域内和跨区域环境。

1.3.2 企业绩效评价研究

企业绩效评价一直是国内外学者研究的热门话题，其中学者对新能源企业绩效也进行了大量的研究。一方面，Eric M. Olson 等（2001）通过研究发现，财务绩效属于企业业绩的评价内容，主要用描述企业经营活动效率的税前净收益率或投资回报率来衡量，该指标也可反映资源的投入产出比。Hong Yang 等（2003）通过运用戴蒙德模型理论梳理与分析了中国风电产业发展绩效。Lebas（2003）认为财务绩效指标才是企业目标执行力度的恰当衡量指标。Oswald D. Kothgassner 等（2005）认为资源未被充分利用是环境污染的原因，企业为了有效率地利用资源和改善环境绩效通常会放弃盈利机会，这意味着管理环境会导致企业产品或服务成本的增加，因而降低企业的绩效。Telle（2010）选取研究样本，研究其部分污染物指标和销售回报率之间的关系，回归结果表明，企业注重环保的程度越大，其财务绩效表现越好，但另一方面认为，企业在对环境进行管理的过程中仍存在问题，需要继续完善。Howard Rockness 等（2010）研究废弃物回收与企业环境绩效之间的关系，研究结果表明，废弃物处理与财务绩效之间并无联系。Françoise Nemry 与 Andreas Uihlein（2010）的研究结果表明，在特定行业中企业的环境绩效与其股价之间并不存在相关性的特征。C. W Lan（2011）利用三种模型（CCR 模型、BCC 模型以及 FG 模型）进行研究，结果表明不同地区之间的铁路绩效差异较为显著。MOORE Anne C（2012）进一步解释企业的社会责任与财务绩效呈现倒“U”形关系，并提出成本在某一点处和收益最佳契合。Toshiya Jitsuzumi T 和 Nakamura A（2013）选取日本53个铁路运营商为研究样本，运用DEA分析方法对其绩效进行评价，根据研究结果分析了日本铁路绩效低的缘由，并据此提出政府补贴的政策建议。Lee M 等（2014）通过研究发现，成本收益法能够有效解决高速铁路高成本低效益的问题，该结果表明高速铁路可通过对成本进行调整来提高整体效益。Feldman（2015）用TRI排放的变化和企业资本成本来分别代替环境绩效和财务绩效，同时对两者的关系进行多元回归分析。研究结果表明，环境绩效与财务绩效正相关且这种现象显著存在于环境管理绩效表现强的企业。Johnson（2017）认为衡量财务状况的指标主要包括：企业的资产、净资产、投资回报率、总收入以及净收入的增长。

杨东宁等（2004）认为可直接用反映企业市场价值和市场效率的财务指标来替代企业的财务状况。邓丽（2007）和吕峻（2011）通过研究发现企业的资产负债率能够反映企业的财务业绩，该指标不仅可以衡量归属于债权人的资产占总资产的比重，而且能呈现企业的信贷风险程度与企业的举债能力。陈璇（2010）列举了衡量企业的财务状况的财务指标，主要包括：营业收入、资产负债率、资产收益率和企业税收情况，并利用上述指标评价企业绩效。王欣和徐岩（2010）认为企业的净资产收益率能较客观地反映企业的财务业绩，高的净资产收益率意味着可带来越高的投资收益；而低的净资产收益率则表明企业的自有资本获得净收益的能力较差。涂坦（2010）采用因子分析法，以我国16家深证创业板上市企业为研究样本，研究其财务绩效并作为国际新创企业绩效的理论与实证研究证据。徐胜男和梅强等（2011）以 2009 年 35 家创业板企业为样本，运用 LMBP 神经网络模型评价样本的财务绩效，研究结果表明该模型能够有效评价企业财务绩效。郭珊珊（2011）专门针对具有高成长性和高风险性特点的创业板上市企业，为使其拥有更适当的企业财务绩效评价指标体系，完善了原有的财务绩效评价体系。甑国红和睢忠林（2012）在原有的企业财务绩效评价指标体系基础上加入修正指标并在此基础上构建新的指标体系（包含财务状况、营运能力、偿债能力和发展能力），并评价了 28 家创业板企业绩效。李楠（2013）从企业经济和社会责任两个角度出发，构建了基于环境会计视角的企业综合绩效评价体系，其提出企业应充分利用资源并有效开展环保事业，继而走可持续发展之路。张京等（2013）在能源企业承担节能减排义务的背景下构建了能源企业三维财务绩效评价体系，该评价体系包括经济利益、社会利益和环境利益三方面，实证研究结果表明，三个维度中经济利益得分高的企业总财务绩效普遍较低，据此提出能源企业应将经济利益、社会利益以及环境利益协调好，实现企业的协调、健康、可持续发展。于伟（2015）认为环保节能企业财务绩效评价中存在的问题主要包括指标选取单一、评价方法失准、评价体系各自为政等，基于上述财务绩效评价缺陷，他提出环保节能企业应根据战略设定目标，同时应健全内控建设，夯实绩效评价基础，加强推广和应用财务绩效评价成果。杨雯睿和刘欢（2015）结合灰色关联度模型和定量法构建财务绩效评价体系，以我国伊利集团作为研究样本，探索出以提高企业的市场竞争力且与企业财务绩效密切相关的财务指标。姚蕾和荀守奎（2016）结合因子分析法和 DEA 方法，选取 2013 年我国光伏企业为研究样本评价其财务绩效，研究结果表明没有达到 DEA 有效水平的企业占大多数，财务管理水平在较大程度上制约企业财务绩效的提高。朱海宁（2016）认为在节能减排的背景下，为实现新能源产业快速和可持续发展，新能源企业绩效评价是重要的前提保证，据此他提出新能源企业绩效评价应运用层次分析法和模糊集理法，从而减少指标冲突，提高绩效评价科学性。

1.3.3 新能源成本的研究

成本属于一个与经济价值密切相关的价值范畴。降低新能源电力成本可以从根本上促进产业发展。

Isoard 和 Soria（2001）以光伏产业和风电产业为研究对象，通过学习效应和规模效应理论和格兰杰因果检验，得出可再生能源产业在降低成本过程中，学习效应是主要推动力的结论，而且借助计量模型发现可再生能源产业存在由于未达到规模化标准而产生学习效应的抵消，并影响成本的现象。

Roth 等（2004）运用平准化成本（LCOE）计算 14 种不同的发电技术成本，包括地热能、光伏太阳能、风电以及不可再生的化石燃料能源发电，研究结果表明，高效清洁的新能源项目在成本上具有明显的优势。

Söderholm 和 Klaassen（2007）以 1986—2000 年欧洲四国的面板数据为研究对象，借助动态成本递减的学习曲线模型和技术扩散的理性选择模型综合研究，结果发现风电装机容量的逐步扩大与成本的不断递减的原因是学习效用和公共研发支出。

Levitt 等（2011）提出北美地区的海上风电比石油煤炭等其他形式能源电力价格高。他们以 35 个已投产或建设中的发电项目为研究样本，计算其 LCOE 并进行了比较分析，研究结果表明，海上风力发电的售价很大程度上受政府补贴、设备建设成本和融资结构影响。

Mc Cubbin 等（2011）同样也评估北美地区的风力发电技

术，但其研究重点是关注有害气体的外部效应问题。他们对比美国规模不同的陆上风力发电厂与天然气发电项目，研究表明由于未考虑项目对环境的外部效应导致风力发电的高成本。

谢建民、曾建成和邱毓昌（2003）建立了风力发电发电量与成本计算的数学模型，指出风力发电不需要消耗一次能源，其度电成本即为建设成本与其发电量之间的比值；同时通过推导的方式分析风电成本的影响因素，包括风力机参数、风力机价格、风速分布参数等，指出在风力发电成本控制中风机选择和风电场选址的重要性。

孙涛和越海翔（2003）等学者通过对1996—2000年的时间序列数据进行分析，计算了风电场建设投资成本水平，分析了投资成本的各项组成，包括风机设备费、风电场辅助设施费等，提出加快风电机组国产化对于降低风电投资费用的重要性。

张希良和陈荣（2005）等学者将研究视角放在户外，定量测算了缺电地区推广可再生能源发电系统的成本、经济效益以及能源环境效益。

王正明和路正南（2009）对风电投资的成本构成、经济效益以及运行成本的构成进行理论分析，在此基础上测算风电的社会效益（节能与减排效益）。研究表明，以风电设备价格占主体的风电投资成本随着风电规模的不断扩张将持续下降，风电产业发展潜力较好。在风电发展初期，应采取相应的将风电项目运行的社会效应转变成风电投资收益的补贴政策，以促进风电产业健康成长。

沈又幸和范艳霞（2009）首先建立了风电动态成本的测量模型，根据模型进行风电成本影响因素具体分析，包括发电量、初始投资成本、运维费用及利率等，并根据东岗风电场三期项目数据对风电成本影响因素进行单因素敏感性分析，得出风机成本和风电场风能资源状况对风电成本影响程度较大的结论，提出加快我国风机国产化程度，提高风能资源评估的科学水平等建议。

高微和张鹏林（2011）等学者首先建立风电动态成本模型并进行测算，然后以时间顺序阐述了我国风电产业定价机制的变革历程，针对甘肃风电项目的投资回报现状提出成本降低的建议和完善风电定价机制，包括加强创新、加快风机国产化进度、提高风电场选址的标准等。

尹祥和陈文颖（2012）运用年限平均法测算不同技术的发电成本及构成，基于不同发电技术未来装机容量合理假设，利用学习曲线模型对中国光伏和风电技术的学习率及发电成本进行分析。

蓝澜和刘强（2013）等分别选取了风电以及传统火电项目，利用 LCOE 的计算方法比较两者的长期投资成本。研究发现，即便考虑传统能源在发电过程中的环境外部性和新能源发电在经营中的相关补贴政策，风电项目仍然具有成本优势，并提出影响可再生能源发展的主要因素是电网的消纳能力和输送能力。

李爽（2015）选取 2009—2013 年我国 91 家新能源上市企业为研究样本，利用随机成本边界模型（SFCM 模型）分析新能源企业的成本效率水平。研究发现，我国新能源企业的成本效率普遍水平较低且企业的成本效率值呈缓慢上升趋势；新能源产业内部企业间的成本效率呈“橄榄形”结构。为提升我国新能源企业的成本控制能力，未来应从研发创新系统建设、企业兼并重组和产业政策调整等方面入手。

刘喜梅和白恺（2016）等学者首先分析了风电项目的全寿命周期成本构成，建设了适合我国大型风力发电项目的 LCOE 分析模型并据以算例分析，其次对成本影响因素进行敏感性分析，得出风力发电利用小时数与风机成本对风电项目成本影响较大，提出加快风机制造水平降低风机成本，加快电网建设降低弃风率等建议。

张广宇（2016）借助数学模型分析了光伏发电和风力发电的度电成本，他通过对光伏发电成本构成、发电站收入情况以及相应的利润进行计算，最后推出度电成本；他指出风力发电成本投资及运营情况与光伏发电具有相似之处；其着重分析了不同变量对成本的影响，分别包括单位装机成本、日照情况、贷款、投资回收期及运营费用等，指出新能源发电企业市场竞争中，发电小时数、投资成本与长期运营费用将会影响企业的竞争力。

1.3.4 新能源价格补贴的研究

新能源发电的清洁可再生特性意味着其具有正向环境效应。目前，新能源发展需要政府干预的重要原因主要是新能源的成本困境，其发电成本普遍高于传统化石能源并且不具备在开放的市场环境中竞争的能力使得新能源产业迫切需要政府的支持，尤其是在发展前期。因此，价格补贴对新兴产业进行扶持和引导是必不可少的。随着新能源产业的发展和市场的扩大，对于补贴方向的研究也在逐渐增多。

总体来说，国外学者、专家对新能源价格补贴政策首先都持肯定态度，认为在现阶段，价格补贴政策能够促进新能源产业的发展（Bürer 和 Wüstenhagen，2009；Johnstone，2010；Finon，2006；Lund，2009）。Kostantinos 对政府科技补贴与风险投资进行相关性检验，发现二者存在正相关关系，政府补贴对于新能源企业的发展具有正面信号作用。Tetsuo 研究发现补贴可缩短光伏项目投资回收期，并且居民更容易接受和消纳光伏发电。Lund（2009）认为政府投资和财政补贴是政府刺激新能源产业发展最有效的办法，能吸引投资者，提高新能源企业融资能力，保障产业持续输出。Snorre 和 Rosendahl（2007）认为补贴使得企业满足于现有的新能源技术水平而使技术发展缓慢。Simone（2001）认为要提高新能源在能源消费中的比例，政策支持方式应该多元化，单独的配额制并不能提高新能源使用率。Barrett（2011）认为新能源支持政策需要有稳定性、具体性才能更好地支持产业发展。Thomas（2001）研究发现德国强制上网电价制度使得发电成本较欧盟其他国家要高。Lauber（2012）采用定性分析方法，分别从效果、效率、公平、可行性四个方面对固定电价政策和可交易绿色证书两种政策进行比较分析，得出目前固定电价政策较合理的结论。Kildegaard（2008）则认为在固定成本较低时，绿色证书制度的有效性较高。

很多国外学者如 Timilsina 都认同国家的补贴政策对于新能源产业发展具有促进作用。有的研究还提出可再生能源发电产业发展前期，补贴政策具有直接有力的政策效果来推动其发展。

Menanteau（2003）主要研究了可再生能源的补贴政策，他总结了现有政策工具类别，分别是可再生能源市场配额，即可再生能源与传统能源的市场分配、可再生能源项目竞价政策和绿色能源交易体系，另一种是可再生能源上网电价政策。Bergmann（2006）主要是对可再生能源政策进行分析，他以福利政策为研究视角，通过比较不同的可再生能源的投资政策并进行情景模拟，得出相比较而言大型离岸风力发电场较为有益。

Batlle（2011）以能源终端消费群体以及消费结构为研究基础，分析可再生能源的消费群体补贴成本受不同能源补贴政策的经济影响。Keyuraphan 等（2012）对欧盟、美国和中国大陆可再生能源发展政策进行比较分析后，提出中国台湾采用可再生能源的价格补贴和税收优惠等相关激励政策的建议。

Brigg（2013）认为补贴会导致电力市场的能源供应量降低。

Ko－seoglu 等（2013）研究发现德国、美国以及中国政府针对可再生能源投入研发的资金补贴能推进可再生能源的发展，此外能引导可再生能源技术推广和市场应用不断发展。

Marousek 和 kova（2014）采用净现值法分析欧盟的可再生能源补贴政策，认为能源补贴政策能使可再生能源项目的投资收益增加。Shahverdi（2014）则认为减少补贴会在不同程度上影响分布式可再生能源的发展和投资。

关于新能源支持政策的有效性方面有学者进行了定量分析。Ealconett 和 Nagasaka（2010）通过概率计量模型，选取合理的评价指标（项目的投资回报率及可发展性），研究得出在产业发展初期，强制上网电价制度是一种有效的补贴方式，但随着技术水平的不断进步，可交易绿色证书制度效果更好。Steffen（2013）对比研究风电和光伏发电的固定电价政策，结果表明在固定电价政策的背景下，其对光伏发电比风电发展的影响更加显著。Fouqueta 和 Johansson（2008）依据对欧盟的实践经验发现，强制上网电价制度成本更低，投资者承担的风险更小，政策制定及运行效率更高，而且由于其无限制的市场渗透率致使可再生能源产业更加迅速地发展。Bergek 和 Jacabsso（2010）认为虽然绿色证书制度在成本效益上具有较大优势，但其消费成本远高于预期导致消费者依然承受着较高的租金，此外该政策只能在有限程度上促进技术的发展。

Rio（2010）运用局部均衡模型，选取合理的评价指标（包括有效性、成本效益和动态效率），研究提高能效与可再生能源份额的政策工具之间的交叉影响，研究结果表明，以提高能效的政策工具来支持提高可再生能源份额的政策工具会更加有效。

还有学者（2016）分别研究了可再生能源发电产业中的生产补贴和发电补贴两种补贴方式，结果表明发电补贴与生产补贴分别对应于电力生产外部性（如温室气体减排）与生产外部性（如生产规模溢出效应）。若产业在只有生产外部效应情况下不应该施行发电补贴政策，例如光伏组件生产中存在技术溢出。

林伯强（2009）采用价差法估算了中国居民用电交叉补贴的规模，并通过估计不同收入群体的补贴量，分析了目前补贴机制的效率，并设计了居民电力补贴机制和对比新旧补贴政策的成本，最后得出中国对居民电力消费的交叉补贴现象严重，目前中国对居民不加区分的电力补贴机制是不公平和无效的，改革目前的电价机制，按照居民用电量有针对性地补贴，不仅可以提高居民电力补贴的效率，还可以降低补贴支出的结论。

李庆（2012）微观分析了能源消费补贴二种方式和情景，即现金补贴、用能总量不饱和市场实施价格补贴和用能总量饱和市场实施价格补贴，比较了不同能源消费补贴方式的作用机理，最后从优化我国新能源补贴政策的角度出发，提出了制定促进新能源消费的补贴政策时的注意事项。

杨帅（2013）以可再生能源电场为分析对象，测算各类可再生能源补贴政策的影响以及上网电价补贴政策的成本分担，延伸了补贴政策带来的其他效应，提出在补贴政策的调整思路上，逐渐从产业链的供给环节向终端需求环节转移；在政策设计上，要考虑到产业的动态发展状况，适时调整补贴的环节和额度，进一步按照能源种类、资源丰度、区域经济等成本影响因素细化政策等措施。

严静、张群洪（2014）首先分析国外可再生能源补贴政策现状以及补贴方式等，通过建立灰色预测模型来测算我国可再生能源发电的未来补贴状况，包括风电补贴、生物质能发电补贴、光伏发电补贴等，在此补贴基础上通过构建一般均衡模型（CGE）来分析可再生能源发电补贴带来的宏观经济影响，提出风电补贴需求与额度将首先增加，可再生能源补贴相对于宏观经济有显著的正影响，并且正影响随着对投入增加而扩大。

朱敏、高辉清（2014）认为欧洲国家补贴政策对于新能源产业发展具有促进作用，同时也带来了负面效果，进而在分析调整补贴政策的基础上，阐述具体的调整措施，包括平息舆论压力、促进公平竞争和保护国内企业，进而提出对我国新能源企业的启示，包括适度扶持、力度平稳及动态调整等。

丁芸、何辉（2015）分析了风电、光伏发电及生物质能发电的上网电价补贴政策，建立大气环境福利效应评价指标并测算三种新能源发电上网电价补贴的大气环境福利效应，指出新能源发电优化了我国能源消费结构，减少温室气体及污染性气体的排放量，提高了我国大气环境福利效应，最后提出完善电力体制、合理调整补贴机制、及时到位补贴等建议。

史丹（2009）对我国新能源支持政策和法律进行了研究，认为相比于传统的化石能源，新能源产业正的外部效益比较高，稳定性差，成本较高，收益较低，所以新能源的发展离不开政府的政策支持，如果缺少政府的政策支持，其将不能够很好地发展。周勤、赵静（2011）将中国的能源补贴政策分为三个不同阶段，并对每个阶段的特点做了介绍，价格补贴政策的第一阶段（1978—1994 年）是为了保护特定产业在国际贸易中的竞争优势，扩大产品出口，价格补贴政策第二阶段（1994—2000 年）中由于长期的价格补贴政策已严重影响新能源产业的发展，生产和消费都依赖于政策补贴，因此无法将补贴政策短时间内撤销，新能源价格补贴政策第三阶段（2000 年至今）则是在开放经济条件下，暴露了以价格补贴来维持在国际进出口贸易中竞争力的缺点。王艳芬（2010）介绍了气候变化对中国新能源法制建设进程的影响，随着《气候变化框架公约》和《京都协定书》的签订，新能源立法从空白到逐渐完善，逐步形成新能源法制体系，其还指出这个过程中存在的问题及完善途径。指出新能源补贴政策问题的还有巴音虎、王鹏程等（2009），他们认为目前我国新能源电价制度存在风电价格招标弊端、光伏发电政策执行效果不够突出、新能源电力附加的征收机制不完善等问题。王玫、赵晓丽（2011）认为电价政策方面的问题有电网公司对风电收购积极性差，固定上网电价政策导致的风电跨省消纳难，电网运输等基础设施建造落后，远距离配送成本高导致弃风、弃光现象。

李虹、谢明华、杜小敏（2011）认为实施新能源补贴制度的关键问题在于以最小的社会成本实现社会利益的最大化，且居民支付意愿越高，新能源发展也就越好，国家的补贴力度也会加大。严丹霖、杨树旺（2015）利用2012年我国风力发电产业的相关数据，对中国风力发电产业区域分布情况进行研究，并对成因进行分析。从基尼系数上看，华南地区集聚程度最大；华北地区最低。风电地区装机容量与地区实际可开发量、平均单位面积储量、规划布局赋值、风电消费量、风电补贴五个变量正向相关。其中风电消费量、风电补贴较其他变量影响力更大。由此得出我国风电产业是明显的政策导向型产业。曾鸣、李晨等（2012）在市场环境下，建立了风电投资决策模型，以求取风电项目投资的门槛价格，在此基础上通过算例分析进一步说明了风电电价补贴率以及电价补贴政策的有效期对风电投资决策的影响，最后提出了我国现阶段风电投资促进政策建议。武瑞娟、李伟鹏、逾曙光（2011）在对新能源投资效益分析的基础上，介绍我国新能源领域的产业政策及拓宽投资渠道的意义，分析新能源投资机会及投资风险，得出的结论为新能源投资动力主要来自政策，包括各国政府采取的一系列财税支持政策，这些政策在全球营造了一种有助于新能源持续增长的稳定环境。张晖（2013）研究了中国新能源产业潮涌现象和产能过剩的形成，表明这主要是由于新能源产业的投资潮涌所致，不仅如此，在追求政绩目标的激励下，地方政府纷纷将新能源产业发展列入地方产业规划，并积极招商引资，利用行政干预和优惠政策帮助企业发展，使得新能源产业潮涌现象更加严重，引发重复建设和产能过剩。这一分析的政策启示为，治理重复建设的根本途径应在于完善市场机制、转变中央政府与地方政府以及地方政府与企业之间的关系。

吴春雅、吴照云（2015）以我国新能源上市公司2008—2013年的投入产出数据为样本，运用导向DEA模型多阶段求解方法分析光伏和风能上市产业的产能过剩状况及其原因。研究结果表明，我国有近3/4的新能源上市公司存在不同程度的投入冗余，产能过剩是复杂环境下“市场失灵”和“政府失灵”共同作用的结果；另外金融支持、人均GDP与总资产报酬率也对产能过剩有显著影响。要化解产能过剩问题，就应认清其不同的根源，并采取相应的对策。

王正明、路正南（2008）通过建立相关成本分析模型发现，在目前风电设备价格较高而风电价格偏低的情况下，风电项目投资的经济性并不明显，但从长期来看，风电投资成本下降进而使其经济性改善的空间却很大。由于节能和减排的贡献，风电项目运行的经济性要明显优于风电投资，并且越是在发展初期就越明显。建议通过以价格补贴等方式，将风电项目运行的经济性转化为投资收益，推动风电产业的健康成长。

何钟（2011）认为，作为最有开发利用前景和技术最成熟的一种可再生能源，风电产业的发展已成为全球能源工业关注的热点。本书回顾了我国风电产业发展的状况，对风电产业发展的前景进行了详细预测分析，针对目前国内各界投资风电产业的热潮，比较全面地总结分析了风电产业存在的宏观环境风险和微观个体风险，认为我国风电产业存在巨大的投资机遇，同时也存在着很大的投资风险，投资风电产业必须经过仔细的论证和周密的安排，这样才能保证风电项目顺利建设和正常运营，从而促进我国风电产业和谐高效的发展。

1.4 主要研究内容

本书的研究内容主要有以下几点：首先，从传统的成本角度转向价值贡献角度，以资源价值和环境价值的产出为切入点，以具有资源节约效应和环境改良效应的新能源企业为研究对象，对现行企业绩效评价体系进行重新思考和构建。假设新能源发电与煤电可等量替代，则可以用等效发电量所消耗的煤炭资源数量作为新能源替代煤电所节约的煤炭资源数量，再将其与单位煤炭成本、发电量相乘，所得结果即为新能源发电的煤炭资源节约价值；假设新能源发电与煤电可等量替代，则用等效发电量消耗的煤炭污染物排放量与相应的污染物环境价值标准和发电量相乘，所得结果即为新能源发电的环境改良价值，从这两个层面来评价新能源产业的环境效应。重建的指标体系是在原有财务绩效评价体系的基础上引入环境指标，该指标的引入可同时分析企业的经济效益、资源节约价值和环境改良价值，该体系是对传统企业财务绩效评价体系的进一步发展和完善，即以我国48家新能源上市企业为研究样本，综合运用因子分析法和熵值法进行实证分析，以能够反映新能源企业盈利能力、营运能力、偿债能力、现金流量、发展能力和环保能力这六个方面的指标对新能源企业绩效进行评价。先运用因子分析法按照降维的思想筛选出具有代表性的五个公因子，然后采用客观赋权法——熵值法对各个公因子赋予权重，通过计算得出48家企业的综合得分与排名情况。研究发现，我国新能源企业整体环保能力较强，说明我国新能源企业的环境效应价值创造能力较强，但各企业间绩效水平差异较大以及总体现金流不足。同时，通过分析环保能力可知，环境效应对企业绩效具有显著影响，环境效应价值在所有指标当中所占比重最大，说明环境效应对企业的绩效评价结果贡献最大，分别从企业和政府两个角度提出新能源企业需加强现金流管理，提高研发技术水平，引进先进管理经验和增强核心竞争力等政策建议。其次，建立对新能源产业的成本结构与成本水平的横向对比研究，揭示新能源产业与传统能源产业显著的成本差异，通过时间序列数据实证分析了新能源发电在初始投资阶段和生产运营阶段的成本结构特点，以及风力发电、光伏发电等新能源发电产业现阶段的生产成本水平。研究表明，在新能源发电初始投资环节，设备购置及安装费用在成本结构中所占比重最高，对新能源发电成本有很大影响，风力发电设备以风机为主，光伏发电设备以光伏组件为主，而且初始投资成本水平受地质条件、土地占用费用、交通等因素影响具有地域上的差异，呈现出逐年下降的趋势。折旧费用在新能源发电度电成本结构中所占比重最高，直接影响经营利润，故在生产成本控制环节折旧费用是新能源发电企业成本管理的重点，需要针对不同的成本项目采取相应的措施进行成本控制；然后分析了新能源发电产业度电成本的影响因素，建立了风力发电产业单因素和双因素的学习曲线模型。研究发现，累计装机容量和研发投入对于风力发电度电成本的降低具有显著影响，进而分析成本水平的变动规律，从而概括了新能源产业的成本特征，即新能源发电在众多电力生产方式中，成本水平较高，企业间发展规模和成本水平存在差异，发电市场向大型发电企业集中。新能源发电成本受多种因素影响，在装机容量及研发投入等因素作用下，成本呈现出逐渐下降的趋势，此项结论为完善新能源产业价格补贴政策奠定了理论基础。再次，在探讨价格补贴与新能源公司投资增长的相关性基础上，研究了新能源公司发电成本、投资增长与价格补贴的关系，即以新能源上市公司中的风力发电企业为研究样本，建立2014—2017年关于成本、总资产增长率与价格补贴间的面板数据。结果表明，新能源公司发电成本与投资增长均与价格补贴有较强的相关性，新能源发电与传统火电之间的成本差异导致上网电价之间的差异，并产生了政府对新能源发电产业发展的补贴需求，而成本和电价之间的差异决定着补贴的额度和比例。新能源发电成本与价格补贴之间存在显著的正相关关系，前期成本的逐渐下降需要较强额度的补贴支持，从而迅速扩大新能源发电产业市场，减轻资金和运营过程中的困难，补贴政策对于成本降低具有显著的激励效果，该项研究为价格补贴政策的调整提供了实证基础。最后，以德国、美国和西欧其他国家为对象，介绍了发达市场经济国家新能源价格补贴的方式、力度和特征，对国内外新能源公司价格补贴政策横向对比；对我国新能源价格补贴政策的内容与实施效果进行了调查分析，并以上市新能源公司为例，测算了价格补贴对企业经营绩效的影响；指出了我国新能源价格补贴政策中存在的主要问题，如产品定价缺陷、补贴资金缺口、发电上网障碍和价格补贴引滞的贸易争端等；提出了完善我国价格补贴政策的途径，主要有：完善定价机制、协调电网关系、拓宽补贴资金渠道、减少直接补贴等。

1.5 研究方法与技术路线

1.5.1 研究方法

本书主要采用定量为主、定性为辅，两者相互结合的研究方法。全书理论部分主要采用规范研究法，由于重建的绩效评价指标体系将原有的各指标权重打破，为重新确定各指标权重，本书采用实证研究法，首先用因子分析法进行指标筛选，然后采用客观赋权法——熵值法确定新指标权重，最终确定以纳入环境效应价值的指标体系作为新能源企业财务绩效评价指标体系。具体研究方法包括以下几个方面：

(1) 规范研究法。首先按照逻辑思维、规范研究方法，通过浏览财政部官网、查阅图书馆文献资料库以及国家新能源年鉴等方式，对该领域的研究现状做宏观性把握，并对文献进行梳理分析、归类、总结，挖掘可进一步研究的角度，为本书的研究奠定扎实的理论基础。

(2) 统计分析法。统计分析法要求对文献研究过程中搜索到的数据进行整理、归类、统计分析及图表形式分析等，反映了研究变量之间在数据方面的特征。它可以通过某一种数据分析方法来揭示现象之间的联系与规律，可以有效减轻研究者本人的主观判断和个人情感等因素的影响程度。根据建立的新能源企业环境效应价值测算模型测算资源节约价值和环境改良价值，确定体现环境效应价值的新能源企业财务绩效评价体系。运用 SPSS22.0 对新指标体系进行描述性统计分析、KMO 检验和 Bartlett 球形度检验，检验结果显示新指标体系适合做因子分析，然后计算单个样本得分，根据熵值法的赋值结果计算综合得分并进行排序分析。对新能源发电的成本结构在数量方面的比例进行规律分析，对新能源在成本水平方面的规律通过度电成本的测量方式进行研究，通过学习曲线模型来研究新能源发电成本的影响因素，并用 Matlab 软件建立变量间关系的三维图形。同时，运用相关性法分析我国风电成本对价格补贴的影响。

（3）实证研究法。本书实证研究部分主要采用因子分析法和熵值法。通过学习借鉴前人已有的研究成果，收集整理大量新能源企业财务信息，最终锁定 48 家新能源企业为研究样本。考虑新能源企业具有创造环境效应价值这一功能，故建立环境效应价值测算模型对资源节约价值和环境改良价值进行测算，并将其引入财务绩效评价体系当中，初步形成体现新能源行业特色的财务绩效评价指标体系。然后采用因子分析法对评价体系进行指标筛选。最后采用客观赋权法——熵值法确定新财务绩效评价体系当中各指标权重。

（4）文献研究法。文献研究法是在固定的课题研究基础上，通过查找文献找到需要的资料，进而达到问题分析及课题研究的目的。本书在创作过程中查找了近年来相关文献及学术成果，包括期刊论文、博硕士论文、专著、网页新闻等，通过总结概述相关理论和研究方法来对新能源发电成本结构、成本水平与补贴政策等形成论点，并进行进一步的研究。

（5）对比分析法。对比分析法是将目标对象与参考对象进行同方向的比较分析，从而得出目标对象的自身特点。它不仅可以清楚地定义目标变量的特点，还可以根据对象之间的差异进行更明确的分析，并得出相关结论与建议。本书在成本结构分析中主要研究了风力发电和光伏发电在初始投资成本和度电成本阶段的特点，并与传统火电成本结构相对比，分析了不同新能源发电方式下的成本结构差异。另外本书将会对传统化石能源与新能源发电成本在水平之间的差异进行对比分析，进而研究新能源发电成本对价格补贴的影响，从而提出针对性的政策建议。

1.5.2 技术路线

依据上述主要研究内容，本书的结构框架大致遵循以下技术路线，如图1－1所示。

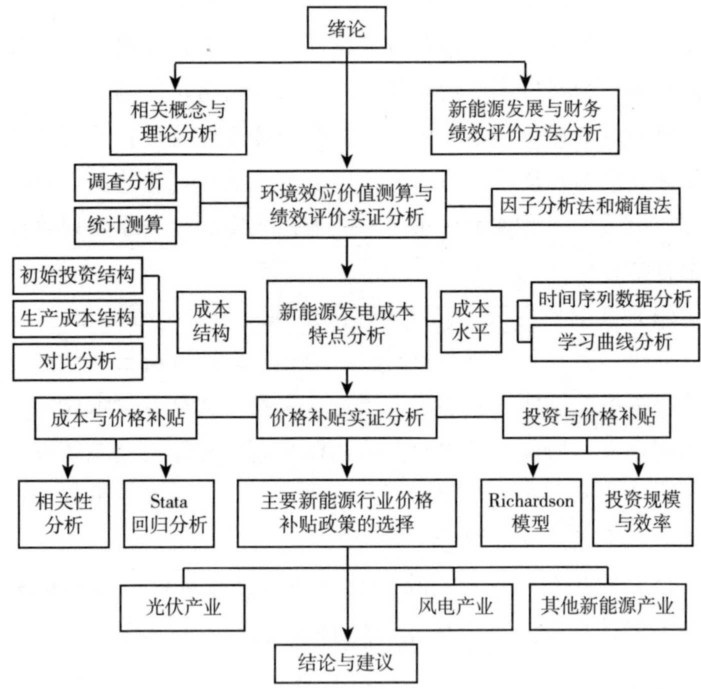

图1－1 技术路线图

1.6 创新点与不足之处

1.6.1 创新点

关于新能源环境效益与成本、补贴政策的研究有很多，相比之下，本书的创新表现在六个方面。

第一，理论创新。在对新能源产业环境效应的研究方面，提出了自然资源节约效应与环境改良效应的观点，假设新能源发电与煤电可等量替代，则可以用等效发电量所消耗的煤炭资源数量作为新能源替代煤电所节约的煤炭资源数量，再将其与单位煤炭成本、发电量相乘，所得结果即为新能源发电的煤炭资源节约价值；假设新能源发电与煤电可等量替代，则用等效发电量消耗的煤炭污染物排放量与相应的污染物环境价值标准和发电量相乘，所得结果即为新能源发电的环境改良价值，从这两个层面来评价新能源产业的环境效应。

第二，应用创新。将环境效益理论引入新能源公司绩效评价中，构建了新能源公司环境绩效评价模型。本书以资源价值和环境价值的产出为切入点，以具有资源节约效应和环境改良效应的新能源企业为研究对象，对现行企业绩效评价体系进行重新思考和构建，重建的指标体系是在原有财务绩效评价体系的基础上引入环境指标，该指标的引入可同时分析企业的经济效益、资源节约价值和环境改良价值，该体系是对传统企业财务绩效评价体系的进一步发展和完善。以我国48家新能源上市企业为研究样本，综合运用因子分析法和熵值法进行实证分析，以能够反映新能源企业盈利能力、营运能力、偿债能力、现金流量、发展能力和环保能力这六个方面的指标对新能源企业绩效进行评价。首先运用因子分析法按照降维的思想筛选出具有代表性的五个公因子，然后采用客观赋权法——熵值法对各个公因子赋予权重，通过计算得出48家企业的综合得分与排名情况，得出了新能源企业环境效应对财务绩效具有显著影响、各企业财务绩效差异显著以及总体现金流不足的结论，分别从企业和政府两个角度提出新能源企业需加强现金流管理，提高研发技术水平，引进先进管理经验和增强核心竞争力等政策建议。

第三，通过对新能源产业的成本结构与成本水平进行横向对比研究，揭示新能源产业与传统能源产业的显著的成本差异，通过时间序列数据实证分析了新能源发电在初始投资阶段和生产运营阶段的成本结构特点，以及风力发电、光伏发电等新能源发电产业现阶段的生产成本水平，得出了新能源发电初始投资环节，设备购置及安装费用在成本结构中所占比重最高，折旧费用在新能源发电度电成本结构中所占比重最高。同时，本书分析了新能源发电产业度电成本的影响因素，建立了风力发电产业单因素和双因素的学习曲线模型，得出了累计装机容量和研发投入对于风力发电度电成本的降低具有显著影响，进而分析成本水平的变动规律，从而概括了新能源产业的成本特征，即新能源发电在众多电力生产方式中，成本水平较高，企业间发展规模和成本水平存在差异，发电市场向大型发电企业集中。新能源发电成本受多种因素影响，在装机容量及研发投入等因素作用下，成本呈现出逐渐下降的趋势，此项结论为完善新能源产业价格补贴政策奠定了理论基础。

第四，在探讨价格补贴与新能源发电成本的相关性基础上，研究了新能源公司发电成本、投资增长与价格补贴的关系，即以新能源上市公司中的风力发电企业为研究样本，建立2014—

2017年关于成本、总资产增长率与价格补贴间的面板数据。结果表明，新能源公司发电成本与投资增长均与价格补贴有较强的相关性，新能源发电成本与价格补贴之间存在显著的正相关关系，新能源发电与传统火电在成本与上网电价之间的差异决定了价格补贴的额度与比例，发展前期成本水平的逐步降低需要较高额度的补贴支持，补贴政策对于成本降低具有显著的激励效果，为价格补贴政策的调整提供了实证基础。

第五，本书认为国内外价格补贴存在方式、力度及特征上的差异，在横向对比国内外价格补贴政策，调查分析我国新能源价格补贴政策的内容与实施效果的基础上，以上市新能源公司为例，测算了价格补贴对企业经营绩效的影响，指出了我国新能源价格补贴政策中存在的主要问题，如产品定价缺陷、补贴资金缺口、发电上网障碍和价格补贴引致的贸易争端等，并提出了完善我国价格补贴政策的途径，主要有：完善定价机制、协调电网关系、拓宽补贴资金渠道、减少直接补贴等。

第六，在新能源产业投资影响因素方面，突出价格补贴政策的引导性，对Richardson投资效率模型进行改造应用。应用和模仿Richardson投资效率模型，首先引入Richardson投资效率模型并对其变量做出理论解释，选取多家新能源上市企业作为样本，用Richardson模型做回归分析。其次在模型中加入政府价格补贴变量，再次做回归分析，并比较两次回归分析的残差，得出新能源行业存在过度投资行为且政府价格补贴对投资行为影响显著的结论。

1.6.2 不足之处

在现有研究的基础上，本书首先以因子分析法和熵值法对所选取的48家新能源样本企业财务绩效进行评价，样本容量有限，且所得数据并非第一手资料，同时资源节约价值和环境改良价值也是根据历史发电量数据推算出来，而且未区分各新能源上市企业所处的生命周期，在对新能源上市企业进行财务绩效评价时并没有将企业的上市年限考虑在内，研究的深度还不够；在成本对价格补贴相关性研究中选择发展相对成熟的风电为例，没有对光伏发电等其他新能源发电产业的补贴进行论证；在保证 2014—2017 年数据的完整性及良好财务状况的要求下仅剩下 22 家经营新能源发电的企业，成本研究样本容量有限，且财务数据完全从企业年报中获得。因此，数据质量还值得进一步提升。新能源核电有关数据尚未获得，在成本与价格补贴研究中受到了某些限制；新能源公司价格补贴数据获取难度较大，导致实证研究中样本数量没有达到理想规模。

随着样本期间的扩大和样本容量的扩大，实证结果将会更加准确，更具有说服力；在今后的研究中可进一步扩大环境效应价值的范围，充分挖掘新能源企业的社会价值；扩大研究样本的内容，充分考虑到不同电力形式下成本与补贴政策的特点；在研究过程中与新能源发电企业建立合作伙伴关系，通过调研走访等形式获得第一手资料。

第2章 新能源企业相关概念及理论分析

2.1　新能源相关概念界定

2.1.1　新能源

关于新能源的定义可追溯到 1980 年的“联合国新能源和可再生能源会议”，该会议把新能源定义为：采用新型材料和新的生产技术，对诸如风能、太阳能、地热能等可再生能源进行现代化的开发和使用。联合国开发计划署以描述的形式也对新能源进行了定义，认为新能源包括以下内容：大中小型水电、太阳能、风能、现代的和传统的生物质能、地热能和海洋能。由于全球对水电的开发利用历时较长，其开发利用技术也已十分成熟，与其相关的产业均已具有相当的规模，因此，本书未将水力发电纳入叙述范围，而主要以太阳能和风能等为主做进一步的研究。

在我国，新能源的定义在发展过程中也存在过一些争议。

1995年，原国家计委把水能、生物质能、风能和海洋能等概括为新能源和可再生能源，并将其写入《新能源和可再生能源发展纲要（1996—2000）》当中。两年之后，其对新能源重新进行了界定，认为凡经转化可得到进一步利用的诸如风能、太阳能、地热能、海洋能、生物质能等都属于新能源范畴，并将其写入《新能源基本建设项目管理的暂行规定》当中。

2009年，国务院副总理李克强在出席浙江三门峡核电一期工程开工仪式时强调，要积极推进核电建设，大力发展新能源产业。

2009年11月发布的《江苏省新能源产业调整和振兴规划纲要》与《"十二五"国家战略性新兴产业发展规划》都将核电纳入新能源范围。

综合以上新能源定义的发展历程，我们对其概念可概括如下：新能源主要包括太阳能、风能、核能、生物质能、海洋能、地热能和潮汐能等（如图2-1所示）。而已经具有很长发展历史且被广泛利用的诸如煤炭、石油、天然气、水能等能源，称为传统常规能源。随着常规能源自身的局限性以及环境问题的日益突出，以低碳环保和可再生性为主要特征的新能源逐渐受到世界各国的广泛重视。

2.1.2 新能源企业

企业一般是指以营利为目的、综合运用各种生产要素，把生产的产品和服务提供给市场，并进行独立的财务核算、自主经营、自负盈亏的具有法人资格的团体或机构。而新能源企业的定义也是建立在这一概念基础上，即以营利为目的，运用各种新工

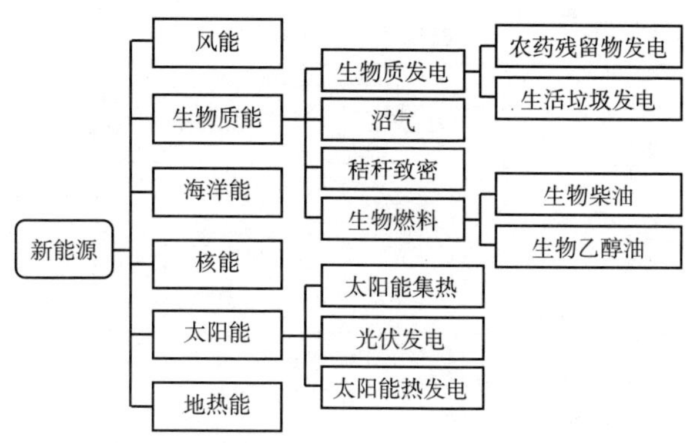

图 2－1　中国新能源种类

资料来源：张钦等.《中国新能源产业发展研究》，科学出版社，2013。

艺、新技术、新材料，向市场提供具有低碳环保性质的商品和服务的具有法人资格的社会经济组织。新能源企业是相对于新能源产业而言的微观层面的概念，它是指某一组织个体，而非个体的组合。由于本书旨在研究基于环境效应的新能源企业财务绩效评价，因此，本书的研究对象是新能源产业当中的微观个体——新能源生产企业，如太阳能发电企业、风力发电企业以及部分主业为新能源产品制造而副业为新能源发电的企业。

2.1.3　新能源产业

新能源的开发和使用是新能源产业应运而生的重要前提，故开发新能源的单位和企业所从事工作的一系列过程，称为新能源产业。具体包括的流程如表 2－1 所示。

开发新能源在缩小对传统能源依赖的同时还有带动经济增长、增加就业机会等益处。我国曾向世界公开承诺：2020 年我国 GDP 二氧化碳排放强度将在 2005 年的基础上下降 40%—45%，非化石能源占一次能源的比重将由目前的 9% 提高到 15%。

表 2－1　　新能源产业的构成

新能源种类	原料供应	零部件制造	整机组装制造	能源利用转换	产品销售
风力发电	风能测试	叶片、塔筒、塔架、电缆线、制动系统	风机整机组装	风力发电企业	电网、公共独立电力系统分布式电网
生物质发电	农林生物质、生活垃圾等收集供应	锅炉零件、上料系统、原料处理	锅炉岛、上料系统、原料处理设备、发电机组	生物质发电厂	电网
生物质柴油	农林油料作物、餐厨废弃油脂等收集供应	反应釜零部件（釜体、釜盖、夹套、搅拌器）	反应釜、分离机、树脂罐、计量泵	生物质柴油生产企业	加油站、直接销售
光伏发电	电池原料（单晶硅、多晶硅、薄膜）供应	发电专用设备零部件、供电企业、配套设备零部件	电池、控制器、蓄电池、逆变器、跟踪控制系统	光伏发电企业	电网、公共独立电力系统、分布式电网
核电	铀原料供应	设备零部件（燃料组件、控制棒组件、阀门、分析仪表等）	机组设备（核岛系统设备、电站辅助设施）供应	核电站	电网

资料来源：张钦等.《中国新能源产业发展研究》，科学出版社，2013。

为此，发展包括太阳能在内的各种新能源产业，已成为刻不容缓的任务。

2.1.4　成本与价格补贴

（1）成本概念。成本属于一个价值范畴，是价值的组成部分。它可以用来比较各种技术解决方案的经济性优劣，与经济价值密切相关。狭义成本一般指产品的生产成本。《资本论》中定义了成本的经济性质，“资本主义生产方式下，生产单位商品 W 的价值可以用公式 W = C + V + M 表示。如果从商品价值中减去剩余价值 M，那么剩余的 C + V 资本价值就是生产要素耗费的等价物或者补偿价值”，“商品价值的 C + V 部分补偿了生产资料的消耗价格和劳动力价格，对于资本家来说，这就是商品的成本价格”，即产品成本是企业生产经营活动耗费的货币体现，论证了生产成本的经济实际及其属性。美国会计协会（AAA）将广义成本定义为为达到特地目的而发生或应发生的价值牺牲，它可以用货币单位加以计量。西方经济学将广义成本定义为为达到某一特定目的而作出的牺牲，一般通过为之放弃的资源来计量。中国成本协会定义成本为“为过程增值和结果有效已付出或应付出的资源代价”。

因此，成本作为对资源消耗的一种计量方式，不仅包括货币资金消耗，还包括物资耗费和人力耗费等。它是与企业经营目的相关的活动所消耗的价值。成本作为产品价格的定价基础，是核算企业经营业绩和体现企业管理水平的重要指标，是企业实力与竞争力的主要体现。产品的材料消耗、企业劳动生产率、能源利用状况等贯穿企业经营过程，并体现在成本指标上。企业在生产经营过程中，对成本影响因素进行日常控制，通过成本结构分析和成本水平控制来提升企业的整体竞争力。

经常使用的成本评价指标包括初始投资成本、运行成本、静态投资成本等。新能源发电成本是保证发电站正常运营所需要投入的费用，可以从投资成本、运营期间的发电成本及运维费用角度进行评价。初始投资成本为前期投入，包括发电站开发支出、设备购置及安装、建安费等。运维费用为发电运营期间产生的相关费用。很多学者采用学习曲线模型来分析新能源发电成本的成本变动。学习曲线也被称为经验曲线，是指随着生产规模的扩大和技术的提升成本逐年下降的一种变化曲线。通过学习曲线来描述不同技术的电力生产成本变动已经得到了国内外学者的认可。学习曲线模型最初是用于研究飞机制造业的学习率。早在 1936 年，Wright 就已经在制造业中描述经验曲线，用来研究飞机生产过程中单位产品生产时间随产量变动的规律，1979 年 Yelle 学者将此规律命名为学习曲线。随着对能源技术进步研究的深入，自 20 世纪 90 年代学习曲线开始被用于研究能源技术的学习率，该学习曲线描述了在能源技术提升下成本逐渐下降的过程。Lindman 和 Söderholm 学者研究了风电学习率模型，并提出新能源技术学习和研发投资之间交互作用的未来研究方向。我国学者在建立风电学习曲线模型的基础上研究了不同学习率下风电成本的变动规律。还有学者通过建立学习曲线模型来分析光伏发电现阶段及未来发电成本水平规律。

（2）价格补贴概念。新能源产业的迅速发展离不开国家的各项补贴政策。关于“补贴”的研究发展已久，中世纪晚期已经出现相关记录，当时的“补贴”指的是通过税收给皇室的补助。补贴常被理解为发生在市场参与者之间的经济资源转移活动，并对产品成本及价格产生影响。补贴有狭义和广义之分。狭义方面，WTO 将补贴定义为政府或公共机构提供的具有利息性质的财政补助。广义方面，OECD 和 IEA 将补贴定义为为扶持某些行业的发展，对于生产者和消费者给予多方面的扶持政策，从而降低能源生产成本和消费价格的政府行为，通常包括价格、税收、财政等政策。补贴存在的根本原因是外部效益的内部化，它是政府实施政策干预的一种形式，通过对生产者或消费者给予补贴实现成本的降低或收入的增加，从而实现不同的政策目标。它可以促进产业适应相关政策措施以得到迅速的发展，提升自身的竞争力。

众多学者对于补贴的应用已经进行了广泛研究。柳剑平等学者提出为达到社会最优水平，我国 R&D 税收和政府补贴政策需要满足两组条件，包括 R&D 社会边际收益等于边际成本和产品社会边际收益等于边际成本。李扬学者提出不同国家对待补贴的用途不同。综合来看，发达国家对企业进行补贴以促进相关产业的发展和经济结构的调整。对于价格补贴来说，成立的前提是企业购销价格存在着倒挂差，需要政府机构的政策支持。中国给予亏损企业的补贴，是为了扶持因经营不当等原因发生亏损的企业。实际上，补贴可以实现多种目标，包括对幼稚产业的保护和扶持、对大型企业发展的促进、保护环境及调整结构等。

补贴可以根据不同标准划分为不同类型。补贴可以分为直接补贴和间接补贴。直接补贴即为资金上的补贴，间接补贴又称为“免除的补助”，即为税费减免补贴。我国新能源产业补贴方式主要包括价格补贴、直接补贴、贴息贷款和税收优惠等。价格补贴是对新能源发电上网电价的补贴，这是对新能源发电成本高于传统电力的差价补贴。直接补贴是直接给予消费者或者生产者资金补助的方式。贴息贷款适用范围较广，《可再生能源法》规定，国家对列入产业指导目录且符合信贷条件的可再生能源项目给予一定的贴息贷款，地方政府根据本地区发展情况，也有相应的贴息贷款制度。税收优惠属于间接补贴，它会直接减少我们国家政府的财政收入，《中国新能源和可再生能源发展纲要（1996—2010）》较早地提出了税收优惠政策，《节约能源法》后来也制定了对可再生能源产业的税收减免政策。我国对于新能源的补贴主要是直接补贴，包括价格补贴和投资补贴，以价格补贴为主。

2.2 企业绩效评价理论分析

企业绩效评价系统是管理会计学中非常重要的组成部分和研究领域，从发展初期至今已形成了丰富的理论基础，主要包括信息不对称理论、委托代理理论等，基于本书研究特点，与之相关的资源产权理论也是本书研究的重要理论支撑。而与新能源环境效应价值相关的理论主要有资源价值理论、环境价值理论和环境资源价值补偿理论。企业绩效评价系统内涵多样，理论基础广泛，基于所研究行业的特殊性，故本书主要选取几个与本书研究密切相关的理论加以阐述。

2.2.1 企业绩效评价中的信息不对称分析

信息不对称理论最早由约瑟夫·斯蒂格利茨、乔治·阿克尔洛夫和迈克尔·斯彭斯三位美国经济学家于20世纪70年代提出，该理论包含两大部分内容：第一，不同类型人员从市场经济活动中获取的信息存在差异；第二，信息量获取的多少对其在市场经济活动中是否处于有利地位起决定作用，一般所获信息量越大则所处地位越有利。该理论指出，信息的传递是不平等的，市场中始终有一部分人掌握较多的信息，而另一部分人掌握较少的信息，信息掌握较多者通过将所掌握信息传递给较少者的方式获得利润，但通过这种方式获得利润易产生信息传递不完全现象，更有甚者会有选择性的传递信息或制造虚假信息以诱导对方，这对于信息掌握较少者极为不利，严重的可能会导致经济市场失衡。因此，站在企业的不同角度来审视，信息不对称会有不同的影响。

（1）管理者视角。首先，由于管理者对员工的工作情况等信息缺乏足够的理解和掌握，在沟通时易导致很多有价值的信息被忽略或误解，信息得不到有效传递，极易造成管理者和员工之间的沟通障碍；其次，管理决策的制定需要准确且全面的信息作支撑，而决策的科学性与否直接取决于获取信息的真实程度和信息分析程度，因此，减少信息不对称程度对于提高决策科学性大有裨益；再次，企业绩效评价系统是建立在对信息的合理收集和分析的基础之上，一旦信息出现丢失或扭曲，则严重影响评价结果的准确性和公正性；最后，目前部分企业设置一些诸如策略、目标和制度等软性的、无形的难以量化的激励政策，倘若评价者对信息掌握不系统、不全面，极易产生不当的激励作用，更有甚者会适得其反。

（2）员工视角。一方面，信息不对称易造成员工与管理者对企业目标理解上的差异，员工不能完全理解管理者的意图，就会出现“搭便车”现象，这会降低团队整体的效率和效益。而这种由部分员工的不良行为带来的后果将由团队中的每一位成员承担，这势必会对其他员工造成不公平和不公正的待遇，易造成企业内部矛盾，不利于企业内部团结和整体发展。另一方面，如果那些努力工作的员工认识到这一点，他们会想方设法打击“搭便车”者的工作积极性，这种不良情绪将对整个团队的效益和效率产生不可估量的负面冲击。而由此产生的沟通障碍不仅不会因此缓解，反而会进一步加大管理当中的信息不对称，严重者会使整个团队的工作偏离正轨。

2.2.2　企业绩效评价中的委托代理分析

已有 30 多年发展历史的委托代理理论是建立在 20 世纪 60 年代末 70 年代初的企业内部信息不对称和企业如何对员工进行

有效激励的研究基础上发展起来的，是契约经济学的核心内容。该理论主要探讨如何在委托人和代理人双方获得信息不对称的情况下通过对委托契约的设计和改进，达到委托人对代理人最优激励的目的。

企业经营所需的资本性资源主要由所有者和债权人提供，而企业所需的社会性资源则由消费者、供应商以及社会公众提供，生态型资源由企业所处地理位置决定，综合运用多种资源对企业的长足发展起到举足轻重的作用。从委托代理视角看，由于企业是通过代替自然界的方式对自然资源实施管理和使用以获取经济利益，如此便形成了企业与资源环境之间的一种委托代理关系。因此，企业的责任也由传统的单纯追求经济利益向履行社会责任方面转变，合理、科学、有效地利用自然资源以保证其可持续发展。

因此，基于委托代理理论，作为一个以自身利益最大化为目标的经济体，追求高额利润是企业生存发展的本性，然而对自然资源的保护和治理又会对企业的短期利益造成一定程度的损害，这就不可避免地会在委托方与代理方之间形成矛盾，但企业若想走可持续发展之路，就必须妥善处理其与自然资源环境之间的关系，取得企业、自然资源及利益相关者之间的均衡。因此，企业就需要主动担负起保护自然资源与环境的社会责任，通过定期或不定期披露相关环境责任履行情况方面的信息，通过遵守监管部门相关法规政策等方式来履行其应承担的社会责任。此外，通过公开披露环境信息，亦可使委托人与代理人之间的矛盾得到一定程度的缓解，从而尽可能满足委托人对企业所承担的环境保护责任的要求，从短期来看，这种做法可能会对企业的眼前利益造成一定的损害，但从长远来看，这会为企业未来的发展以及获取更多的经济利益打下坚实的基础并提供源源不断的发展动力。

2.2.3　企业绩效评价中的资源产权分析

亚当·斯密是最早对产权开展研究的，其研究大概经历了私有、公有和接近现实世界分法等不同阶段，直至今日学术界对产权的定义尚没有统一的说法，但大体可归为以下两类：一种是马克思基于所有权的产权界定，即由于人对生产资料等财产的占有而形成的权利，他把这种产权理解为生产、交换、分配和消费四个方面，并将其定义为一种由一系列权利组成的“权利族”。完整的产权概念应该把与自然资源开发利用存在直接或间接联系的所有权利都包含在内，全部相关权利组合在一起便形成了“权利族”，这种“权利族”依附于特定商品和服务而存在，并且这种“权利族”的内容在很大程度上决定了产权的交换价值。

另一种观点认为，应该把现实世界当中的产权看成是连续的而不是分散的，代表人物有李金昌和张五常等，但大多数国内学者更倾向于将产权划分为占有、使用、收益和处分四类。总体来讲，现实中并不存在完整的自然资源产权，因其外延范围太大，虽然有效自然资源产权有所残缺，但它是决定性权利等必不可少的。要使财务绩效评价结果反映新能源特色，就必须将新能源所创造的环境效应价值包含在内，据此而对资源价值的产权进行确定就显得尤为重要，但由于新能源生产企业所利用的诸如风、太阳光等资源主要以公共品的形式存在，而对于公共品至今并没有一个明确的产权界限，因此，资源产权界定问题并不会影响新能源企业的绩效评价。

2.3 新能源企业环境效应价值相关理论

2.3.1 自然资源价值理论

当今关于完整的自然资源价值理论体系并未形成，仅建立了一些理论构架，大体有以下几种：劳动价值论、效用价值论、功能价值论等，以上理论的共同特点是站在某一角度看待价值问题，并没有从全局出发来研究。

（1）劳动价值论。有关劳动价值论，最早可追溯到1662年威廉·配第的“赋税论”。马克思对威廉·配第关于“劳动时间决定商品价值”的观点给予高度评价：“最有天才和最有创建的经济学家”，威廉·配第还明确说明可以用相同数量的劳动来对商品的价值进行衡量。该理论并没有把未经开发的草场、森林包含在内。另外，生态系统是由多种复杂因素综合而成，任何一个要素在价值创造中都不可或缺。虽然该观点与现实存在一定的差距，但却为后续研究开辟了道路。

马克思在继承了古典学派关于价值理论定义的基础上认为：生产使用价值的社会必要劳动时间，决定该使用价值的价值量；劳动是唯一的价值源泉；价值本身除了劳动，没有任何的“物质”；当一种物品有使用价值而没有价值时，这种物品就没有人类劳动的参与，正如上文提到的，未开发的森林和土地等。马克思是将这些“散兵游勇”式的理论进行系统化。

煤、石油、天然气等常规能源既有价值又具有使用价值，但这些能源储藏在大自然中未被开发时只有价值而不具有使用价值，只有当它们被开发利用，有了人类劳动的参与，才具备使用价值，因此，它们的价值是通过使用价值来体现的，而人类劳动在这一价值的转化过程中起着关键作用。对于新能源如风能、太阳能、生物质能等而言，它们与传统能源不同，在未加入人类劳动时，它们既没有价值也没有使用价值，而一旦有了人类劳动的加入，它们的价值和使用价值会同时产生，这是它们区别于传统能源的重要特征。

（2）效用价值论。有关效用理论最早可追溯到 1833 年英国的经济学家 W. F・劳埃德，他把某一物品的价值界定为人对该物品的内心感触，这种内心感触并不代表该物品的属性；同时他认为人们对特定物品的渴望程度以及对该物品价格的估计决定了其价值，并且人对物品的渴望程度和对物品价格的估计会随时间而发生变化，而边际效用就产生于物品能否满足人类的某种渴望，边际效用的概念由此产生，并与总效用区别开来，更重要的是，该理论向我们传达了一条信息，即物品的边际效用决定了其相对于人类而言的价值。

边际效用论的主要先驱者，爱尔兰经济学家 H. H・戈森（1810—1858）在他的《论人类交换规律的发展及由此而引起的人类行为规范》（1854）中对边际效用的概念重新进行了界定，直至 19 世纪 70 年代形成了最终的边际效用价值理论。“最后效用程度”价值论产生于 1871 年，是由英国经济学家 W. S・杰文斯在他的《政治经济学理论》中首次提出的，该理论也被奥地利经济学家 C・门格尔所阐述，并载于他的《国民经济学原理》（1871）一书中。而“稀少性”价值论产生于 1874 年，是由法国经济学家 L・瓦尔拉斯提出的，并将其写入他的著作《纯粹政治经济学纲要》（1874—1877）中，因此，这三个人成为边际效用价值论的著名创始人。

我们可以把物品的使用价值看作是其满足人的需要的特定性

质，其表现形式是人对特定物品的内心感受，但若究其实质，则反映了人与物品之间存在的某种内在联系。这种理论对于研究新能源与人类的关系具有重要的启示引导作用，新能源在经人类劳动要素的加入后同时产生价值和使用价值，在其满足人类需要的同时带来的主观感受要优于传统能源所带来的主观感受，即新能源的边际效用大于传统能源的边际效用。

综上可知，马克思的劳动价值论同西方的边际效用价值论存在诸多相似之处，两者都揭示了人和物品之间具有内在联系的实质，只是两者的角度不同，这两种观点相互补充，相辅相成，对后续有关人与物品内在联系的研究起到了很好的引导作用。

（3）功能价值论。理论界把自然资源的功能界定为自然资源的质量以及它能给人类带来的效用的多少。自然资源内部以及各自然资源之间的错综复杂的关系决定了自然资源功能的复杂多样性。自然资源本身的结构特征决定了其功能。因此，我们就可以把自然资源结构特征对人的影响概括为自然资源功能对人的影响，同理，我们可以把自然资源的使用价值概括为自然资源功能对人类的有用性，它是对人类而言具有使用价值的关键要素，也是使自然资源具有使用价值的关键自然资源元素。

基于马克思主义价值理论提出的自然资源功能定价模型是将自然资源本身的性质以及功能变化考虑在内，通过自然资源质量损耗同功能效用之间的内在联系来对其价值进行界定的，具体如式（2－1）和式（2－2）所示。

假设某种自然资源的质量为 C_m，与其相对应的功能为 F_m，则在状态（C_m，F_m）下自然资源功能价值可以用式（2－1）表示：

$$K = \frac{b}{Q}\left(-\frac{dF}{dC}\right) \tag{2-1}$$

式中：K—自然资源的功能价值；F—自然资源的功能；C—自然资源的质量；b—自然资源的价值参数；Q—自然资源的数量。

当某种自然资源从状态 T_1 变到 T_2 时，与其对应的自然资源功能价值损耗可用式（2－2）表示：

$$\Delta F = -\int_{T_1}^{T_2} \frac{b}{Q} K dC \tag{2-2}$$

式中：ΔF—自然资源降低或损失的功能；F_{T_1}—自然资源在状态 T_1 时的功能值；F_{T_2}—自然资源在状态 T_2 时的功能值；b、K 的含义与式（2－1）中相同。

通过式（2－1）和式（2－2）即可求得不同状态下某种自然资源的功能价值。通过分析自然资源功能价值定价模型发现，该模型给出了自然资源功能价值的理论框架和计算方法的基本模式，在实际计算自然资源使用价值时可根据具体情况进行变通以达到适应实际应用的目的。

以上自然资源功能定价模型对于研究传统能源和新能源都具有重要的现实意义，尤其对于具有环境效应价值的新能源，是重要的理论支撑和参考，也是全球倡导低碳、环保、清洁、健康、可持续能源发展战略的重要依据。

2.3.2　环境价值理论

环境价值的实质是人类在与环境长期相处的过程中，环境所能够带给人类有用的、可以满足人类某种需求的一种双向关系，即环境影响人类行为，反过来，人类行为也影响我们所生活的环境，在这种双向影响关系中，更倾向于人类与环境都朝着好的方向发展，而环境本身的质量以及环境的功能也是朝着有利于可持续发展的方向发展，故这种人与环境的双向关系被称为环境价值。

环境价值的双重性决定了在对其进行分析时必须考虑两个主体——环境和人类。概念中“可持续发展”这一限定语值得深思，由于环境自我承载能力的有限性与人类需求的无限性致使人类社会在发展的过程中避免不了对环境造成负面影响，如由于人类无节制地从环境攫取资源，致使环境污染、生态破坏等问题，环境质量骤降，环境功能锐减。这种行为是将环境与人类置于互相对立的地位，是将人类与环境看作使用与被使用、满足与被满足的关系，这只是环境使用价值的体现，而绝非环境价值的本质。

协调人与环境的关系是实现能源—经济—环境三者协调发展的重要举措，因此，对于已经形成的环境质量下降、环境功能锐减问题，就必须给予相应的经济补偿，环境补偿价值由此产生，从某种意义上讲，环境价值是环境使用价值和环境补偿价值的统一体，这也是可持续发展观当中有关环境经济理论的核心机理。因此，人与环境应该是和谐共处、平等、共生的整体，不应将二者割裂开来。

鉴于单边、片面的价值观带来的严重后果，我们呼吁环境价值，其意义不言自明。呼吁并发扬环境价值观，把人类作为大环境当中的重要一员，只有将人与环境看成一个统一体，环境与人类享有同等的权利，享受同等的对待时，才能真正实现能源—经济—环境的可持续发展价值，才能真正实现人与环境的自由、平等、和谐。

2.3.3 环境资源价值补偿理论

多年来，国内外不少专家、学者从生态和环境的角度对环境问题的成因、危害及治理进行了大量卓有成效的探索和研究。但由于受传统理论的影响及思想观念的限制，他们在自然资源问题上没有真正按经济规律办事。

人们对自然资源的掠夺性开发和浪费式使用，其本质是一种经济行为，然而随着生产的发展、经济的快速增长，人类对自然资源的需求量急剧扩张，对各种资源的消耗和浪费也随之增长。但人类在源源不断地从自然界中获取来源时却很少甚至几乎没有对如何补偿由于人类过度攫取而造成的资源枯竭问题予以考虑。对自然资源给予补偿是人类以补偿费的方式对由于人类社会活动造成资源枯竭和生态破坏的弥补和改善，尽管这种方式几乎不可能使资源和生态环境恢复到被破坏之前的状态，但至少能够阻止它进一步恶化。由于很多资源很难量化，因此对于生态环境补偿费的衡量也就显得十分复杂。

根据马克思的理论，社会生产被划分为简单再生产和扩大再生产。其中，社会再生产中，一种是补偿，即对原来已经积累起来的劳动资料进行更新换代和扩大规模；另一种是积累，即不改变原有劳动资料的积累，而仅仅是在原有积累的基础上继续增加劳动资料的规模。一个重要的使社会简单再生产保持持续经营能力的有效途径就是对所消耗的劳动资料给予相应的补偿，以此保持社会简单再生产正常进行，从而为扩大再生产做好积累。因此，科学的对自然资源价值进行合理补偿的关键就是要按价值规律行事，尽量做到使所生产产品的价格与该产品在同等环境下的货币量保持一致。

从理论上来讲，环境的损耗价值应该与环境补偿价值相同，并且只有对全部环境损耗都给予足量补偿才是真正意义上的可持续发展。通常人类只是计算环境损耗带来的经济损失，但经济损耗是被动行为，而经济补偿是主动行为。事实上，环境的损耗并未得到足量的经济补偿，主要源于人类行为受经济水平的约束。因此，怎样通过对自然资源价值的研究来准确确定补偿费额度就成为解决环境补偿不足问题的关键工作。

我国从 1994 年 1 月 1 日起开始正式实施《中华人民共和国

资源税暂行条例》，主要对矿产资源价值进行补偿，并规定了相应的资源税税收额度。

（1）我国生态环境补偿费用征收情况。我国已经有近 20 个省、市、自治区开展了环境补偿费征收试点工作。

①福建省矿种及收费标准如表 2－2 所示。

表 2－2　福建省矿种及收费标准

矿种	煤矿	铅锌矿	铁矿	铜矿	锰矿	钨矿	金矿	石灰石
收费标准（元/吨）	1.0	5.0	0.5	4.0	0.5	3.0	4.0	0.15

②广西壮族自治区征收生态环境补偿费标准如表 2－3 所示。

表 2－3　广西壮族自治区征收生态环境补偿费标准

征收矿种	汞、砷、铅、铬	煤、硅石、萤石	大理石、花岗石、石灰石
占销售额比例（%）	7	6	5

③黑龙江省林业征收林地补偿收费标准如表 2－4 所示，人工林地木材补偿费标准如表 2－5 所示。

表 2－4　黑龙江省林业征收林地补偿收费标准

地类	用材、薪炭林地	防护、特殊用地	珍贵树种林地	经济林	荒山、荒地
标准（元/亩）	500	650	750	900	250

表 2－5　人工林地木材补偿费标准

针叶林（胸径）（厘米）	<5	5—10	10—15	>15
补偿费（元/株）	6.0	10.0	17.0	32.0
阔叶林（胸径）（厘米）	<5	5—10	10—15	>15
补偿费（元/株）	4.5	7.0	12.0	20.0

④山东省龙口市征收矿种及收费标准如表 2-6 所示。

表 2-6　山东省龙口市征收矿种及收费标准

征收项目	煤炭/吨	制砖/块	电力/（千瓦·时）	砂石、金矿/吨
月征收标准（元）	1.00	0.002	0.005	0.30

⑤陕西省榆林、铜川地区征收生态环境补偿费标准如表2-7所示，产品征收标准如表 2-8 所示。

表 2-7　陕西省榆林、铜川地区征收生态环境补偿费标准

产品	煤炭/吨	林木/立方米	金属矿产/吨	非金属矿产/吨
占售价比例（%）	1.5	1	2	1

表 2-8　产品征收标准

产品	水泥	石灰	焦炭	铅锭	其他
占售价比例（%）	2	2	2	2	1.5

通过以上分析可知，全国各地的环境补偿费数额差异显著，且征收项目种类繁多，由此可以看出各地对征收环境破坏补偿费都给予高度关注，这也从侧面反映出要使生态环境恢复到被破坏之前的状态并非易事。这也进一步反映出征收环境补偿费的意义所在以及本书研究的现实意义和实用价值。

（2）国外生态环境补偿费用征收情况。国外许多国家也采取了经济手段解决生态环境破坏问题，由于制度不同，国外多是以开采税、地产税、开采津贴等调节环境资源的开发利用活动等有关税的方式进行的。

①法国。法国对自然区域和敏感性区域征收一种部门税。1960 年通过法律授权在绿色区域收取一种部门费，并将所收取的费用与社会公众的捐助放在一起作为保护土地等相关管理工作

的费用支出。1976年还实行了另一种税，由在地面或沙岸采砂或采石的公司支付，并且这项税收的内容在1984年和1985年先后被扩充。

②德国。联邦环境部门和自然保护部门等提出环保税收计划。其中包括有“生态税”，但德国最早与环境税有直接关系的税收只包括汽车税和石油税，与此同时，德国在解决诸如资源开发、水资源利用以及有害气体排放等环境问题时也采用收“费”的方式。而对于砍伐树木等行为，德国会向应税企业征收种植税和辅助森林保护税，税收额度以应税企业从砍伐行为中获取的利益为基础来确定，所获利益越多，税收额度越大。

③瑞典。瑞典在税收中考虑能源问题已有相当长的时间，其税收体系也已相当完善和健全，所有税法均由议会通过后颁发，其中大部分税收与生态环境有关，地方政府仅针对本地区征收包括个人所得税在内的地方附加税，且绝大部分税收由政府掌管。

④美国。从整体上看，美国实行联邦、州、地方三级共同管理的税收机制，但实际上各级政府都有相对独立的税收权力，其中，联邦政府、州政府和地方政府的税收占比分别为60%以上、20%以上和15%左右。在美国采矿业有一种消费税，所收税款进入黑肺疾病信用基金，以资助受害的煤矿工人。这个税是在正确方向上所采取的一个步骤，但它还不是一个真正的环境税，因为它的目的不是保护环境，而是改善有害职业工人的健康。还有一种已放弃的采矿费，每吨煤35美分，是为恢复老矿区的原本景观而专门设立的一个基金。

我国目前面临的主要环境问题，追根溯源还是与资源价值相关，鉴于此，以资源的功能价值理论为原则来对资源价值进行衡量和足量补偿，是进一步丰富资源价值理论、顺应时代发展要求的重要举措，是实现能源—经济—环境三者和谐发展，友好共处的重要途径，对于实现全面、协调和可持续发展战略具有重要现实意义。全国人大常委会表决通过了《中华人民共和国环境保护税法》，并于 2018 年 1 月 1 日开始实施，环保税由此成为我国的第十八个税种。

2.4　成本与价格补贴理论基础

2.4.1　可持续发展与循环经济理论

循环经济理论是美国经济学家波尔丁在 20 世纪 60 年代提出的，他主张建立不会造成资源枯竭，也不会造成环境污染和生态破坏的循环发展式经济。随着生态环境在经济增长和社会发展过程中影响作用的不断增长，循环经济理论有了更大的发展。斯德哥尔摩人类环境会议、里约热内卢环境发展大会、约翰内斯堡可持续发展首脑会议是可持续发展理论具有历史意义的里程碑。20 世纪 90 年代后期循环经济理论引入中国。有学者提出循环经济为一种新经济形态其本质是对人类生产关系进行调整。

“循环”的直义不是指经济循环，而是指经济赖以存在的物质基础——资源在国民经济再生产体系中各个环节的不断循环利用（包括消费与使用）。循环经济的建立依赖于一组以“减量化、再使用、再循环”为内容的行为原则（称为 3R 原则），每一个原则对循环经济的成功实施都是必不可少的。减量化原则指在输入端要求尽可能使用较少的资源和能源，再使用原则要求制造产品和包装容器能够以初始的形式被反复利用，禁止使用一次性产品，再循环原则指在输出端产品被生产出来并使用完成后再次加工处理，使其再次变为资源或能源进行生产。循环经济的提出，是人类对难以为继的传统发展模式反思后的创新，是对于人与自然关系在认识上不断升华的结果。

新能源发电是将诸如风能、太阳能等清洁可再生的能源转化为电力，不仅能源来自自然界，取之不尽用之不竭，而且没有传统化石能源的消耗，对环境没有污染，契合可持续发展的要求和循环经济的本质。

2.4.2 幼稚产业保护与价格补贴理论

美国政治学家亚历山大·汉密尔顿（Alexander Hanmilton）最早提出了幼稚产业保护理论，后来德国经济学家弗里德里希·李斯特（Friedrich List）发展了该理论系统。幼稚产业指国家新兴的、正处在初创和发展阶段的产业，自身在市场竞争中不具有竞争力，需要国家政策扶持和政策保护的产业。

幼稚产业的界定，国外学者从不同角度展开了讨论[①]。约翰·穆勒认为幼稚产业的成本曲线为一条向下倾斜的曲线，并将经历由陡峭到平滑的变化过程。在成本曲线陡峭时期便是幼稚产业刚刚发展的阶段，在经过政策扶持和保护后，成本曲线变得平缓。他认为幼稚产业不仅包括在发展初期竞争力较弱的产业，还应包括取消保护后能够正常运营并能够在保护政策下继续具有竞争优势的产业。巴斯塔布尔从成本和预期利润的角度对幼稚产业给予了范围界定。他认为预期的未来利润现值将超过目前的社会成本，在将来会表现出自己的竞争优势的产业，应该确定为幼稚产业。肯普从外部规模经济角度定义了幼稚产业，他认为如果产业具有规模外部性效应，那么该产业的发展将会带动其他产业的发展，进而影响整个社会的发展。他在穆勒的成本界定和巴斯坦

① 任烈.《贸易保护理论与政策》，立信会计出版社。

布尔的预期利润的界定基础上，建立了外部规模效应对幼稚产业的界定。

我国新能源产业发展较晚，以风力发电和光伏发电为主的新能源发电在目前国内电力生产结构中所占比例较低。新能源发电产业与传统火电之间具有成本差异，初始投入金额较多且为一次性投入，对企业的资金实力要求较高，而且新能源发电产业所需的一些关键系统设备需要依赖进口，这也影响产业整体的成本水平。但是，新能源发电产业具有明显的正向环境效应，它具有资源节约和环境改良等明显的清洁优势，有学者提出我国西北地区风电产业带来的正向环境效益达到 0. 24500913 元/千瓦 · 时，而且所带来的环境效应还有提升空间。从另一个角度来看，新能源发电产业的发展带来的是整条产业链的发展，包括上游制造业、发电运营以及上网销售等。由此看来，我国新能源发电产业正处于幼稚产业迅速发展的时期，在成本不具备竞争优势的条件下，以价格补贴为主的政策支持对于产业发展来说必不可少。

2. 4. 3　全生命周期成本理论

产品的全生命周期最早是用于研究市场战略，在经济领域由 Dean 和 Levirt 提出。全生命周期根据产品的市场发展过程划分，包括从产品的产生、成长、成熟直至衰亡阶段。全生命周期成本最早出现在美国对可靠性的讨论，研究得出产品的全生命周期成本是从出现到灭亡的整个期间发生的费用。

我国对于全生命周期成本的研究较晚，最早是由丁士昭教授提出全生命周期成本管理的理论。张昭丞等根据风力发电的全生命周期理论，建立全生命周期成本模型，定义总成本为初始投资成本、运行成本、维护成本与报废成本的总和。李景文等学者构建了风电企业的全生命周期成本结构和估算模型，并应用到具体案例中，分析各个阶段的成本特点，提出全生命周期成本管理在企业经营过程中的建议。凌峰等分析了海上风电系统的全生命周期成本，将其细分为初始投入成本、运行成本、维护成本、故障成本与废弃成本五个组成部分。

成本在归集分析过程，也需要考虑企业的生产经营全过程，产品从研发设计开始，到建设使用再到报废的整个历程中都体现了成本的周期性。新能源发电的成本同样要求考虑到它的周期性。在全生命周期成本视角下，新能源发电成本不仅需要讨论初始投资阶段的建设成本等支出，还要考虑发电阶段的度电成本及最终的报废阶段的处置；不仅需要讨论投资者的成本支出，也需要讨论新能源发电的环境成本和社会效益。在对新能源发电成本结构的分析中需要对初始投资阶段和发电运营阶段进行细分，在成本水平阶段中需要对初始投资和度电成本进行细分。在对新能源发电成本影响因素分析中，需要考虑到发电项目的全生命周期影响因素。

2.5 过度投资行为的一般理论

2.5.1 企业投资理论与过度投资

企业投资，是企业法人作为一级投资主体所进行的投资活动，把投资项目视为载体，把资金投放于生产经营环节中，获取利益的商业行为。其包括企业购置固定资产、流动资产等进行直接投资，也包括购买有价证券等的间接投资。企业的投资活动是为企业创造价值的众多环节中重要的一个环节，也是企业最复杂的经济活动之一。企业为了在竞争中取得优势，必须进行科学的投资决策。

传统的投资学认为，投资者可以对已知的信息进行正确筛选和加工处理，使投资决策所产生的经济效益最大化，每个投资者都可以均等地享受市场信息。投资者能够理性地分析每个投资机会的预期收益以及投资风险，并由此作出科学的投资决策。MM 理论认为，在资本市场中，企业的风险是可以衡量的。投资者对企业未来收益预计与为得到这些收益所面临的风险的预期是一致的，也就是说无论现在和将来企业预计的 EBIT 能够被投资者完全相同的估计。企业的投资行为仅与企业的投资需求有关。

但是，人本身就不是理性的，有效市场理论也是不能成立的，所以说，人类所做出的社会经济行为也不是理性的。投资者的预期、市场环境、经营风险的偏差都有可能导致企业投资净现值小于 0，影响企业资金使用效率。我国新能源行业存在大量这类问题，更加应该在投资于某新能源项目时，作好充分的市场调查，分析投资风险，作出理性的投资决策。

2.5.2　自由现金流假说与过度投资

外国学者 Jensen 在 1986 年提出了自由现金流假说，即自由现金流量的代理成本理论。该理论认为，企业会通过融资约束自由现金流量，降低管理层的控制权，减少管理层可用的现金流量，从而解决企业的代理问题，并提高企业的价值。因为这一理论认为，当企业拥有大量现金流出时会出现股东与管理层之间的冲突，随之而来的就是代理成本问题。Jensen 认为，要保证股东价值实现最大化，必须把自由现金流量支付给股东，才能保持企业正常效益。但管理层总是希望把公司的自由现金流量尽可能多地用于扩大投资规模，这是出于个人的私利，好从中获得报酬，而不是把现金交付给股东，因为向股东发放现金必然会减少管理层能够控制的现金流。可见，自由现金流问题实质上也就是关于公司资源控制权的争夺。当公司需要筹集新资金时，必然要受到资本市场的监管，从而制约管理层扩张战略的实施，直接损害了其利益。所以，如果企业拥有的自由现金流越多，管理层发生过度投资的潜在可能性就越大。由自由现金流假说可知，我国新能源公司应当保持合理的自由现金流量，在降低投资成本提高投资效率的同时满足日常投资需求。

2.5.3 信息不对称理论与过度投资

信息不对称理论是指，市场活动中的各类人员对相关信息在理解上的差异化。该理论认为，因为市场上的卖方比买方更了解商品的各种信息，所以信息市场中掌握更多信息的卖方可以通过向信息量少的买方提供可靠的信息而从中获益。虽然市场中买方和卖方都能获得信息，但是拥有较少信息的一方会总是会尝试着从另一方获取信息。处于比较有利的地位的人员，掌握信息往往都比较充分，而信息贫乏的人员，则处于比较不利的地位。信息的不对称，很有可能导致逆向选择。在新能源行业中，企业在进行投融资时对外部投资者和内部管理决策者公布的信息也存在一定的不对称，这很有可能导致外部投资者高估项目的预期收益并低估项目存在的风险，使企业在资本市场上获得更多的现金流，进而导致了过度投资。根据信息不对称理论及我国目前新能源行业的投资状况，企业应该传递正确有效的信息，避免由于信息不对称而造成的过度投资。

2.5.4 管理者过度自信与过度投资

过度自信是指因个人的主观因素，人们对自己有绝对的信心，甚至可能会倾向于高估自己的能力，容易引起自傲。这种现象在企业中表现得较为明显。由于现代企业管理权与经营权的分离，管理者过度自信会使其在经营活动中处于一种超出一般的自信状态，即管理者过度自信。

投资是企业维持生存和发展状态的重要一步，受到管理者的高度重视。管理者的过度自信会使其高估自身的能力，在项目评估时采取一些较为冒进的选择，过于看好项目的投资前景和收益，低估项目存在的各种风险，可能会制定出有损公司价值的投资决策，进而引发过度投资的问题。根据管理者过度自信理论，新能源企业的公司管理者在作出投资决策时要合理地对所投资的项目价值进行评估，避免高估预期收益，也不低估未来风险，尽量减少净现值为负的投资项目。

2.5.5　管理者自身利益最大化动机

管理者自身利益最大化动机是指管理者在追求自身利益的过程中唯利是图，私欲膨胀，机会主义动机表现出非理性的，会占绝对上风，导致管理者会采取各种手段，制造各种理由，甚至不择手段，有目的、有计划、有步骤地对现有掌握信息进行加工，掩盖真相，为达目的刻意取舍和歪曲，以牺牲损害公司其他利益相关者的利益为手段去扩大自身利益，这就是机会主义动机。这种现象正是管理者机会主义动机的典型印证，这一动机产生的根源与现代公司管理、话语权、决策层是少数甚至一个人说了算的制度有关。管理者机会主义动机能实现有多方面的原因，第一是公司所有权和经营权的分离，表面上构成了委托代理关系，事实上形成彻底的命令与服从的、决策与执行的非正常关系；第二是公司管理层掌握企业内部所有信息，利用企业的经营管理权先下手为强，在其他利益相关者得不到真相，无法考证分析的情况下，成为管理者会放弃企业利益的最大化从而去追求自身利益的最大化发生的潜在条件；第三是当企业经营管理者所持有的企业股权比例越小时，机会主义动机、冒险想法越大，过度投资成功了成绩利益归于自己，失败了自身损失又最小，所以机会主义动机会助长管理者的这种博弈。第四是当企业发展越好，有较大利润并存在大量自由现金流量时，个人野心会更膨胀，建立个人商业帝国的梦想会不切实际地升得更高，为自身利益而不惜牺牲企业的健康思想更严重可怕，进行盲目过度投资，盲目扩大企业规模，只为能够给自身带来隐形的或较隐蔽利益，随着公司规模越大、涉及行业越多、投资占有资金越多，管理者控制的资源与权力也越多，多数持股者却遭受被“绑架”的煎熬，从而管理者达到了“损公肥私”、隐形资源更多、自身利益最大化的目的。

新能源发展与财务绩效评价方法分析

本章将研究新能源产业发展历程、发展现状以及与国民经济适应性分析，并对新能源产业现有的财务绩效评价方法及其特点进行研究。

3.1　我国新能源产业发展历程

3.1.1　我国风电产业发展历史

早在 20 世纪 50 年代，我国就有风力发电，但只用于部分特殊情境下的少量用电。在 20 世纪 70 年代暴发了严重的全球石油危机，我国开始进行风电项目示范性研究，直至 1994 年，可以看作是我国风电产业发展的示范性探索阶段。在此期间，国内风电企业数量非常稀少，技术非常匮乏，主要依靠国外贷款、引进国外技术，建设小型示范项目。例如引进丹麦、德国等欧洲风电大国的资金和技术进行多次尝试。但我国风电技术基本上还是停留在探索层面，并没有特别的重视和需求。

从 1995 年至 2004 年，我国风电产业整体发展较为缓慢，随着时代的进步，行业的发展、电量需求的扩大，一些企业先后进入风电制造领域，产业内企业数量开始增多。到了 2004 年底，全国发电装机容量约 76.4 万千瓦，风电产业开始形成。在此期间，风电市场年增长率最高可达 100%，在利润的吸引下，某些国内外企业纷纷抢滩中国市场，诸如比较知名的国外风电强国企业有丹麦的 Vestas、德国的 Repower。从制度上来说，我国建立了强制收购、成本分摊、还本付息等一系列风电项目鼓励制度，有力地激励了风电技术的发展。从模式上来说，较多的是与外企进行合作的模式，例如，在 2001 年，金风科技引进德国 Repower 的技术，2003 年与丹麦 Vensys 合作风电机组项目。由于我国风电市场需求的增长，企业数量不断增加，国内企业也在积极思考与探索，从最初的技术模仿逐渐转向自主研发。但是，国内风电技术竞争力仍然较弱，主要凭借价格战竞争，同质化严重。

2005 年，随着《国家发展改革委关于风电建设管理有关要求的通知》《可再生能源法》等一系列鼓励政策的出台，我国风电产业逐步进入快速发展阶段。由于国家产业政策的帮助，利润的吸引，市场需求不断增长，技术水平快速提高，很多企业像潮水般进驻风电市场。2005—2011 年，新增装机容量年增长率最高超过 150%，累计风电装机容量超过 100%，2011 年，我国新增和累计风电装机容量均位居世界第一位，比重占全球大约 1/3。风电技术快速更新，一些企业成功地由技术引进转变为技术创新，如金风科技已经具有零部件和风电整机自主研发能力。制度上有风电特许权招标项目确定、风电特许权经营、稳定的费用分摊制度，风电项目大量国产化，国产化项目占比大于 70%。虽然风电市场快速增长，但价格却迅速下跌，这是由于需求增长、技术进步、企业增多引发的规模效应，更重要的因素是市场严重同质化，价格竞争激烈，价格跌幅超过 15%。很多企业连续亏损，被迫退市。

经过市场调整，2012 年以后国内风电市场重新步入新的发展阶段。风电市场产能过剩，开始饱和，优胜劣汰，企业数量减少，但竞争压力仍然很大。我国每年累计装机和新增风电装机容量还是位居世界第一，然而增长率开始放缓，各大企业积极加强技术创新、提升竞争力，部分行业龙头转向国际市场。

2008—2017 年，我国风电市场一直保持稳步增长的状态，如图 3－1 所示，2017 年新增风电装机量为 19.66 吉瓦，同比下降 15.9%；累计装机量达 188 吉瓦，同比增长 11.7%，增速放缓。截至 2017 年，我国风电累计装机量达 188 吉瓦，市场排行前七家整机生产商的累计装机量超过 10 吉瓦，其市场占有份额合计达 67%。

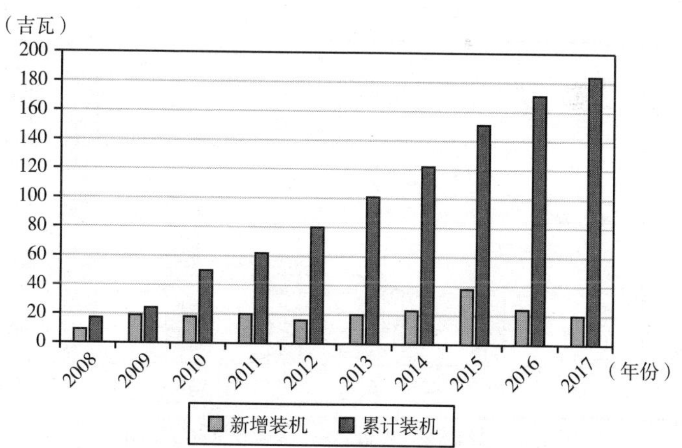

图 3－1　2008—2017 年中国新增和累计风电装机容量

资料来源：Wind 数据库。

当前，国内风电装机仍以1.5兆瓦机型为主体，新增装机仍以2兆瓦机型为主流。2017年由中国自主研发的H140－3MW型风电机组获得成功，标志着中国陆上风电机组单机容量开始向3兆瓦发展。

2009年，我国启动海上风电计划，采用特许权招标方式进行探索发展，率先建成东海大桥海上示范风电场，2011年，江苏如东30兆瓦和150兆瓦潮间带试验示范风电场及其扩建工程先后完工。2012年底，中国海上风电场累计装机大约400兆瓦，2013年海上风电发展减慢，2014年，中国海上风电新增并网约200兆瓦，全部分布在江苏省。2015年，中国海上风电新增装机量360兆瓦，大部分位于江苏省和福建省。2016年，中国海上风电机组新增装机数为154台，容量达590兆瓦，同比增长约64%。海上风电占全国风电总装机容量的比例由2011年的0.42%升至2016年的0.96%。2011—2016年我国海上风电累计装机容量及占比如图3－2所示。

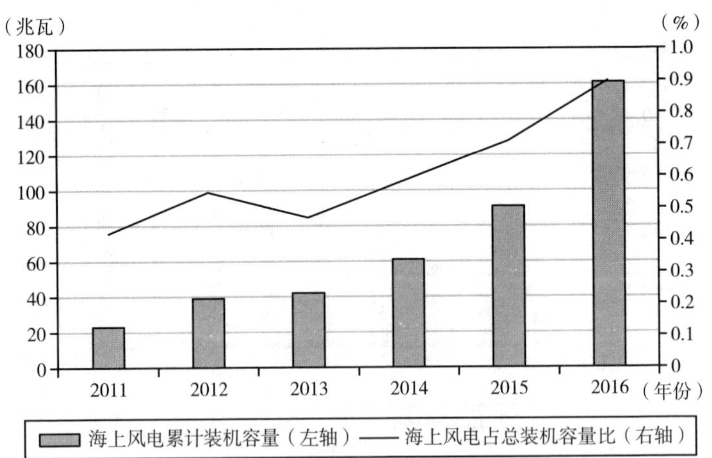

图3－2　2011—2016年中国海上风电累计装机容量及占比

资料来源：Wind数据库。

截至 2017 年 8 月，我国已经开工投建的海上风电项目共计 19 个，总装机量合计 4799.05 兆瓦，分别位于江苏、福建、浙江、广东、河北、辽宁、天津等附近海域。2017 年，中国海上风电发展取得新突破，新增装机数量共 319 台，新增装机容量达 1.16 吉瓦，同比增长达 97%，累计装机容量达 2.79 吉瓦。

3.1.2　我国光伏产业发展历史

太阳能光伏发电系统简称为光伏，光伏发电是一种利用半导体材料的光伏效应，将太阳辐射能直接转换成电能的新型发电系统，其产业链如图 3-3 所示。

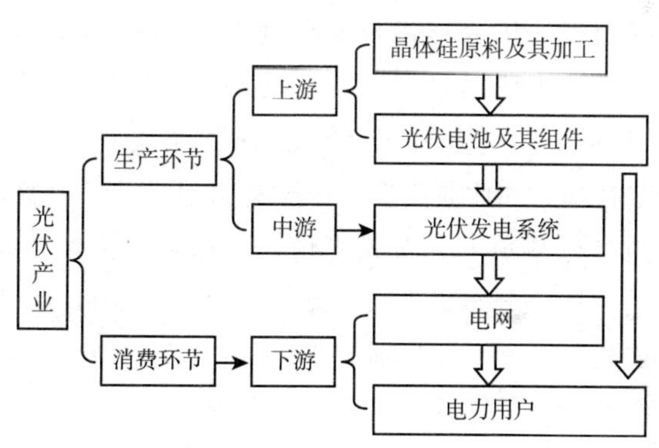

图 3-3　光伏产业链

我国光伏产业发展大致可分为三个阶段。第一阶段：光伏发电产业起步期阶段（20 世纪 70 年代—2008 年）。在这一阶段的前期，我国光伏发电产业由于受高成本等因素限制，很长时间内仅限于小功率电源系统，难以实现大规模发电，发展极为缓慢。但在后期，能源结构调整成为大势所趋，2002—2008 年，我国对于分布式光伏项目的补贴基本为初始投资补贴。国家启动了送电到乡、光明工程、无电地区等一系列扶持项目，为偏远无电地区解决用电问题，推进了光伏产业初始发展的进程，其间年增长率为5%—45%不等，截至2008年底我国光伏累计装机容量到145兆瓦。由于人类对环境、资源、能源认识的改变和时代的发展，改变能源结构势在必行，我国开始大力支持新能源的开发利用，集中式光伏发电也开始快速发展的第二阶段：光伏发电产业化市场化建立阶段（2009—2011年）。在此阶段从技术发展和产业规模两个方面来讲：（1）政府和企业开始重视技术的发展，加大前期研发资金的投入，企业发明的专利数量迅速增多，自主研发光伏产业组件产品性能不断增强；（2）高补贴带来大型光伏电站和分布式光伏的迅猛发展，大型集中式光伏电站在光伏产业中占主导地位。国家能源局和住建部分别在2009年和2010年开展了分布式光伏项目——“金太阳示范工程”和“光电建筑应用示范项目”。“金太阳示范工程”实施初期，国家投入50%的资金补贴，如此高的资金补贴有力地推动了大型光伏电站的发展，同时也激励了分布式光伏，再加上“光电建筑应用示范项目”的开展，分布式光伏电站开始兴起，2011年和2012年新增分布式装机同比增长分别为245.8%和79.7%，项目同时引领着光伏发电的应用领域也发生了巨大的变化。从2009年开始，我国还开展了大型光伏电站特许权招标，2009—2011年累计光伏装机容量增长率分别为157.24%、139.41%、224.75%，均超过100%。在此期间，光电并网也发展成为光伏发电项目应用的主流，我国光伏发电产业快速走向市场化。第三阶段：光伏发电产业调整回升阶段（2012年至今年）。2012年，美国挑起“双反”，后来欧洲加入贸易战阵营，光伏产业国外市场快速萎缩，我国光伏产业发展遭遇重挫，大批企业倒闭，进入剧烈调整期。随着困扰我国近两年的“双反”政策平息，光伏产业得到了政府的高度重视，政府出台了多项鼓励政策，有力地推动了国内光伏产业的复苏，“十二五”期间，我国光伏产业技术不断提高，投资成本不断下降，产业开始进入规模化稳定发展阶段。2016 年 11 月国家能源局推出的《太阳能发电发展“十三五”规划》，明确了光伏产业从 2016 年至 2020 年这五年内的发展目标和主要任务，再次推动着我国光伏产业更加健康地快速发展，规划指出到 2020 年，太阳能发电装机达到 1.1 亿千瓦以上，其中分布式光伏 6000 万千瓦以上，而目前最宽泛口径下的分布式光伏项目仅为 10 吉瓦。2016 年国家继续鼓励自发自用分布式、屋顶分布式，同时由于“三北地区”的弃光限电问题，对大型电站的建设进行限制，因此分布式光伏得到快速发展，由 Wind 数据库数据可知，2016 年分布式光伏新增装机量达 4240 兆瓦，同比增长 205%（见图 3－4、图 3－5）。

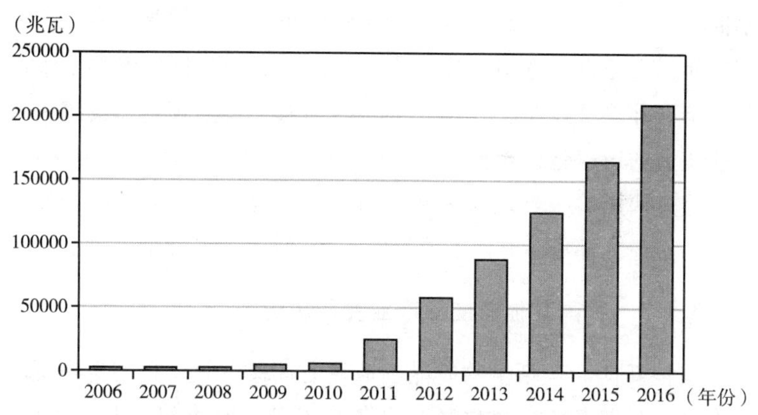

图 3－4　2006—2016 年中国光伏装机容量年度累计

2017 年 12 月 22 日，发改委发布《光伏发电项目价格政策的通知》，2018 年 1 月 1 日起我国一类至三类资源区光伏电站的标杆上网电价分别为每千瓦·时 0.55 元、0.65 元、0.75 元，比 2017 年电价每千瓦·时下调 0.1 元，与集中式光伏标杆电价逐步下调

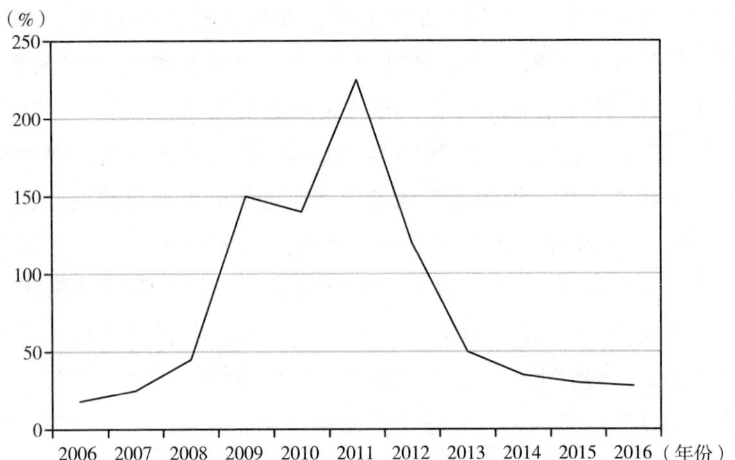

图 3－5　2006—2016 年中国光伏装机容量同比增长率

不同的是，自发自用类分布式光伏的电价补贴仅下调 0.05 元/千瓦·时，这使自发自用类分布式光伏电站的收益仍然保持了很高的水平，并将最终促成 2018 年的快速发展。综上所述，我国光伏产业发展的历程是跌宕起伏的，其经历了从发展初期的缓慢发展、中间经过快速扩张到现在的调整回升三个阶段。在光伏产业发展的每个阶段，都离不开国家政策的支持以及光伏技术的发展。

3.1.3　我国其他新能源产业发展历史

其他新能源包括生物质能、地热能、核电等。我国生物质能的发展最早萌芽于农村地区对沼气的运用，20 世纪七八十年代，我国农村经济发展十分缓慢，边远地区能源供应不足。对此，国务院和有关部委相继颁布了《关于当前农村建设中几个问题的报告》《关于进一步发展沼气的报告》等，通过立法对我国生物质能的发展加以扶持，并明确提出充分利用农业资源，发展沼气。但生物质能发展一直缓慢，直到我国颁布了《中华人民共和国可再生能源法》(2005 年)，通过能源立法为我国生物质能的开发利用保驾护航，在此基础上，我国生物质能产业进入了快速增长阶段，沼气、生物质能发电、生物质能供热以及生物液体燃料等都具备了一定的产业规模。

我国对地热能资源的利用有着悠久的历史，早在东周时代人们就已经懂得用地下热水来洗浴、浇灌农田等。20 世纪 50 年代，我国开始规模化利用温泉，相继建立 160 多家温泉疗养院。20 世纪 70 年代初，我国地热能资源开发利用开始进入温泉洗浴、地热能供暖、地热能发电等多种利用方式阶段。进入 21 世纪以来，在政策引导和市场需求推动下，地热能资源开发利用得到较快发展。目前，呈现出浅层地热能利用快速发展、水热型地热能利用持续增长、地热能勘探开发利用装备较快发展的趋势。尤其是在水热型地热能利用方面，以年均 10% 的速度增长，已连续多年位居世界首位。在地热能勘探开发利用装备方面，也是地源热泵生产与消费大国，国产成套设备生产水平日益提高，国产设备占据了大部分国内市场。

3.2　我国新能源产业发展现状

3.2.1　我国新能源产业发展规模

随着我国“十二五”“十三五”规划关于可再生能源发展的不断推进，国家新能源产业发展规模逐渐扩大，成果显著。根据全球风能委员会（GWEC）2015 年和 2016 年全球风电装机容量统计排名（见图 3 - 6、图 3 - 7）结果显示，两年中排名前六位的依次为中国、美国、德国、印度、西班牙和英国。2015 年中国风电累计装机容量 145104 兆瓦，占全球市场份额的 33.6%，而位列第二的美国在 2015 年的累计装机容量为 74471 兆瓦，占全球市场份额的 17.2%，中国是美国的近 2 倍，分别是印度、西班牙的 6 倍多。2016 年中国风电累计装机容量仍为世界第一，占全球市场份额的 34.7%，是美国的 2 倍多。

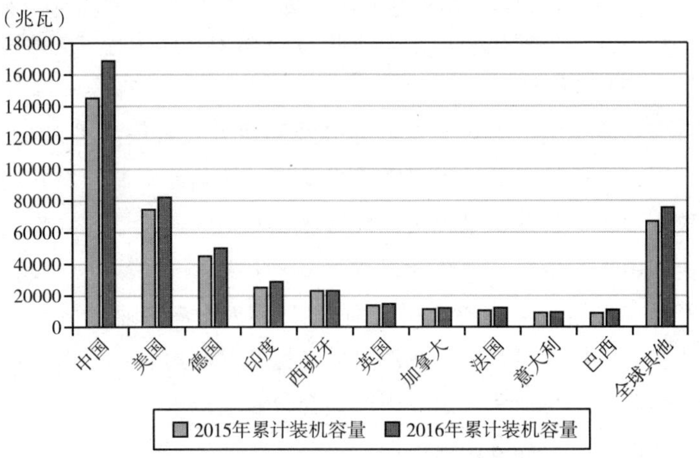

图 3-6　2015 年、2016 年全球风电累计装机容量 Top10 国家

资料来源：全球风能委员会（GWEC）。

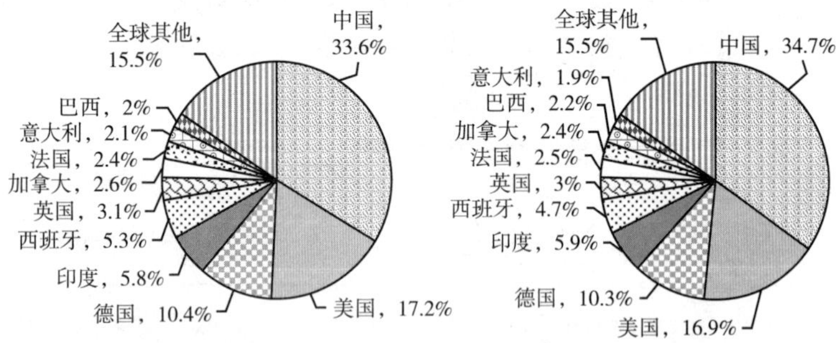

图 3-7　2015 年（左图）、2016 年（右图）各国累计装机容量占全球市场份额

资料来源：全球风能委员会（GWEC）。

新能源产业的长足发展与技术创新和政策引导密不可分，我国先后颁布的《可再生能源发展“十二五”规划》和《可再生能源发展“十三五”规划》是对包括新能源在内的可再生能源产业的极大鼓励和支持。

2016 年我国光伏电站累计装机容量 6710 万千瓦，分布式累计装机容量 1032 万千瓦。全年发电量 662 亿千瓦·时，占我国全年总发电量的 1%①。

图 3-8 为 2016 年我国 13 个省（区）累计光伏装机容量和发电量统计表，纵观整体统计数据可知，截至 2016 年底，我国 13 个省（区）累计光伏装机容量合计为 4204.75 万千瓦，累计发电量为 217.19 亿千瓦·时。据此，可初步得出以下两个方面的结论：第一，我国光伏产业发展规模相当可观。累计装机容量在 500 万千瓦·时以上的省（区）有 4 个，占 13 个省份的比例为 30.8%，而发电量在 30 亿千瓦·时以上的省份有 3 个，占比 23.1%；第二，

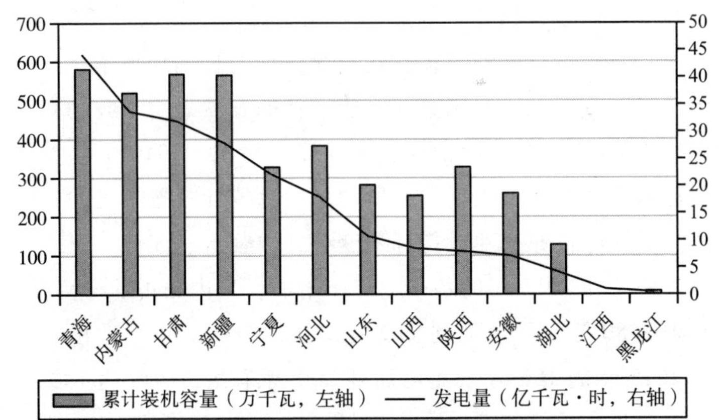

图 3-8　部分省（区）累计光伏装机容量和发电量②

①②　数据来源：国际太阳能光伏网，http：//guangfu.bjx.com.cn/。

我国光伏产业发展规模较大的省份多集中于西北、华北等地区，西南地区基本无光伏产业。

由部分省（区）累计光伏装机容量和发电量（图3－8）可知，青海以580.4万千瓦的累计装机容量卫冕榜首，排名第二的内蒙古累计装机容量为519.4万千瓦，甘肃以567.3万千瓦的装机容量位列第三。同时值得关注的是，与累计装机容量相一致，累计发电量排名前三的依然为青海、内蒙古和甘肃，这说明在我国地区累计装机容量与地区发电量基本呈正相关关系，更进一步可以说明我国地区光伏装机的发电效率较高，基本不存在装机容量大而发电量小的矛盾，装机容量大的地区发电量也基本与其保持一致。

由表3－1我国2015年各省（区）光伏装机增量情况可知，2015年各省的建设指标均在50万千瓦以上，而甘肃、青海、内蒙古、江苏、新疆和新疆兵团2015年的实际装机均超过建设指标，其中，内蒙古超额指标为107万千瓦，超额完成差额最大。这说明一方面在这些地方存在建设光伏厂的自然地理条件方面的优势，另一方面也说明国家对光伏产业的发展是给予鼓励和支持的。基于2015年的建设指标和实际完成情况，2016年各省的建设指标基本在原有基础上均有所增加，除统计数据不足的省份及青海、浙江保持原有建设指标不变外，内蒙古、江苏、河北、山东和安徽均在2015年的基础上有所增加，且内蒙古的增幅最大，由原来的80万千瓦增加到210万千瓦，净增130万千瓦。而安徽由2015年的100万千瓦增加到200万千瓦，增幅达100万千瓦。进一步分析可知，内蒙古的增幅主要受2015年完成任务差额影响，巨大的光伏发展潜力是其2016年建设指标突增的根本原因。与之相反，安徽2016年的建设指标并非由2015年的完成差额所致，因为2015年安徽的完成差额为－29万千瓦，经研究发现安徽之所以在没有完成建设指标的情况下依然提高下一年的建设指标主要基于以下两点：第一，自然地理条件；第二，政策导向。安徽对光伏电站建设规模配置采取"公开招标"和"先建先得"的管理方式，未能按合同工期建成的项目，建设单位要作出调整意见说明并报备，年底前仍无法完成主体工程的项目，中标规模将调整用于先建先得项目，被调整项目所需规模在 2016 年及以后年度国家下达的规模中优先安排；本次"先建先得"项目所需规模在 2015 年结转和 2016 年追加规模中配置，不足部分从 2017 年规模中优先解决[①]。另外值得注意的是，宁夏的建设指标反其道而行之，比 2015 年减少了 20 万千瓦，也是基于两个方面的原因：首先，宁夏有"塞上江南"的美誉，说明其自然环境与江南相似，同时由于宁夏面积狭小，而光伏发电厂的建设需要大面积的场地，因此，自然环境的限制是其下一年度建设指标下降的原因；其次，与安徽不同，宁夏并没有"先建先得"政策，而是以上一年度的建设完成情况作为参考来确定下一年的建设指标。

表 3－1　2015 年各省（区）光伏装机增量表　单位：万千瓦

省（区）	2015 年建设指标	2015 年实际装机	完成任务差额	2016 年建设指标
甘肃	50	93	43	—
青海	100	151	51	100
内蒙古	80	187	107	60＋150
江苏	100	165	65	120
新疆	130	131	1	—
宁夏	100	92	－8	80

① 《安徽省能源局关于进一步加强光伏电站项目开发研究管理的通知》（皖能新源能〔2015〕26 号）。

续表

省（区）	2015 年建设指标	2015 年实际装机	完成任务差额	2016 年建设指标
河北	120	89	-31	100+50
浙江	100	90	-10	100
新疆生产建设兵团	50	79	29	—
山东	80	73	-7	100
安徽	100	71	-29	100+100

资料来源：国际太阳能光伏网：http：//guangfu. bjx. com. cn/。

由图 3-9 可知，2015 年全球新能源就业人数已超过 810 万人，比 2014 年上升 5%。其中就业人数最多的国家为中国、巴西、美国、印度、日本和德国。中国新能源就业人数达 350 万人，

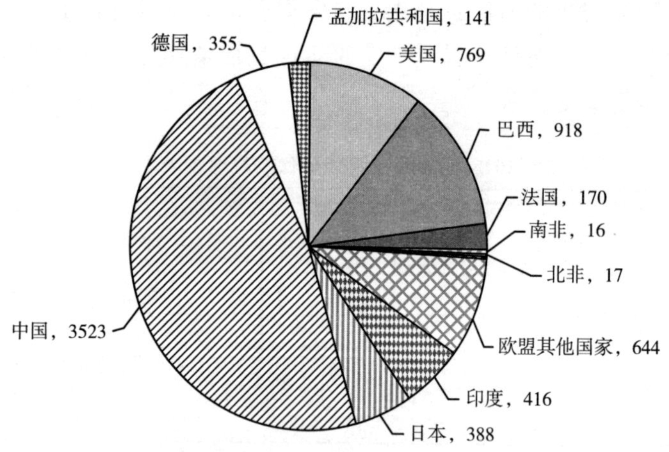

图 3-9　2015 年部分国家和地区新能源行业就业人数概况（单位：千人）①

① 数据来源：国际可再生能源署。

居各国之首。美国新能源就业人数上升了 6%，太阳能就业人数增长了 22%，是美国就业增长速度的 12 倍，并超过了油气行业的就业人口。风能就业人数也上升了 21%。太阳能光伏产业依然是全球就业人数最多的可再生能源行业，总就业人数达 280 万人。

与之相对应的是全球各国政府对新能源的政策促进，良好的政策设计依然是推动新能源就业的主因：印度和巴西举行国家和州级拍卖、美国采取税收优惠、亚洲实施的有力政策都促进了该行业就业的增长①。

3.2.2　我国新能源产业发展速度

由图 3－10 和图 3－11 可以看出，2015 年我国风电新增装机容量 30500 兆瓦，占全球市场份额的 48.4%，位居全球首位。2016 年全球风电发展速度有所放缓，截至 2016 年底，我国光伏发电新增装机容量 3454 万千瓦，累计容量 7742 万千瓦，新增和累计均为全球第一。我国光伏发电向中东部地区转移，中东部地区新增装机容量超过 100 万千瓦的省份达 9 个。此外，分布式光

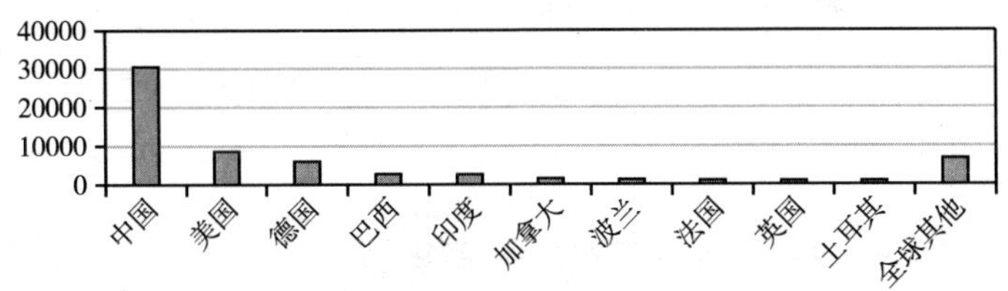

图 3－10　2015 全球风电新增装机容量 Top10 国家（单位：兆瓦）②

① 国际可再生能源机构（IRENA）报告，文中简称《报告》。

② 数据来源：全球风能委员会（GWEC）。

伏发电装机容量发展有所提速，2016 年新增装机容量 424 万千瓦，比 2015 年新增装机容量增长 200%①。

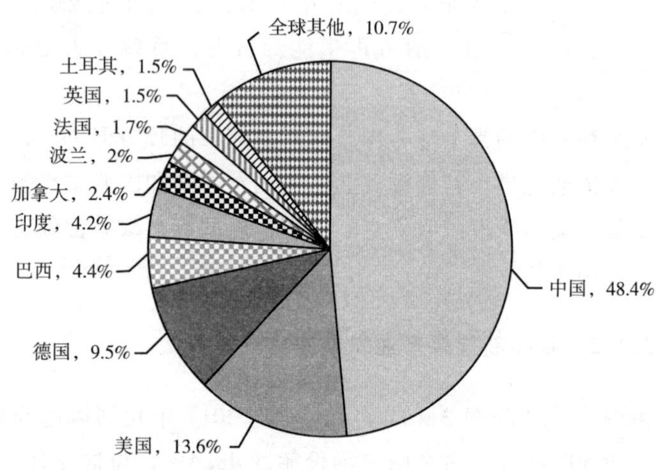

图 3-11 全球新增装机容量 Top10 国家占全球市场份额②

近十年来我国风电装机容量经历了自 2006 年到 2009 年的快速增长期、2009 年到 2010 年的减速期、2010 年到 2011 年的又一次增长期和 2011 年到 2016 年的持续减速平稳发展期（图 3-12）。新能源是我国七大战略性新兴产业之一，是国家当下和未来能源发展的重要方向，审时度势地调整发展结构和速度，更有利于其可持续发展。

3.2.3 我国新能源产业发展结构

我国 2015 年的能源消费结构主要由煤、石油、天然气以及

---

① 行业资讯，《太阳能》，2017.02.28。

② 数据来源：中国风能协会，http://www.cwea.org.cn/#firstPage/1。

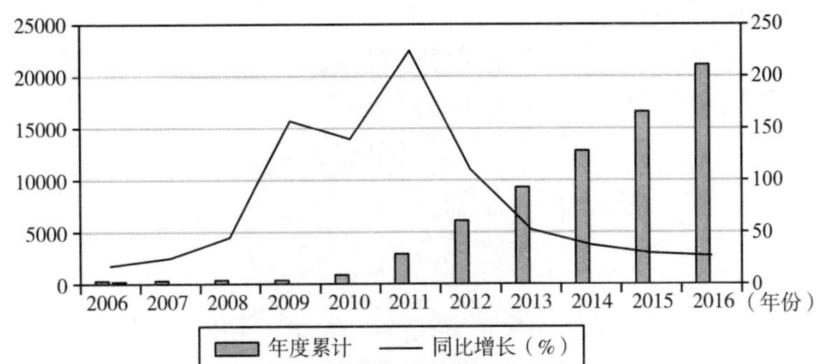

图 3－12　2006—2016 年中国光伏装机容量及同比增长率①

可再生能源四大部分组成。其中，如图 3－13 所示，煤炭以 63% 的比重占能源消费首位，但其比重呈现下降趋势，由 2010 年的 68% 下降到是年的 63%，说明我国能源消费正在向低碳化道路进军。位列第二位的为石油，占我国能源消费比重的 17%，位居第三的是可再生能源，占比 12%。而天然气以 8% 的消费比重位列最后。可以看出，目前我国仍以煤炭、石油等传统的能源消费为主，这与我国工业化发展程度有关，尽管传统能源的消费有众多环境资源负外部性，但对于正处在发展期或稳定期的中国企业来讲，要想在短时间内彻底改变传统能源消费方式，对诸多传统能源企业来说是不小的挑战，企业很难快速转换，任何事情的改变都需要过程，能源消费方式亦然。自 2006 年《中华人民共和国可再生能源法》正式生效后，政府陆续出台了一系列与之配套的行政法规，使我国新能源产业发展进入了快车道。“十二五”期间，渴望在上述规模和基本生产链条形成的基础上，实现质量上的新飞跃，建立有竞争力的产业体系。

① 数据来源：国际太阳能光伏网，http：//guangfu. bjx. com. cn/。

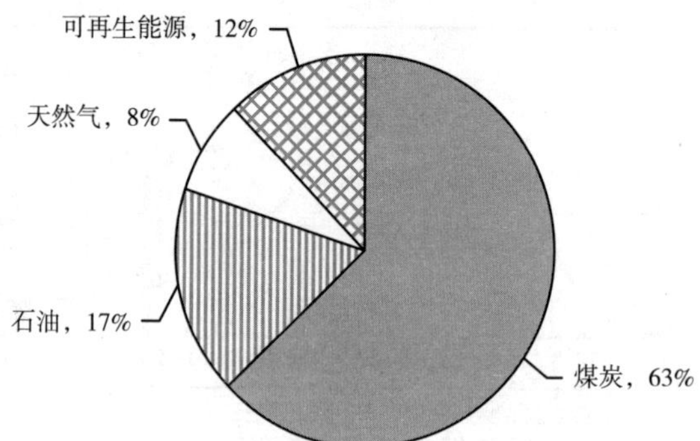

图 3－13　2015 年中国能源消费结构①

图 3－14 为 2016 年 8 月、1—8 月全国发电结构统计数据，由此可知，截至 2016 年 8 月，我国发电能源主要由火电、水力发电、核电、风力发电和太阳能发电五种能源组成，且火力发电

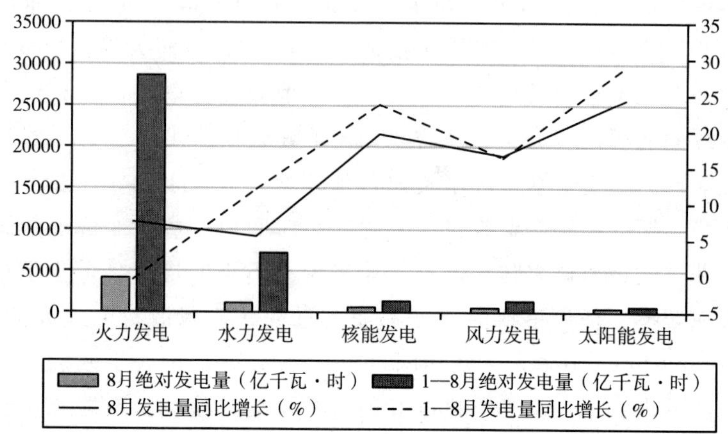

图 3－14　2016 年 8 月、1—8 月发电结构及同比增长率②

① 数据来源：国际太阳能光伏网，http：//guangfu. bjx. com. cn/。
② 数据来源：国家统计局。

和水力发电均名列前茅，而核电、风力发电和太阳能发电分别位居传统能源之后。这说明尽管我国将新能源作为战略新兴产业，但在实际生产生活中，传统能源消费仍根深蒂固。值得注意的是，虽然新能源的绝对发电量没有传统能源高，但同比增长却远高于传统能源，据此可知，我国传统能源消费比重正在下降，其社会地位正在被新能源逐步取代，这也预示着我国能源消费结构正经历着一次前所未有的大洗牌，新能源以其自身优势终将成为我国能源消费的主导。

如图 3－15 所示，2006—2016 年，中国光伏装机容量年度累计整体呈增长趋势，2011 年以前，增长速度较慢，2011 年及以后，由于国家相继出台鼓励性政策，其年度累计增长速度显著提高，国家政策的执行为新能源产业的发展注入了新的活力，使其发展后劲更足。

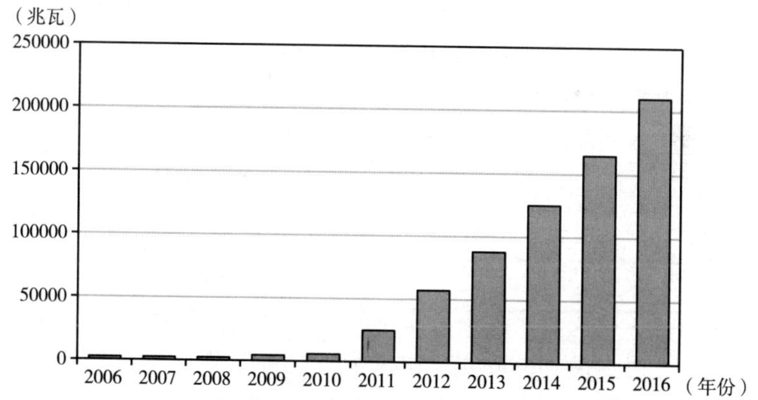

图 3－15　2006—2016 年中国光伏装机容量统计①

① 数据来源：国际太阳能光伏网：http：//guangfu. bjx. com. cn/。

3.3 新能源产业发展与国民经济适应性分析

3.3.1 新能源产业与可持续发展

有关可持续发展的概念最早可追溯到1985年联合国环境署理事会通过的《关于可持续发展的声明》，即指既满足当代人的需求，又不会对后代人满足其自身需求的能力造成威胁的一种发展观念。可持续发展观意味着人类在生产生活中要合理开发利用自然资源，保护自然环境，在发展经济的同时考虑环境承载力。可持续发展观是顺应时代变迁、社会经济发展需要而产生的。

新能源产业的发展正好弥补了传统化石能源在资源环境方面的劣势，新能源不仅可以为社会带来自然资源的节约，而且可以通过对传统化石能源消耗量的替代从而减少污染物排放，进而起到改善大气环境的良好效应。

基于新能源产业的经济生态价值和战略意义，我国先后制定了一系列战略发展规划和相应的政策措施，对新能源的财政资助和政策扶持力度也在不断加大。1995年，国家计委、国家科委、国家经贸委制定的《1996—2010年新能源和可再生能源发展纲要》明确了要按照社会主义市场经济要求，加快新能源和可再生能源发展步伐。2000年，国家经贸委资源节约与综合利用司颁布《2000—2015年新能源和可再生能源产业发展规划》，对中国新能源和可再生能源发展中存在的问题做系统分析。2007年的《中华人民共和国节约能源法（修正案）》提出将市场调节与政府管理有机结合。在2009年8月的《可再生能源法修正案（草案）》中提出要进一步完善可再生能源发电补贴和上网电价管理。一系列政策法规的出台足以说明国家对发展可再生能源的高度重视以及走可持续发展道路的坚定决心。

企业若在追求利润最大化的发展过程中能将社会责任加以考虑，在其财务绩效评价指标体系中引入环保指标，从微观层面考虑环境因素对财务绩效的影响，则会激励企业从仅注重眼前利益转向关注长远发展战略。因此，可持续发展观的贯彻和落实是引导企业合理配置资源，提高资源利用率，关注环境保护与治理，从而树立良好的社会公众形象的必经之路，同时能够为企业带来环境财务双赢的良好发展态势。因此，积极发展新能源产业与可持续发展战略有着千丝万缕的联系，应引起世界各国的高度重视，对于实现21世纪能源—经济—环境的协同发展具有不可忽视的作用。

3.3.2 新能源产业与循环经济

循环经济的提出最早可追溯到20世纪90年代，当时先提出了“可持续发展战略”，由此引出的循环经济、生态生产以及建设循环型社会则成为“可持续发展战略”当中的重要议题。循环经济是指在产品生产、流通以及消费环节中进行减量化、重复利用以及资源化活动的统称，循环经济发展理念将自然资源和环境容纳能力考虑在内，并按照生态规律行事，从而使人类的生产生活活动符合生态发展规律，循环经济是21世纪全球经济发展的主流。

与飞速增长的全球经济相伴随的是人类持续增加的能源需求量。由于煤、石油和天然气等传统能源存量锐减，开采难度和开采成本逐渐增加，因此，发展具有清洁、无污染、环保的新能源成为全面贯彻低碳经济发展理念的必然选择。

目前，我国刚步入工业化和城镇化发展的快车道，经济快速发展对自然资源的无限需求与资源环境有限性之间的矛盾渐趋白热化，能源供应日趋紧张，为有效解决这一问题而发展循环经济是建设资源节约型和环境友好型社会、实现人与资源环境和谐共处、走可持续发展之路的不二选择。我国“十二五”和“十三五”规划均提出节能减排、低碳经济、循环经济，而新能源产业正具备低碳、环保、能效高等特点，它能在一定程度上缓解经济高速发展与能源短缺之间的现实矛盾，同时也能在一定程度上缓解越来越突出的环境污染和生态破坏问题。

然而，我国目前在新能源发展过程中依然存在很多问题，如何有效解决这些问题是能否将循环经济发展战略贯彻落实到底的关键环节，这也是指引新能源产业走可持续发展道路的重要行动指南。国家政策的制定和有效实施也是保证循环经济得以顺利开展的重要因素，针对新能源制定有效的发展战略规划也是引导企业注重提高环保意识，履行环保责任，提升企业市场竞争能力的重要手段。

3.3.3 新能源产业与低碳经济

“低碳经济”的提出最早可追溯到1992年，在《联合国气候变化框架公约》中提出要全面控制全球温室气体排放量，在此后不久的《斯特恩报告》和《京都议定书》中也相继提出这一概念。此后，伴随着全球温度的不断上升以及联合国气候变化大会的召开，全球温室效应逐渐引起人们的高度重视，各个国家、各个领域的专家陆续开展相关研究工作，试图找到能有效解决这一问题的办法。

从我国学者的研究情况来看，大体可以概括如下：低碳经济发展理念可以引导和规范人类的一些消费行为，同时能够提高能源利用率，优化能源消费结构，这可以通过技术手段来实现；当全社会的发展水平与碳排放量大致处于均衡状态时，就基本实现了低碳经济的发展要求；降低重化工业、高耗能产业比重以及提高服务业比重属于低碳经济的外延，可以实现产业结构的优化升级。

包括太阳能、风能、地热能、潮汐能、生物质能等在内的新能源产业的发展不仅具有资源节约效应，同时还具有环境改良效应。正如 Philippe Menanteau et al.（2003）所言，与传统化石能源相比，新能源有助于保护公共物品，可以提供清洁的空气和保持气候稳定，具有良好的环境效应。Evans A et al.（2009）在考虑了新能源电力价格、在全技术生命周期内温室气体的排放、能量转换效率、土地需求、水耗和社会影响等因素的基础上，比较了风电、水电、光伏发电和地热能后发现，风能有相对低的温室气体排放、较低的水的消费需求和良好的社会影响。同样，丁芸和何辉（2015）也认为上网电价补贴对新能源发电量的不断提升有促进作用，其替代火电发电量的贡献越来越大，优化了我国能源消费结构，减少了温室气体等污染物的排放，提高了大气环境福利。此外，成艾华（2011）利用环境效应分解模型研究发现：环境技术进步效应在各年度的环境效应方面发挥了积极的作用。

因此，新能源产业的发展与我国低碳经济发展的时代要求是一致的，如果将低碳经济发展作为一种理论，那么新能源产业的发展则是在这一理论指导下的具体运用，是为实现低碳经济发展理念而进行的具体实践操作。理论来源于实践，同时理论又指导实践，低碳经济发展模式作为总纲，指导着新能源产业的发展方向，而新能源产业的发展则在低碳经济发展模式的指导下利用自身优势努力实现资源节约效应和环境改良效应，改善人类生产生活的社会环境，带来环境福利。

3.3.4 供给侧结构性调整与新能源产业发展

供给侧结构性改革是我国为适应后国际金融危机，提升国家综合竞争力的重要举措，同时也是引导我国经济发展新常态的关键，是贯彻落实“十三五”发展战略的核心工作。供给侧结构性改革概括起来包含以下内容：一是生产方面，核心是“三去一补一降”，即去产能、去库存、去杠杆、降成本、补短板；二是产能过剩问题，部分行业产能过剩矛盾突出，产品供大于求，价格降低，企业利润锐减，严重亏损；三是防范和化解风险，目前，我国债务水平相对较高的企业主要集中在重化工业和房地产业，其资金链紧张，违约风险不断攀升；四是重塑中长期增长动力，包括要促进产业转型升级，培育新一代信息技术、新能源等新兴产业，提高能源利用率以及形成能源资源价格形成机制等，从而实现能源—经济—环境的可持续发展。

新能源产业发展与供给侧结构改革有一致性，同时也存在一定的区别。一方面，新能源产业作为我国“十三五”规划当中重点强调的战略性新兴产业，在优化我国能源消费结构方面具有战略意义，需要得到大力鼓励和支持。另一方面，由于国家对新能源产业有一定的优惠和补助，这致使部分新能源企业形成“政策依赖”，发展缺乏动力和积极性，仅靠享受政府补助维持正常运转。目前新能源产业的技术创新能力较低，导致企业发展缺乏竞争力。同时，又有一些新能源企业借助国家的优惠政策和政府补助，不顾及外界消纳能力，盲目扩大企业规模，以此获得更多的政府补助，最后导致严重的产能过剩现象。从这一角度来看，国家供给侧结构性调整战略的提出，对于解决目前新能源产业产能过剩问题是“及时雨”，可解其产能过剩的燃眉之急。

3.4　现行企业绩效评价方法及特点

3.4.1　现行绩效评价方法

通过总结可将企业绩效评价方法分为两大类：一类是单一指标绩效评价法，包括净资产收益率法（ROE）、托宾 Q 值法和经济增加值法（EVA）；另一类是多重指标绩效评价法，包括 DEA 方法、平衡计分卡法、层次分析法、因子分析法和综合绩效评价法等。

（1）单一指标绩效评价法。

①净资产收益率法（ROE）。净资产收益率（ROE）也被称为股东权益报酬率、净资产利润率等，是用税后利润与公司净资产相除所得，净资产收益率可用来衡量公司自有资本的使用效率，同时也能够反映股东的获利状况。一般该指标值越大，说明股东的获利状况较好。通常情况下，公司的负债与净资产收益率呈正相关关系。但运用该指标评价公司业绩存在诸多不足之处：首先是核算口径不一致，在该指标中，分子是企业净利润，分母是企业净资产，但企业的净利润并非都由净资产而来，因此该指标在逻辑上存在不合理之处。其次是该指标不能全面反映企业资金的运用状况，而仅能够反映净资产的获利状况。另外，该指标不利于公司进行横向比较。

综上所述，以净资产收益率作为公司绩效考核标准，存在较多弊端，这也是大多数单一指标考核的共性问题。因此，全面评价公司绩效，不能仅仅关注个别指标，而应该放眼企业发展全局，多指标综合评价，多管齐下，才能得到客观、公正的评价结果，所传递出的信息才具有较高的参考价值，更有利于公司内外部信息使用者作出科学的决策。

②托宾 Q 值法。托宾 Q 值是由 1981 年诺贝尔经济学奖获得者著名经济学家托宾（Tobin）于 1965 年提出的，该指标是用资本的证券市场价格除以资本的重置成本。通常情况下，如果股票价格上升则托宾 Q 值会大于 1，即企业的市场价值大于其重置成本，此时可以断定，公司的价值是被高估了，意味着目前公司已经没有继续投资的价值了。一般情况下，托宾 Q 值越大，则企业在投资方面的支出就越大；若托宾 Q 值小于 1，则企业获得生产资产的有效方式就会变成购买股票，这种方法与重置新设备相比会更加经济。托宾 Q 值可以反映企业现在和未来的价值，该方法弥补了通过财务指标仅能反映公司历史经营成果的缺陷，因此，其是理论上公认为的评价公司绩效较为合理的指标。但该方法有一个非常重要的前提假设，即股票市场是完全有效的，但实际情况是，中国股票市场并没有达到半强势效率，并不能准确反映企业的市场价值，因此，应用该方法评价我国股票上市公司绩效还存在一定的局限性。

③经济增加值法（EVA）。EVA（Economic Value Added）即经济增加值，主要用于核算企业资本收益与资本成本的差异。与传统的经济绩效评价方法相比，EVA 主要有以下两个方面的优点：第一，EVA 是以股东视角来思考并对企业利润进行重新定义和分析，这能够更加真实全面地反映企业的生产和经营管理状况；第二，EVA 更关注企业的长远利益和可持续发展能力。但其不足之处首先是评价指标体系比较单一，仅涉及财务指标，没有非财务指标，尤其是对于具有环境效应价值的新能源企业，非财务指标占比较大，若用 EVA 进行评价，会使评价结果不能反映企业整体效益，也不能完全满足企业综合绩效评价整体要求；

其次，EVA 方法中有关债务成本的指标设计很难进行有效计量；最后，EVA 企业绩效评价的使用范围存在较大局限性，该方法并不适用于企业绩效综合评价和比较分析。因此，多指标综合评价被越来越多的企业所采用。

（2）多重指标绩效评价法。

①DEA 法。DEA 方法是集运筹学、管理科学与计量经济学于一体的新型研究方法，其利用线性规划方法，用投入指标和产出指标计算出企业的投入产出比，其实质是企业资源利用效率或生产效率的衡量指标，该指标可用于同类企业的对比分析，以评价目标企业在整个行业中的发展状况和生产率水平。该方法具有以下优点：首先，运用该方法评价出的相对效率是建立在极其严密的数学逻辑证明的基础之上的，因此，其科学性不言自明；其次，该方法需要同时输入多项评价指标，并输出多项产出指标，因此评价结果更全面，应用性更广泛；最后，该方法从评价的决策单元入手，对投入指标和产出指标赋予权重，而不用假设目标函数，这就有效避免了主观判断的风险，从而增加了评价结果的科学性和合理性。但其不足之处是：第一，该方法只能给出相对于“有效前沿面”方面的信息，而无法给出指定“参考面”方面的信息；第二，不能对含有模糊因素的问题进行评价；第三，DEA 方法在择优排序、风险评估、评价组合有效性等方面的分析存在不足。

②平衡计分卡法。平衡计分卡的提出最早可追溯到 1992 年，它是集财务管理、客户关系、组织学习与成长和企业内部运营管理四个维度于一体，包含定性指标和定量指标，为考虑企业眼前利益和长远战略而建立的一种综合评价指标体系，是评估企业战略的全新视角。实施平衡计分卡评价体系可以培养和引导企业成员关注企业发展战略，通过不断强化企业目标使成员向企业主人

那样思考，从而提升企业的综合管理水平和市场竞争力。但基于指标体系构建的复杂性，尤其是针对新能源企业环境效应等大量较难收集和量化的非财务指标，若想有效构建平衡计分卡评价体系就更加困难；同时，由于该评价体系包含多项指标，不可避免地会造成指标重叠现象；此外，由于企业类型不同，发展状况参差不齐，因此，十分有必要根据不同企业的不同发展阶段对各指标进行权重确定，所以，如何将赋权法与平衡计分卡法有效结合在一起仍是目前研究的难点之一。

③层次分析法（AHP）。层次分析法（AHP）是将复杂且庞大的目标逐级分解形成一族由多层目标组成的指标体系，采用模糊量化法对指标进行排列，最终形成多目标决策备选方案的依据的一种方法。由于层次分析法原理简单、易于操作，因此应用范围很广。该方法既可以对包含主观因素的信息进行判断，也能够对不确定性信息进行分析，同时该方法允许信息分析者在特定环境下依据其本人经验和感觉进行逻辑推理。其不足之处是对分析者的要求较高，因为最终的分析结果在很大程度上受所选因素合理性以及各个因素之间的内在联系的影响。

④因子分析法。因子分析法最早是由英国心理学家 C. E·斯皮尔曼提出，其核心思想是降维，首先全面分析初始指标间的关系，在多个指标的复杂关系中确定少数几个典型的指标代替原有的庞大指标族，以达到减少指标数量的目的，这几个典型指标可以反映原有指标群的大部分信息，据此有效推测事物的发展趋势。该方法的原则是抓关键、抓重点，忽略非关键因素，从而使系统结构简洁明了，便于透过现象看本质，对事物未来的发展趋势进行有效预测和控制。现实生活当中的很多领域都试图利用多元回归等统计分析手段来寻找变量与其所处内外部环境之间的关系，以达到预测和控制的目的，其工具主要

有两种：一种是预测，另一种是描述。预测是指利用多元线性回归、逐步回归分析、判别分析和双重剔选逐步回归分析等建模技术对事物进行预测。而描述则是用聚类的原理对数值进行分类分析并建立分类模型。在多种指标系统分析中，为便于找出事物之间的内部联系，一般要将系统性质相似的事物划为一类。最早对事物的研究仅是以单一要素进行定性描述，但这种方法不能反映事物的全貌，因此，若要有效解决日益复杂化和多样化的现实问题，对事物进行通盘考虑就显得非常关键和必要了。

⑤综合绩效评价法。综合绩效评价法是所有评价体系当中最为全面和完整的方法，其原理也是按照投入和产出来分析企业绩效。首先要建立一个既包括财务指标也包括非财务指标的能够对企业绩效进行全面评价的指标体系，然后对企业的财务状况、管理状况以及社会责任履行情况等各个方面进行全方位评价，并将评价结果与行业评价标准值进行比较，以分析企业当前在经营管理方面的优势和今后需要进一步提高的方面。因此，在综合绩效评价体系中，财务指标与非财务指标两者缺一不可，指标的综合性至关重要，它是评价结果客观、合理、科学的重要影响因素。但由于根据财务会计数据较难得到非财务指标数据，而是邀请相关领域的专家以打分的形式来确定，因此主观倾向较大。但对非财务指标占比较大的新能源企业，若不进行考虑，会使评价结果有失偏颇。基于此，本书总结认为，应采用因子分析法，包含财务指标和体现环境效应价值的非财务指标，而这些本身不具有量化性的非财务指标可通过替代法将其量化，从而达到与财务指标同等分析的目的。以此评价新能源企业绩效，使结果更加全面、客观，更能体现新能源行业特色。

3.4.2 现行企业绩效评价特点

（1）国家视角。近几年，随着“十二五”“十三五”规划的陆续颁布与完善，国家对战略新兴产业的鼓励和支持力度逐渐加大，各种优惠政策层出不穷，政策支持强劲有力，但战略新兴产业的绩效评价尚未形成完整体系，这有待于国家《中国可再生能源发展路线图 2025》和《能源发展战略行动计划（2014—2020）》的进一步贯彻和有效实施，与此同时，国家能源局又先后发布了《国家能源局综合司关于做好 2014 年光伏发电项目接网工作的通知》《国家能源局关于推进分布式光伏发电应用示范区建设的通知》《国家能源局综合司关于做好太阳能发展“十三五”规划编制工作的通知》。从以上政策规划可以看出，国家对新能源产业未来的发展满怀信心和希望，但从国家有关部门的相关统计数据我们发现，国家更多的是对新能源行业以及各地方和各板块生产数量和生产能力的监督和考察，但对与新能源产业相关的其他指标没有给予太多的关注，其风险关注点也主要是分步式政策和项目进展未按计划完成的环节。

新能源企业绩效评价体系中非财务指标占比较大，对整个财务绩效评价结果影响显著，纵观传统的绩效评价指标体系，并没有把新能源企业所创造的环境价值因素考虑在内。2016 年全年，全国新增风电装机容量 1930 万兆瓦，累计并网装机容量达到 1.49 亿兆瓦，占全部发电装机容量的 9%，风力发电量 2410 亿千瓦·时，占全部发电量的 4%。2016 年，全国风电平均利用小时数 1742 小时，同比增加 14 小时。2016 年，全国新增并网容量较多的地区是云南（325 万兆瓦）、河北（166 万兆瓦）、江苏（149 万兆瓦）、内蒙古（132 万兆瓦）和宁夏（120 万兆瓦），风电平均利用小时数较高的地区是福建（2503 小时）、广西

(2365 小时)、四川 (2247 小时) 和云南 (2223 小时)[①]。基于此，建立一套包含环境效应价值因素的适合新能源企业的绩效评价指标体系是对新能源企业绩效进行客观、科学评价的重要前提。

(2) 企业视角。面对日益多样化的企业发展现状，原有绩效评价指标体系已不能全面反映这一现实，原绩效评价更多关注企业经营绩效发展水平，但从新能源企业公布的有关数据可知，大多数新能源企业是按照风险导向原则来选取评价指标的，如企业的组织结构、管理战略、企业文化等。但是企业所有者与经营者的关注点并非以上方面，而是以企业财务管理和生产运营为核心的有关管理方面的内容。

基于以上分析可对现行企业绩效评价特点做如下总结：第一，业绩是企业关注的焦点，新能源企业亦是如此，但是仅将关注点集中于企业业绩，会造成企业绩效评价指标有失偏颇，缺乏全面性，所得评价结果不能反映企业整体情况；第二，我国多数新能源企业都是以企业集团的形式存在，且企业绩效评价和相关管理工作多由高管掌握，这就极易产生因消息传达失真造成信息不对称而影响政策的有效贯彻和执行；第三，有权必有责，权责要对等，企业在进行绩效评价管理工作的同时又要制定相应的奖惩制度，以奖励表现良好、绩效贡献大的个人或部门，让他们明确，对企业有利的行为可以带来奖励，而有损企业的行为则会受到相应的惩罚，即好的行为会伴随奖励，这会激励组织成员提高该行为重复的可能性，而不良行为会带来惩罚，则该行为重复的可能性就会下降甚至消失。因此，建立全面的绩效评价体系是实现企业发展目标的重要保障。

① 中国风能协会（CWEA），http：//www. cwea. org. cn/#firstPage/1。

（3）学术视角。从学术视角分析可知，目前我国有关企业绩效评价的指标体系呈现多样性特征，但整体上保持一致性。且经过几十年的发展完善，评价体系已日趋成熟，但目前有关新能源企业绩效的研究甚少，且深度不足，与全球经济飞速发展相伴随的是能源的日趋枯竭和生态环境的日益恶化，巨大的环保压力促使新能源的研究被提上日程。作为我国战略新兴产业之一的新能源具有前期投资成本高、风险大等其他战略新兴产业具有的共性特征。最初有关新能源的研究主要集中于投融资方面，如今对新能源企业的绩效评价展开研究是新能源企业能否负担得起投资者日益高涨的对企业投资回报率要求的重要参考依据。纵观目前我国新能源企业绩效的相关研究包括：与绩效相关的因素主要集中在政府政策、生产技术和管理者待遇三个方面；绩效评价对象主要集中于风电和太阳能发电两个领域；地区差异对新能源企业绩效的影响。

尽管国家先后在“十二五”“十三五”规划当中不断强化新能源和可再生能源的发展战略，并给予众多优惠政策，但由于新能源在我国起步较晚，也是近几年发展步伐才有所加快，很多方面还存在有待进一步完善的地方。因此，我们在对新能源企业绩效进行评价时，既要吸收已有的有益研究经验，同时也要根据新能源行业特点，继承传统，推陈出新，不断丰富和发展完善企业绩效评价理论体系，以更好地引导实践。所以，开展新能源企业绩效评价体系研究对于本行业和其他行业绩效评价体系的进一步发展和完善都有很好的参考价值和借鉴意义。

本章首先介绍了不同类型新能源发展历程，并从发展规模、发展速度和发展结构三个角度全面分析了我国新能源产业发展现状，发现我国新能源不仅在所有能源结构中的比重较小，而且新能源行业内部的比例结构也存在不均衡；其次，以新能源产业为我国七大战略性新兴产业之一为现实背景，分别从可持续发展观、循环经济、低碳经济以及供给侧结构调整等宏观环境与经济政策方面进一步分析了我国新能源产业发展与国民经济适应性；最后，在此基础上对我国新能源企业现行绩效评价方法及特点进行梳理和分析。

第4章 新能源企业环境效应价值测算与绩效评价体系应用

4.1 新能源企业现行绩效评价中环境价值问题分析

4.1.1 新能源企业环境效应调查分析

（1）资源节约效应分析。党的十八大、十九大报告反复强调“两型社会”的现实意义，这是当前经济环境发展的时代要求，而新能源的发展是对这一政策最好的诠释。资源节约效应是新能源所创造的环境效应价值的表现之一。2012年我国风电已并网的装机容量为6266万兆瓦，与上一年相比，增长率为31%，其中风力发电量为1008亿千瓦·时，比2011年增长41%，风力发电量约占全国总上网电量的2%①。假设

① 全球风能委员会（GWEC）。

新能源发电与煤电可等量替代，则可以用等效发电量所消耗的煤炭资源数量作为新能源替代煤电所节约的煤炭资源数量，再将其与单位煤炭成本、发电量相乘，所得结果即为新能源发电的煤炭资源节约价值。按照我国燃煤发电有关指标测算，2012 年风力发电量相当于节约 3286 万吨标准煤。杨小力（2010）和白丽飞（2016）分别通过计算等效电量的煤炭资源消耗量，发现西北地区风力发电替代燃煤发电的资源节约价值非常显著。

（2）环境改良效应分析。新能源发电替代燃煤发电一方面会因减少煤炭资源消耗量而创造资源节约的环境效应价值，另一方面由于煤炭消耗减少，使原来因燃煤造成的 CO_2、SO_2、NO_X 以及烟尘颗粒物等污染物的排放量大大降低，使大气环境得到改善，因此具有环境改良效应。同样假设新能源发电与煤电可等量替代，则用等效发电量消耗的煤炭污染物排放量与相应的污染物环境价值标准和发电量相乘，所得结果即为新能源发电的环境改良价值。按照我国燃煤发电相关指标折算，2012 年我国风力发电量相当于减少 CO_2 8434 万吨、减少 SO_2 22.8 万吨、减少 NO_X 24.2 万吨、减少颗粒物 4 万吨[①]，风电产业正向环境溢出效应非常显著。另外，从风电外送角度测算的正向跨区域环境溢出效应也非常显著，平均每年可节约标煤 929.1 万吨，减少污染物排放 2.4 万吨，减少煤炭开采环境成本 4.04 亿元，风电产业存在本区域和跨境环境溢出效应，具有广泛的环境改善作用。

4.1.2　环境效应价值缺失对财务绩效的影响

绩效包含效率和效果两个方面，它反映人们在从事某项活动的过程中所取得的效果或成绩，随着社会的发展以及人们价值观

① 全球风能委员会（GWEC）。

念的转变，绩效评价标准也随之发展变化。不同类型企业的标准各不相同，纵观目前的新能源企业财务绩效评价体系，可总结出以下3个方面的缺陷：

（1）对非财务指标的重视度不足。由于现阶段关于非财务指标的理论研究相对较少，所以对非财务指标没有统一设定标准，更没有进一步具体的划分，这就造成对其进行定量分析存在一定的难度。但随着学科的发展，出现了许多新兴的交叉学科和边缘学科，它们彼此相互渗透，相互融合，使一些指标既可进行定性分析也可进行定量分析，这就弥补了定性指标难以定量化的不足。

（2）指标缺乏一定的独立性。指标是企业绩效评价体系中最直接、最核心的因素，必须保证所选指标具有典型性和代表性，同时还能够全面反映新能源企业经营状况，如果指标之间相互交叉，就会削弱指标的典型性和代表性，使整个绩效评价结果不能客观、清晰地反映企业的经营状况。因此，针对新能源企业，建立兼具典型性和独立性的指标体系是客观评价企业绩效的重要前提。

（3）难以适应低碳经济理念。低碳经济理念不仅要求绩效评价指标体系重视企业经营效益，还应反映环保能力。利润最大化或股东财富最大化是企业追求的首要目标，财务绩效指标自然成为其关注的焦点。新能源企业不同于一般企业，它能带来显著的环境效应价值，因此，在对新能源企业绩效进行评价时有必要将这一部分环境效应因素加以考虑，而传统的绩效评价体系并不能满足这种要求，传统指标体系当中的环保因素是以污染治理投资支出为主，它反映的是一种负外部性，但新能源创造的环境效应价值是一种正外部性，两者的性质截然不同。因此，对原有绩效评价指标体系进行改进和完善是客观科学的评价新能源企业绩效的必然选择。本书正是在这一理念的指导下试图对传统绩效评价指标体系进行改进，以期建立适用于具有正向环境效应价值的新能源企业财务绩效评价指标体系，以达到客观公正的评价新能源企业绩效的目的。

4.2　新能源企业环境效应价值测算与分析

基于以上理论分析，本书假设新能源发电与燃煤发电可等量替代，则用等效发电量的煤炭资源节约量与煤炭单位成本、发电量相乘，所得结果即为新能源发电的资源节约价值；以等效发电量的污染物减排量与相应的污染物环境价值标准、发电量相乘，所得结果即为新能源发电的环境改良价值。以上两项为新能源企业所创造的正向环境效应价值，即开发新能源产生的正外部性。通过以上计算即可分别得到新能源的资源节约价值和环境改良价值，以上两者的合计即为新能源所创造的环境效应总价值。测算方法如式（4－1）、式（4－2）所示：

资源节约价值＝单位电量的煤炭节约量×单位煤炭价×企业发电量　（4－1）

环境改良价值＝单位电量的污染物减排量×污染物环境价值标准×企业发电量　（4－2）

4.2.1　资源节约价值测算

据国家能源局 2017 年 11 月统计数据显示，我国风力发电企业每生产 1 千瓦·时电平均的煤炭资源节约量为 0.000326 吨，即风力发电的煤炭资源节约量为 0.000326 吨/千瓦·时。太阳能发电企业每生产 1 千瓦·时电平均节约的煤炭资源数量为 0.000328

吨，即太阳能发电的煤炭资源节约量为 0.000328 吨/千瓦·时[①]。综合以上可知，新能源发电的煤炭资源节约量平均值为 0.000327 吨/千瓦·时，再结合煤炭市场上最新标煤平均市价 528.5 元/吨以及式（4-1），可初步测算出我国新能源企业单位发电量的煤炭资源节约价值，具体如表 4-1 所示。

表 4-1　　新能源企业资源节约价值测算

风电节煤量（吨/千瓦·时）	太阳能发电节煤量（吨/千瓦·时）	新能源节煤量（吨/千瓦·时）	标煤平均市价（元/吨）	资源节约价值量（元/千瓦·时）
0.000326	0.000328	0.000327	528.5	0.1728195

由表 4-1 可知，我国新能源企业所创造的资源节约价值约为 0.1728195 元/千瓦·时，再结合各新能源企业 2015 年实际发电量数据，即可测算出每家企业的资源节约价值，该资源节约价值为后面绩效评价指标体系的重建打下基础。可以看到，风力发电与太阳能发电在煤炭资源节约量上基本一致，仅有 0.000002 吨/千瓦·时的差异，由此也可以说明，排除成本因素，在风力资源与太阳能资源相差不大的情况下，发展以上任何一种新能源均可实现煤炭资源的有效节约。

2017 年我国风力发电量达到 1846 亿千瓦·时，2021 年风力发电量有望超过 3000 亿千瓦·时，预计将发电 3252 亿千瓦·时[②]，若按预测数据来计，则 2017 年和 2021 年我国因风电替代煤电而节约的煤炭量分别为 60364200 吨和 106340400 吨，因风电替代煤电而创造的资源节约价值分别为 31902479700 元和 5620090140 元。通过以上数据可知，我国风电企业在煤炭资源节约方面潜力巨大。以上计算仅以风电和太阳能发电为基础测算

①② 国家能源局，2017.11。

煤炭资源节约价值，若将其他如生物质能、核能、潮汐能、地热能等计算在内，则将节约更多的煤炭资源，产生更加可观的煤炭资源节约价值，为社会创造更多的财富。

4.2.2　环境改良价值测算

目前，风电已从补充能源进入到替代能源的发展阶段。到 2015 年底，全国风电并网装机达到 1.29 亿兆瓦，年发电量 1900 亿千瓦·时，占全国总发电量的 3.3%，比 2010 年提高 2.1 个百分点。风电已成为我国继煤电、水电之后的第三大电源①。

我国风力发电企业每生产 1 千瓦·时电相当于减少 CO_2 排放量 0.000457 吨、减少 SO_2 排放量 0.00000124 吨、减少 NO_X 排放量 0.00000131 吨、减少颗粒物 0.000000217 吨。太阳能发电企业每生产 1 千瓦·时电相当于减少 CO_2 排放量 0.000997 吨、减少 SO_2 排放量 0.00003 吨、减少 NO_X 排放量 0.000015 吨、减少颗粒物 0.000272 吨。据此可计算出我国新能源企业单位发电量的每种污染物减排量以及减排总量，具体如表 4－2 所示。

表 4－2　　我国新能源企业污染物减排量

污染物减排量（吨/千瓦·时）	CO_2（吨/千瓦·时）	SO_2（吨/千瓦·时）	NO_x（吨/千瓦·时）	颗粒物（吨/千瓦·时）	合计（吨/千瓦·时）
风力发电	0.000457	0.00000124	0.00000131	0.000000217	0.000459767
太阳能发电	0.000997	0.00003	0.000015	0.000272	0.001314
平均值	0.000727	0.00001562	0.000008155	0.0001361085	0.0008868835

根据表 4－2 的计算结果，从污染物减排量平均值上看，我国新能源企业的污染物减排量为 0.0008868835 吨/千瓦·时，其

① 全球风能委员会（GWEC）。

中风力发电的污染物减排量为0.000459767吨/千瓦·时，太阳能发电的污染物减排量为0.001314吨/千瓦·时，太阳能发电的污染物减排总量远大于风力发电，且CO_2、SO_2、NO_X和颗粒物当中的每一种污染物的减排量均是太阳能发电大于风力发电，因此，在排除成本和资源禀赋因素外，发展太阳能产业比发展风电产业能减排更多的污染物，创造更大的环境改良价值。

结合表4-2和美国环境价值标准以及中国电力行业各种污染物减排的环境价值标准值（表4-3），可初步测算出我国新能源企业的环境改良价值。

表4-3　　我国火电行业污染物环境价值标准

污染物	CO_2	SO_2	NO_X	颗粒物
环境价值（元/吨）	23	6000	8000	110

结合环境价值标准和污染物减排量，可计算出新能源发电的环境改良价值，计算方法如式（4-3）所示：

$$B = \sum_{i=1}^{n} Ve_i \cdot \Delta Q_i \qquad (4-3)$$

式中：B—环境改良效应价值，单位为元；Ve_i—第i项污染物的环境价值，单位为元/吨；n—污染物总数；Q_i—第i项污染物的减排量，单位为吨。

结合表4-3和式（4-3），可初步测算出我国新能源企业在减排污染物方面的环境改良价值，具体如表4-4所示。

根据表4-2的测算结果可知，从减排总量上看，我国新能源企业在减排污染物方面潜力巨大，单位发电量的污染物减排量为0.0008868835吨/千瓦·时。其中CO_2在四种污染物中减排力度最大，为0.000727吨/千瓦·时，NO_X减排力度最小，为0.000008155吨/千瓦·时，再结合表4-3和式（4-3），即可初步测算出新能源

表 4－4　　我国新能源企业环境改良价值测算

	CO_2（元/千瓦·时）	SO_2（元/千瓦·时）	NO_X（元/千瓦·时）	颗粒物（元/千瓦·时）	合计（元/千瓦·时）
Q_i	0.000727	0.00001562	0.000008155	0.0001361085	0.0008868835
Ve_i	23	6000	8000	110	—
B	0.016721	0.09372	0.06524	0.014971935	0.190652935

企业的环境改良价值（表 4－4），测算结果显示：我国新能源企业的环境改良价值为 0.190652935 元/千瓦·时，而各类污染物的环境改良价值依次是：CO_2 为 0.016721 元/千瓦·时、SO_2 为 0.09372 元/千瓦·时、NO_X 为 0.06524 元/千瓦·时、颗粒物为 0.014971935 元/千瓦·时。通过对比发现，在减排力度上 SO_2 较小，但测算出的环境改良价值却最大，主要是因为 SO_2 的环境价值标准值相对较大，为 6000 元/吨，故对最终的测算结果有一定“贡献”作用。环境价值最小为颗粒物，尽管其环境价值标准为 110 元/吨，但由于其减排力度较小，因此，影响了最终环境改良的测算结果。

2021 年我国风力发电量预计约为 325200000000 千瓦·时①，结合以上测算结果，则 2021 年我国因风电替代煤电而减少 CO_2 排放量为 236420400 吨，减少 SO_2 排放量为 5079624 吨，减少 NO_X 排放量为 2652006 吨，减少颗粒物排放量为 44262484.2 吨，减少的污染物排放总量为 288414514.2 吨。则相应的环境改良总价值为 62000334460 元，其中对 CO_2 的环境改良价值为 5437669200 元，对 SO_2 的环境改良价值为 30477744000 元，对 NO_x 的环境改良价值为 21216048000 元，对颗粒物的环境改良价值为 4868873262 元，这仅为风电企业的预测数，若将太阳能、生物质能、核能、潮汐

① 国家能源局预测数据。

能、地热能等包含在内，将会减排更多的污染物，创造更大的环境改良价值。

4.2.3 新能源企业环境效应价值测算结果分析

新能源产业的环境效应价值主要有两种表现形式，分别为资源节约价值和环境改良价值，其中，资源节约价值主要是减少了煤炭资源消耗量，节约了煤炭资源；环境改良价值则是减少了 CO_2、SO_2、NO_X 和颗粒物的排放量，改善了大气环境。根据我国新能源产业发展现状并结合已有研究文献，初步建立新能源企业资源节约价值和环境改良价值的测算模型，将新能源的资源节约价值和环境改良价值数量化、货币化，以期为下文构建基于环境效应的新能源企业财务绩效评价指标体系做铺垫。

根据表4－1和表4－4测算结果可知，我国新能源企业的资源节约价值为0.1728195元/千瓦·时，环境改良价值为0.190652935元/千瓦·时，其中各污染物的环境改良价值分别是 CO_2 为0.016721元/千瓦·时、SO_2 为0.09372元/千瓦·时、NO_X 为0.06524元/千瓦·时、颗粒物为0.014971935元/千瓦·时，根据以上测算结果再结合我国新能源样本企业2015年实际发电量，可测算出每家企业的资源节约价值和环境改良价值，为后面指标体系的建立做铺垫。

4.3 考虑环境效应的新能源企业绩效评价指标体系的建立

4.3.1 指标选取的原则

建立科学有效的绩效评价指标体系是全面、客观、公正地评价新能源企业绩效的重要前提。为此，本书所建立的包含环境效应价值因素的新能源企业财务绩效评价指标体系遵循以下基本原则：

(1) 全面性与科学性相结合原则。企业绩效评价研究已经历了较长的发展时间，绩效评价不仅涉及企业的财务管理和经营管理，还与企业的人员管理有着千丝万缕的联系，因此，在构建新能源企业绩效评价指标体系时要考虑周全，所选取指标力求能全面反映企业的财务状况、经营成果和环保能力，各指标之间要有一定的互补性，争取做到评价结果可以满足各利益相关者的信息需求。所以本书一改传统成本视角，而是站在新能源环境价值贡献的角度，结合新能源行业特点，所选指标体现新能源价值创造能力，据此得出的结果具有一定的科学性。

(2) 定性与定量相结合原则。众所周知，新能源产业具有低碳环保等环境效应特点，这是传统意义上的感性认识，属于定性范畴，但这种环境效应到底有多大，其价值量是多少，如何将这种定性描述定量化或者货币化，一直是学者们研究的重要内容。基于此，本书从新能源产业的产出——发电量入手，并结合国内外学者们的研究成果，将新能源的环境效应价值数量化和货币化，初步计算出新能源产业的环境效应价值，将其分为资源节约价值和环境改良价值，并将其引入企业财务绩效评价指标体系当中，使整个绩效评价指标体系能够反映新能源行业特色，使评价结果不仅能揭示企业的财务状况，还能反映企业的环境效应价值，实现定性与定量的结合。

(3) 目的性与动态性相结合原则。明确绩效评价的目的是设计企业绩效评价指标体系的重要前提和基本原则。因此，所建立的指标体系要在充分反映所有者投资目的的同时将企业的经营成果对各方利益的保障程度考虑在内，同时还要对企业的实际价值和效益作出衡量。近年来国家针对新能源陆续出台各种补贴和优惠政策，但补贴的依据是什么，能否建立一种有效的价格补贴区间范围，在此范围内进行有针对性的补贴？本书所选取的两个指标：资源节约价值和环境改良价值，目的首先是研究新能源企业的环境价值到底有多大，其次通过引入环境效应价值量来分析环境效应对新能源企业绩效的影响程度，并据此为价格补贴政策的进一步完善提供参考和借鉴。但同时，由于环境效应价值的大小又是以新能源企业发电量为基础测算而来，由于每个企业每年的发电量不同，存在动态变化性，因此，绩效评价指标和评价结果也就具有动态性，最终实现目的性与动态性的有机结合。

（4）经济价值与环境效应价值相结合原则。相较于传统能源，新能源产业作为七大战略新兴产业之一，在缓解我国能源压力、资源压力、环境压力以及推动经济社会可持续发展方面发挥着举足轻重的作用。因此，在对新能源企业进行绩效评价时，既要考虑经济价值，同时也要考虑新能源企业所创造的环境效应价值。本书所选的体现新能源企业经济价值的指标包括营运能力、盈利能力、偿债能力、发展能力和现金流量五个方面；而环境效应价值指标主要是体现新能源行业特色的资源节约价值和环境改良价值。所建立的整个绩效评价指标体系不仅包含静态指标，还包括动态指标，不仅考虑到企业的发展现状，还将企业未来的发展潜力考虑在内，不仅有财务指标，还有非财务指标。实现经济价值与环境效应价值的统一，相辅相成。

4.3.2 评价方法

本书立足于我国新能源企业发展实际并结合前人已有的研究成果，最终选择因子分析法和熵值法构建新能源企业绩效评价指标体系，因子分析法带有一定的主观成分，而熵值法是客观定量分析的有效手段，主客观有机结合，可以取长补短，相辅相成。

(1) 因子分析法。早在 1904 年，英国心理学家 Charles Spearman 就把因子分析法应用到学生的考试成绩分析当中。经过后人的不断完善，该方法逐渐被应用到经济学、社会学等领域。因子分析的核心机理是用少数几个因子描述多指标之间的内在联系，用较少的指标反映原始指标的大部分信息，以简化分析过程，提高分析效率。

因子分析法的基本步骤如下：

①对原始数据进行标准化处理。主要包括同向化处理和无量纲化处理，同向化处理又称趋同化处理。在多指标评价中，越大越优的指标称为正向指标，如财务指标当中的总资产报酬率、销售毛利率，环境效应指标当中的资源节约价值和环境改良价值等；越小越优的指标称为逆向指标，如成本费用类指标；而有些指标越接近某个数值越好，这类指标称为适度指标，如应收账款周转率、资产负债率等。因此，在对数据进行综合评价时，就要对不同类型的指标进行同向化处理。正向指标无须处理，逆向指标可用倒数法或取负数法，而适度指标则可用指标值减去适度值的倒数法来处理。

本书数据均为客观数据，对适度指标的处理方法用指标值减去适度值后的绝对值再取倒数，正向化公式为：

$$Y_i = 1/|X_i - h_i| \quad i = 1、2、3\cdots n \qquad (4-4)$$

其中：Y_i为正向化处理后的指标值，X_i为原始指标值，h_i为适度指标值。

由于适度指标因行业而不同，所以本书的适度指标采用平均值来简化计算，且均值更具有普遍性和代表性，更能真实客观地反映数据特征，经过同向化处理后的数据均为越大越优的正向指标。

无量纲化处理是指通过一定的方法将量纲不同的指标转化为同量纲指标进行数据处理。本书采用基于原始指标的均值和标准差的 Z－score 处理法，对数据进行无量纲化处理，处理结果见附录 2。

②因子分析的可行性检验。对数据进行同向化和标准化处理之后，采用 KMO 检验和 Bartlett 球形度方法对数据进行因子分析的可行性检验，检测各指标是否适合做因子分析。KMO 检验和 Bartlett 球形度检验标准如表 4－5 和表 4－6 所示。

表 4－5　　KMO 检验标准

KMO 检测值	分析结果
≤0.5	非常不适合做因子分析
0.5—0.6	因子分析效果不是很好
0.6—0.7	因子分析效果尚可以
0.7—0.9	因子分析效果较好
≥0.9	因子分析效果最好
KMO 值越接近 1，越适合做因子分析	

表 4－6　　Bartlett 球形度检验标准

Bartlett 球形度检测值	分析结果
Sig＜0.5	适合做因子分析

Bartlett 球形度检验主要用来检验数据的分布情况和变量之间的独立性，因子分析的效果与样本量存在一定关系，一般理想样本量应该是指标数的 1—25 倍，样本量越大提取的公因子越具有代表性，因子分析效果就越好，分析结果就越准确。本书所选样本量为 48 个，指标数为 12 个，样本量是指标量的约 4 倍，属于理想样本量。

③确定因子方差贡献率及提取公因子。若所有数据通过可行性检验，适合做因子分析，即可将样本数据代入建立的因子分析模型来提取公因子，并求解因子载荷矩阵，求解因子载荷矩阵是因子分析的关键环节，求解方法主要有最小二乘法、极大似然法和主成分分析法等。根据本书研究的特点，故运用主成分分析法展开分析。

④因子解释和因子命名。因子解释和命名是分析指标有效性的重要环节，如果一个指标与其他许多指标存在相关性并能被多个指标所解释，说明因子的含义是模糊的，原指标就不能用某个具体的公因子来代表。解决这一问题的有效办法是通过对因子载荷矩阵进行旋转，以避免因子含义模糊的问题。

⑤计算因子得分。设有 n 组数据，每组数据有 m 个指标，原有变量为 F，标准化后的公因子为 X_1，X_2，X_3，$\cdots X_S$（$s<m$）。F 是可观测的随机变量，X 是不可观测的指标，且 X 各分量之间相互独立。ε 与 X 相互独立，且 ε 各分量之间也相互独立，因子模型如下：

$$\begin{cases} X_1 = \lambda_{11}F_1 + \lambda_{12}F_2 + \lambda_{13}F_3 + \cdots + \lambda_{1s}F_s + \varepsilon_1 \\ X_2 = \lambda_{21}F_1 + \lambda_{22}F_2 + \lambda_{23}F_3 + \cdots + \lambda_{2s}F_s + \varepsilon_2 \\ \cdots \\ X_m = \lambda_{m1}F_1 + \lambda_{m2}F_2 + \lambda_{m3}F_3 + \cdots + \lambda_{ms}F_s + \varepsilon_m \end{cases} \tag{4-5}$$

表示为矩阵形式，即为：

$$X = \lambda F + \varepsilon \tag{4-6}$$

其中，$\lambda = \begin{cases} \lambda_{11} \quad \lambda_{12} \quad \lambda_{13} \cdots \lambda_{1s} \\ \lambda_{21} \quad \lambda_{22} \quad \lambda_{23} \cdots \lambda_{2s} \\ \cdots \\ \lambda_{m1} \quad \lambda_{m2} \quad \lambda_{m3} \cdots \lambda_{ms} \end{cases}$

元素 λ_{ij} 称为因子载荷，λ_{ij} 绝对值越大，表示 X_i 和因子 F_j 之间的相互依赖程度越大。

（2）熵值法。“熵”源于希腊语，最早是作为热力学概念由德国物理学家 R · Clausis 于 19 世纪提出来，后经申农（C. E. Shannon）引入信息论，利用概率论度量信息的不确定性，熵在信息论中反应系统的无序化程度，即 $H(x) = -\sum p(x_i)Lnp(x_i)$，信息熵越小，系统的无序化程度越低，指标的变异度越大，传出的信息就越多，对指标赋予的权重就越大；反之，信息熵越大，则对指标赋予的权重就越小。

熵值法的基本步骤如下：

①对数据进行标准化处理，处理方法与因子分析法相同，分为正向指标、逆向指标和适度指标。处理方法如下：

正向指标的理想值为 $\max x_j$，逆向指标的理想值为 $\min x_j$。

正向指标：$$x_{ij}^* = \frac{x_{ij}}{\max x_j} \tag{4-7}$$

逆向指标：$$x_{ij}^* = \frac{\min x_j}{x_{ij}} \tag{4-8}$$

此处采用平移法对数据继续进行标准化处理，以避免部分数据经无量纲化处理后仍为负值，在熵值求权数时取对数无意义。公式如下：

$$X_{ij}^{\hat{}} = X_{ij}^* + d \tag{4-9}$$

②由指标形成的矩阵 $X = (x_{ij})_{m \times n}$，求得第 j 项指标下第 i 个对象在该列指标下的比重，记为 P_{ij}，则：

$$P_{ij} = \frac{x_{ij}^{\hat{}}}{\sum_{i=1}^{n} x_{ij}^{\hat{}}} \tag{4-10}$$

其中，$X_{ij}^{\hat{}} \geq 0$；

③求第 j 项指标的熵值 e_j：

$$e_j = -K\sum_{i=1}^{m} P_{ij}Ln(P_{ij}) \quad (4-11)$$

当 $e_j = 1$ 时，可以求得 $k = \frac{1}{Ln(m)}$；

④求差异系数 g_j：

$$g_j = 1 - e_j \quad (4-12)$$

⑤求指标权重 w_j：

$$w_j = \frac{g_j}{\sum_{j=1}^{n} g_j} \quad (4-13)$$

⑥计算被评价对象综合得分 Z_i：

$$Z_i = \sum_{j=1}^{m} w_j p_{ij} \quad (4-14)$$

Z_i即为第 i 个被评价对象的综合得分，据此可进行排名并分析新能源企业绩效状况。

本书并未使用单一方法，而是将原本可以单独使用的因子分析法与熵值法结合起来，之所以按此方法，主要基于以下考虑：

首先，因子分析法是以方差贡献率与累计方差贡献率的比值作为指标权重，具有主观倾向，而熵值法是站在信息效用值的角度来确定指标权重，可观性更强，二者结合，使评价结果更加准确、客观。

其次，因子分析法不但能反映整体绩效状况，还能对每一个主成分对应指标的具体情况作出反映，而熵值法反映的问题相对比较单一。因此，相较于熵值法，因子分析法包含的范围更大，面更广，将两者结合起来反映的信息更加全面。

最后，因子分析法利用统计软件 SPSS22.0 完成数据分析和处理，而熵值法主要以手工计算结合 Excel，工作效率不及因子分析法高。两者结合使用，能较全面地反映数据所提供的信息，同时使数据处理更加严谨、高效，使评价结果更加准确、客观、科学。

4.3.3 指标体系的构建

新能源兼具经济效益和环保能力，因此，科学的方法应该是在低碳经济发展理念视角下，综合评价新能源企业在财务和环保两个方面的综合绩效。本书根据中国新能源企业的实际发展状况，参照最新企业绩效评价相关研究成果，并请教新能源企业的资深实务工作者，初步筛选出绩效评价指标族并形成指标体系，具体如图 4－1 所示。

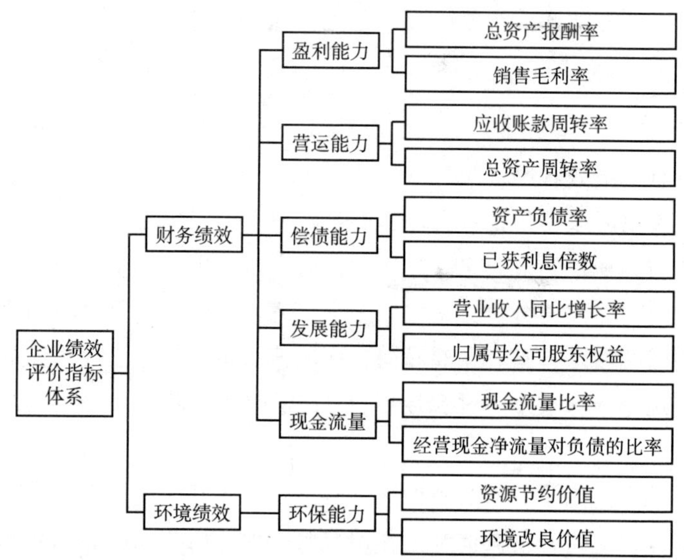

图 4－1　新能源企业财务绩效评价指标体系结构图

（1）财务绩效。盈利能力反映企业获取利润和资本增值的能力，本书主要选取总资产报酬率（C_{11}）和销售毛利率（C_{12}），这两个指标均为越大越优的正向指标。代表营运能力的指标应收账款周转率（C_{21}）和总资产周转率（C_{22}）均为越大越优的正向指标。通过对新能源企业营运能力的分析，可以揭示企业资产管理状况。代表偿债能力的指标分别为资产负债率（C_{31}）和已获利息倍数（C_{32}），其中，资产负债率为越小越优的逆向指标，资产负债率越小，表明企业用以偿还每一单位负债所需的资产保证程度越大，债务风险就越小。已获利息倍数为越大越优的正向指标。发展能力是企业通过持续经营获得未来的成长机会和发展潜力，企业的健康持续发展不仅受自身所拥有资源、内部运营环境以及竞争力影响，还受其所处的外部宏观经营环境和行业环境影响。代表发展能力的营业收入同比增长率（C_{41}）和归属于母公司股东权益（C_{42}）两个指标中，营业收入同比增长率为越大越优的正向指标，归属于母公司股东权益为越接近某一数值越优的适度指标。现金流量指标可以从现金流入量和流出量的角度来反映企业的经营状况，也可以在一定程度上反映企业的偿债能力。本书所选的代表现金流量的现金流量比率（C_{51}）和经营现金净流量对负债的比率（C_{52}）两个指标均为越大越优的正向指标。

（2）环境绩效。由于新能源对传统能源具有替代作用，使原来因使用传统能源而造成的煤炭资源的开采量减少，在一定程度上节约了煤炭资源，因此，具有资源节约的环境效应价值。同时，也正是由于新能源对传统能源的替代，使煤炭的使用量和消耗量减少，使原来因使用传统能源而产生的 CO_2、SO_2、NO_X 和颗粒物等各种污染物的排放量减少，使环境污染问题在一定程度上得到遏制，因此，具有环境改良价值。以上两者是新能源所带来的正外部性。因此，新能源企业的环境效应价值指标主要体现在环保能力上，包含两个方面，分别是资源节约价值和环境改良价值。

根据以上分析，本书构建如表 4－7 所示既包含环境效应指标又包含财务指标的新能源企业财务绩效评价指标体系。

表 4-7 新能源企业绩效评价指标体系表

<table>
<tr><th>目标层</th><th>准则层</th><th>一级指标</th><th>二级指标</th><th>指标计算</th><th>指标性质</th></tr>
<tr><td rowspan="12">新能源企业财务绩效（A）</td><td rowspan="10">财务绩效（B_1）</td><td rowspan="2">盈利能力（C_1）</td><td>总资产报酬率（C_{11}）</td><td>（利润总额+利息支出）/平均资产总额</td><td>正向</td></tr>
<tr><td>销售毛利率（C_{12}）</td><td>（销售净收入-产品成本）/销售净收入</td><td>正向</td></tr>
<tr><td rowspan="2">营运能力（C_2）</td><td>应收账款周转率（C_{21}）</td><td>销售收入/应收账款</td><td>正向</td></tr>
<tr><td>总资产周转率（C_{22}）</td><td>销售收入/总资产</td><td>正向</td></tr>
<tr><td rowspan="2">偿债能力（C_3）</td><td>资产负债率（C_{31}）</td><td>总负债/总资产</td><td>逆向</td></tr>
<tr><td>已获利息倍数（C_{32}）</td><td>息税前利润/利息费用</td><td>正向</td></tr>
<tr><td rowspan="2">发展能力（C_4）</td><td>营业收入同比增长率（C_{41}）</td><td>本期营业收入增长额/上期营业收入</td><td>正向</td></tr>
<tr><td>归属于母公司股东权益（C_{42}）</td><td>（年初所有者权益+年末利润）/年初所有者权益</td><td>适度</td></tr>
<tr><td rowspan="2">现金流量（C_5）</td><td>现金流量比率（C_{51}）</td><td>经营活动产生的现金净流量/期末流动负债</td><td>正向</td></tr>
<tr><td>经营现金净流量对负债的比率（C_{52}）</td><td>经营现金净流量/总负债</td><td>正向</td></tr>
<tr><td rowspan="2">环境绩效（B_2）</td><td rowspan="2">环保能力（C_6）</td><td>资源节约价值（C_{61}）</td><td>单位电量的耗煤量×标煤市价×发电量</td><td>正向</td></tr>
<tr><td>环境改良价值（C_{62}）</td><td>火电企业单位电量的污染物排放量×污染物环境价值标准×发电量</td><td>正向</td></tr>
</table>

本小节主要对新能源企业的环境效应价值进行测算，并建立包含环境效应价值指标的新能源企业财务绩效评价指标体系。

首先，对新能源现行企业绩效评价的环境问题进行分析，包括资源节约价值和环境改良价值，并强调这两者对于新能源企业绩效评价的重要性。其次，在此基础上借鉴前人的研究成果并结合新能源企业实际，建立了环境效应价值的测算模型，并分别对资源节约价值和环境改良价值进行测算，对测算结果进行分析，将原本定性描述的环境效应定量化和货币化，为后文建立包含环境效应价值指标的新能源企业财务绩效评价指标体系做准备。最后，建立包含盈利能力、营运能力、偿债能力、发展能力、现金流量以及环保能力六个方面共计 12 项包含财务与非财务指标的新能源企业绩效评价指标体系，并对本书所采用的主要方法——因子分析法与熵值法的原理、步骤以及数据处理方法进行了详细介绍，为下一步的实证研究建立基础。

4.4　基于环境效应的新能源企业绩效评价实证分析

4.4.1　样本选取与数据来源

（1）样本选取。本书以新能源上市公司中的风力发电和太阳能发电企业为研究样本，以 2015 年的截面数据为研究对象，为保证数据收集的有效性和实证研究结论的客观性与科学性，分别对以上部分数据按照如下原则进行了筛选和剔除：①由于部分企业的财务状况或其他状况出现异常而剔除掉样本企业当中已被 ST 的上市公司；②为保证所选样本数据的完整性和分析结果的有效性，将样本数据当中信息披露不完整的公司也剔除掉。

（2）数据来源。财务数据：主要来源于 Wind 数据库当中我国风电和太阳能发电上市公司 2015 年年报当中的财务数据，经筛选、汇总、整理而成。

非财务数据：其中，各上市公司每年的发电量数据主要来自全球风能委员会（GWEC）官方网站和太阳能光伏网公布的 2015 年风电和太阳能上市公司的业绩报告，相关数据经汇总整理而成；火力发电企业的煤炭价格数据来源于中国煤炭网，采用最新公布的动力煤平均价格。

经过以上处理，最终得到有效样本数共计 48 个，其中风力发电上市公司 19 家，太阳能发电上市公司 29 家，企业名单如表 4－8 所示。其中非财务数据均通过手工方式收集、汇总、计算、整理而成，财务数据和非财务数据均通过 Excel 和 SPSS22.0 统计软件进行分析和处理。其他相关数据资料分别来源于巨潮资讯网和凤凰财经等各官方网站公布的最新数据和文件。

表 4－8　　新能源样本企业名单

序号	企业名称	股票代码	序号	企业名称	股票代码
1	福能股份	600483	10	大连重工	002204
2	节能风电	601016	11	通裕重工	300185
3	吉鑫科技	601218	12	中闽能源	600163
4	甘肃电投	000791	13	长城电工	600192
5	鑫茂科技	000836	14	华仪电气	600290
6	银星能源	000862	15	湘电股份	600416
7	中材科技	002080	16	时代新材	600458
8	九鼎新材	002201	17	天顺风能	002531
9	金风科技	002202	18	天晟新材	300169

续表

序号	企业名称	股票代码	序号	企业名称	股票代码
19	金雷风电	300443	34	综艺股份	600770
20	精功科技	002006	35	兆新股份	002256
21	横店东磁	002056	36	科华恒盛	002335
22	中环股份	002129	37	协鑫集成	002506
23	拓日新能	002218	38	旷达科技	002516
24	中利科技	002309	39	茂硕电源	002660
25	爱康科技	002610	40	首航节能	002665
26	向日葵	300111	41	天龙光电	300029
27	东旭蓝天	000040	42	中来股份	300393
28	咖伟股份	300317	43	隆基股份	601012
29	哈高科	600095	44	博威合金	601137
30	航天机电	600151	45	正泰电器	601877
31	海润光伏	600401	46	京运通	601908
32	中天科技	600522	47	方大集团	000055
33	亿晶光电	600537	48	太阳能	000591

4.4.2　数据预处理

（1）描述性统计分析。对 2015 年的绩效评价指标进行描述性统计分析，结果如表 4 –9 所示。

表 4 –9　2015 年新能源企业绩效评价指标描述性统计表

指标名称	最小值	最大值	平均数	标准差
总资产报酬率	–45. 38	23. 14	4. 5308	8. 46704
销售毛利率	5. 48	48. 10	25. 5380	9. 24456
应收账款周转率	0. 88	43. 71	4. 7714	6. 68849

续表

指标名称	最小值	最大值	平均数	标准差
总资产周转率	0.09	1.20	0.4820	0.26094
资产负债率	12.61	81.57	53.9520	16.20131
已获利息倍数	-34.23	571.93	17.6035	82.77479
营业收入同比增长率	-52.72	179.69	24.8352	43.85373
归属于母公司股东权益	-60.13	1004.60	55.1171	151.08700
现金流量比率	-13.13	139.45	21.2544	28.99553
经营现金净流量对负债的比率	-0.12	0.61	0.1286	0.15794
资源节约价值	15761138.40	2774444253.00	1003205460.1846	937768004.71080
环境改良价值	17387547.67	3060742218.49	1106727339.1542	1034537320.39724

以上描述性统计表是从各企业绩效绝对值的角度来分析，首先是10个财务绩效指标，从最大值与最小值方面来看，差距最大的是归属于母公司股东权益，说明不同企业之间归属于母公司股东权益的比重存在较大差异，这与新能源企业自身发展规模有较大关系，我国新能源发展规模较大的企业其主营业务在母公司，子公司自主权很少，由此便形成母子公司间权益差距较大的现象，这符合新能源企业的实际情况。其他指标如已获利息倍数等最大最小值之间也存在一定差距，说明各企业在股权结构、绩效状况、经营管理水平以及政策依赖程度等方面差异显著，这与企业所处的成长阶段有关，处于成长初期的企业已获利息倍数相对大于发展成熟期的企业。

其次是两个环境指标，无论最大值、最小值还是平均数抑或标准差，环境改良价值均大于资源节约价值，说明我国新能源企业环境改良成效大于自然资源节约成效。这便要引起气象、环保等部门的重视，尤其在当今雾霾问题如此严重的情况下，发展新能源可显著减少污染物排放，改善大气环境。净资产增长率的标准差最大，说明各新能源企业之间净资产收益率存在较大差异。同时发现，环境改良价值标准差大于资源节约价值标准差，说明不同企业的资源节约效果参差不齐，但这种差异性要小于各企业间环境改良价值差异，这就更进一步说明同样具有环境改良价值，但差异性不可避免地存在，为缩小这种差异，国家政策扶持必不可少，只有各企业齐头并进，才能最大限度地发挥其改善环境的作用，创造更大的环境效应价值。

（2）数据的标准化处理。本书样本中的财务数据来源于 Wind 数据库、巨潮资讯网和凤凰财经网当中新能源上市企业年报，非财务数据来自全球风能委员会网站、太阳能光伏网。由于本书所选指标有正向、逆向和适度指标之分，因此在评价之前需要对指标进行同向化处理和无量纲化处理。分别按照式（4－7）和式（4－8）对数据进行同向化处理。利用 SPSS22.0 软件对数据进行 Z－Score 无量纲化处理，数据处理结果见附录 2。

4.4.3　新能源企业绩效评价实证因子分析

（1）因子分析的可行性检验。首先对原指标进行 KMO 检验和 Bartlett 球形度检验，检验结果如表 4－10 所示。

表 4－10　　KMO 检验和 Bartlett 球形度检验[a]

Kaiser－Meyer－Olkin 测量取样适当性		0.752
Bartlett 球形度检验	近似卡方	851.493
	df	210
	显著性 Sig.	0.000

a. 根据相关性。

由表4－10检验结果可知，样本指标的KMO检验值为0.752，再结合表4－5可知该值处于0.7—0.9区间，因子分析效果较好，故适合做因子分析。Bartlett球形度检验结果显示，样本指标的显著性水平Sig.为0.000，再结合表4－6可知，该值小于0.5，拒绝Bartlett球形度检验的零假设，表明原指标的相关性系数矩阵与单位矩阵之间具有显著的相关性，即样本指标适宜做因子分析。

综合以上KMO和Bartlett球形度可行性检验结果可知，样本数据适合做因子分析，所有样本指标的共同方差数据是因子分析的初始解，据此，本书通过对样本的12个原指标采用主成分分析法提取特征值，使原指标的方差均为可被解释的变量，因子分析的共同度如表4－11所示。

表4－11　因子分析的共同度

指标	初始	提取
总资产报酬率	1.000	0.745
销售毛利率	1.000	0.891
应收账款周转率	1.000	0.892
总资产周转率	1.000	0.782
资产负债率	1.000	0.689
已获利息倍数	1.000	0.595
营业收入同比增长率	1.000	0.773
归属于母公司股东权益	1.000	0.612
现金流量比率	1.000	0.724
经营现金净流量对负债的比率	1.000	0.905
资源节约价值	1.000	0.958
环境改良价值	1.000	0.895

提取方法：主成分分析。

表 4－11 显示，各指标的初始值均为 1，其中，提取特征值后的资源节约价值和环境改良价值的共同度分别为 0.958 和 0.895；而其他绝大多数指标的提取值都比较高，说明信息丢失较少，即因子分析提取信息的效果比较好。

（2）确定因子方差贡献率与提取公因子。按照提取公因子特征值大于 1 的原则确定公因子数目，如图 4－2 所示，提取 5 个公因子时的特征值变化比提取 6 个公因子时特征值变化明显，说明提取 5 个公因子对原指标的描述作用大于提取 6 个指标对原指标的描述作用，故本书拟提取 5 个公因子。

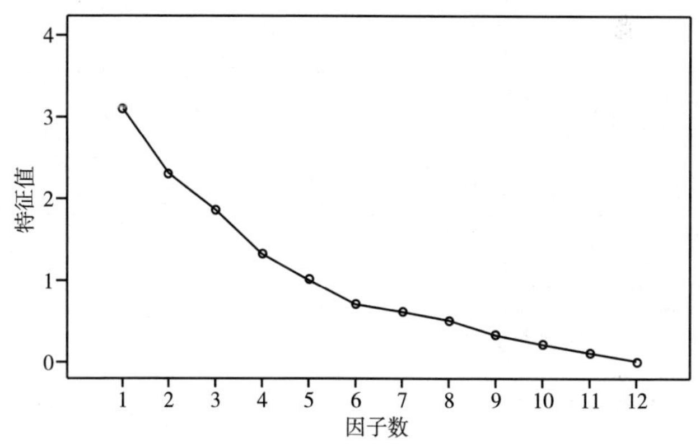

图 4－2　各因子特征值碎石图

表 4－12 特征值与方差贡献率显示，当提取 5 个公因子时的累计方差贡献率为 79.817%，说明这 5 个公因子可以涵盖原样本指标的绝大部分信息，且信息丢失较少，故可以用这 5 个公因子代表 12 个原始指标，这与表 4－11 因子分析的共同度结果相一致。

表 4－12 为计算出的特征值与方差贡献率，并提取了 5 个公因子，其中这 5 个公因子的初始特征值分别为 3.095、2.295、1.853、

表 4-12　　特征值与方差贡献率

成分	初始特征值			提取平方和载入			旋转平方和载入		
	合计	方差贡献率（%）	累计值（%）	合计	方差贡献率（%）	累计值（%）	合计	方差贡献率（%）	累计值（%）
1	3.095	25.794	25.794	3.095	25.794	25.794	2.917	24.310	24.310
2	2.295	19.127	44.921	2.295	19.127	44.921	2.081	17.339	41.649
3	1.853	15.446	60.366	1.853	15.446	60.366	1.953	16.273	57.922
4	1.323	11.026	71.392	1.323	11.026	71.392	1.451	12.094	70.016
5	1.011	8.424	79.817	1.011	8.424	79.817	1.176	9.801	79.817
6	0.699	5.822	85.638						
7	0.605	5.046	90.684						
8	0.494	4.114	94.798						
9	0.321	2.672	97.470						
10	0.204	1.700	99.170						
11	0.100	0.830	100.000						
12	1.19216	9.93316	100.000						

提取方法：主成分分析。

1.323 和 1.011。第一个因子反映的总方差比重较高，反映了原始指标 25.794% 的信息，第二个因子反映了原始指标 19.127% 的信息，第三个因子反映了原始指标 15.446% 的信息，第四个因子反映了原始指标 11.026% 的信息，第五个因子反映了原始指标 8.424% 的信息。因此，本书拟提取前 5 个因子对新能源企业绩效进行评价。

表 4-13 的因子载荷矩阵中公因子 1 用 X_1 表示，以此类推，公因子 2、公因子 3、公因子 4 和公因子 5 分别用 X_2、X_3、X_4 和 X_5 表示，由于因子载荷矩阵中各因子包含信息普遍较低，故不具有代表性，使因子含义不明确，因此不便于对公因子命名。

表 4-13　　因子载荷矩阵

指标名称	公因子				
	X_1	X_2	X_3	X_4	X_5
总资产报酬率	0.515	0.417	0.131	0.466	-0.266
销售毛利率	0.449	-0.422	-0.132	0.558	-0.426
应收账款周转率	0.133	-0.171	-0.072	0.585	0.705
总资产周转率	0.268	0.696	0.276	-0.231	0.310
资产负债率	-0.668	-0.197	0.033	0.430	0.136
已获利息倍数	0.650	0.242	0.281	0.011	-0.186
营业收入同比增长率	-0.280	0.563	0.553	0.255	0.081
归属于母公司股东权益	-0.259	0.441	0.492	0.291	-0.155
现金流量比率	0.694	0.081	-0.418	0.159	0.189
经营现金净流量对负债的比率	0.895	0.191	-0.146	-0.134	0.167
资源节约价值	0.347	-0.624	0.676	-0.100	0.093
环境改良价值	0.347	-0.624	0.676	-0.100	0.093

提取方法：主成分分析，提取5个公因子。

（3）因子解释与命名。为解决因子命名问题，本书对因子进行旋转，得到如表4-14所示的旋转后的因子载荷矩阵。

表 4-14　　旋转后的因子载荷矩阵[a]

指标名称	公因子				
	X_1	X_2	X_3	X_4	X_5
总资产报酬率	0.560	-0.113	0.457	0.451	0.076
销售毛利率	0.141	0.150	-0.145	0.903	0.105
应收账款周转率	-0.030	0.078	-0.007	0.067	0.938
总资产周转率	0.563	-0.079	0.413	-0.535	0.044
资产负债率	-0.744	-0.082	0.196	0.084	0.288
已获利息倍数	0.676	0.211	0.228	0.172	-0.113

续表

指标名称	公因子				
	X_1	X_2	X_3	X_4	X_5
营业收入同比增长率	-0.065	-0.037	0.846	-0.219	0.058
归属于母公司股东权益	-0.103	-0.034	0.770	0.002	-0.085
现金流量比率	0.642	-0.172	-0.313	0.212	0.374
经营现金净流量对负债的比率	0.907	0.054	-0.227	0.008	0.167
资源节约价值	0.058	0.987	-0.045	0.074	0.033
环境改良价值	0.058	0.882	-0.365	0.172	0.132

提取方法：主成分分析。旋转方法：具有 Kaiser 标准化的最大方差法。a. 在 7 次迭代后收敛。

由表 4-14 可知，经过正交旋转后的因子载荷矩阵中各因子的经济含义比未经正交旋转含义明确，故以旋转后的因子载荷矩阵为准对各个因子进行经济命名。

公因子 X_1 由指标经营现金净流量对负债的比率来解释，它的因子载荷值为 0.907，该指标代表新能源企业的现金流量能力，本书借鉴其他研究当中的命名方法和习惯将其命名为现金流因子。

公因子 X_2 主要由指标资源节约价值和环境改良价值来解释，其因子载荷值分别为 0.987 和 0.882，该指标代表新能源企业的环保能力，故将其命名为环保能力因子。

公因子 X_3 由营业收入同比增长率来解释，其因子载荷值为 0.846，代表新能源企业发展能力，因此，将其命名为发展能力因子。

公因子 X_4 由指标销售毛利率来解释，代表新能源企业的盈利能力，它的因子载荷值为 0.903，故将其命名为盈利能力因子。

公因子 X_5 由指标应收账款周转率来解释，代表新能源企业的营运状况，其因子载荷值为0.938，故将其命名为营运能力因子。

因子解释与命名详见表4-15。

表4-15　　公因子命名与解释

公因子	X_1	X_2	X_3	X_4	X_5
因子命名	现金流因子	环保能力因子	发展能力因子	盈利能力因子	营运能力因子
因子解释	经营现金净流量对负债的比率	资源节约价值和环境改良价值	营业收入同比增长率	销售毛利率	应收账款周转率

(4) 计算因子得分。因子分析法的KMO检验和Bartlett球形度检验是检验各指标间是否存在相关性，只有显著相关的指标，才能采用主成分分析法提取公因子。而一旦公因子提取完成，就要求所提取的公因子之间不能再存在相关性，为检验公因子之间的相关性，本书做出因子得分的协方差矩阵，如表4-16所示。

表4-16　　因子得分协方差矩阵

公因子	X_1	X_2	X_3	X_4	X_5
X_1	1.000	0.000	0.000	0.000	0.000
X_2	0.000	1.000	0.000	0.000	0.000
X_3	0.000	0.000	1.000	0.000	0.000
X_4	0.000	0.000	0.000	1.000	0.000
X_5	0.000	0.000	0.000	0.000	1.000

提取方法：主成分分析。旋转方法：采用Kaiser标准化最大方差法。

表4-16显示，本书所提取的5个公因子 X_1、X_2、X_3、X_4

和 X_5 之间协方差均小于 0.001，说明所提取的公因子之间不存在线性相关性。

利用 SPSS22.0 软件分析求得因子得分系数矩阵，据此可计算出各公因子的得分，因子得分系数矩阵如表 4－17 所示。

表 4－17　　因子得分系数矩阵

指标名称	公因子				
	X_1	X_2	X_3	X_4	X_5
总资产报酬率	0.168	－0.092	0.297	0.367	－0.004
销售毛利率	－0.013	－0.009	0.037	0.642	－0.039
应收账款周转率	－0.050	0.040	0.031	－0.084	0.824
总资产周转率	0.231	0.008	0.155	－0.398	0.103
资产负债率	－0.277	－0.025	0.122	0.102	0.274
已获利息倍数	0.226	0.082	0.145	0.115	－0.141
营业收入同比增长率	－0.013	0.028	0.429	－0.068	0.105
归属于母公司股东权益	－0.035	0.008	0.411	0.114	－0.052
现金流量比率	0.204	－0.123	－0.140	0.049	0.271
经营现金净流量对负债的比率	0.313	0.002	－0.117	－0.105	0.109
资源节约价值	－0.006	0.481	0.015	－0.041	0.022
环境改良价值	－0.008	0.528	0.215	－0.341	0.622

提取方法：主成分分析。旋转方法：采用 Kaiser 标准化的最大方差法。

根据表 4－17 因子得分系数矩阵再结合式（4－5），即可初步得出每个公因子的得分函数表达式，具体如下所示：

$X_1 = 0.168F_1 - 0.013F_2 - 0.050F_3 + 0.231F_4 - 0.277F_5 + 0.226F_6 - 0.013F_7 - 0.035F_8 + 0.204F_9 + 0.313F_{10} - 0.006F_{11} - 0.008F_{12}$

$X_2 = -0.092F_1 - 0.009F_2 + 0.040F_3 + 0.008F_4 - 0.025F_5 + 0.082F_6 + 0.028F_7 + 0.008F_8 - 0.123F_9 + 0.002F_{10} + 0.481F_{11} +$

$0.528F_{12}$

$X_3 = 0.297F_1 + 0.037F_2 + 0.031F_3 + 0.155F_4 + 0.122F_5 + 0.145F_6 + 0.429F_7 + 0.411F_8 - 0.140F_9 - 0.117F_{10} + 0.015F_{11} + 0.215F_{12}$

$X_4 = 0.367F_1 + 0.642F_2 - 0.084F_3 - 0.398F_4 + 0.102F_5 + 0.115F_6 - 0.068F_7 + 0.114F_8 + 0.049F_9 - 0.105F_{10} - 0.041F_{11} - 0.341F_{12}$

$X_5 = -0.004F_1 - 0.039F_2 + 0.824F_3 + 0.103F_4 + 0.274F_5 - 0.141F_6 + 0.105F_7 - 0.052F_8 + 0.271F_9 + 0.109F_{10} + 0.022F_{11} + 0.622F_{12}$

基于以上因子得分函数再结合原始指标数据，即可计算出每家新能源企业的公因子 X_1、X_2、X_3、X_4和 X_5的得分，具体如表 4－18 所示。

表 4－18　新能源企业公因子得分

企业名称	X_1	X_2	X_3	X_4	X_5
甘肃电投	－29285276. 22	2100730313	498149959. 7	－824082966. 3	1398896655
鑫茂科技	－1645418. 642	118030533. 6	27988892. 07	－46301469. 15	78597695. 01
银星能源	－3136071. 165	224960087. 9	53345187. 44	－88248226. 19	149803137. 8
中材科技	－1123766. 168	80610698. 72	19115388	－31622269. 75	53679470. 47
九鼎新材	－3458907. 24	248117752. 2	58836657. 6	－97332601. 54	165224022. 3
金风科技	－30807189. 82	2209902130	524038111. 2	－866909337	1471595201
大连重工	－1551136. 427	111267026. 6	26384953. 66	－43648262. 29	74093804. 38
通裕重工	－2628768. 571	188569491. 4	44715837. 56	－73972783. 91	125570264. 5
中闽能源	－2569307. 742	184305528. 7	43704698. 53	－72300082. 6	122730878. 8
长城电工	－2587777. 264	185628836. 4	44018504. 9	－72819208. 21	123612050. 5
华仪电气	－1711524. 299	122772340. 5	29113285. 43	－48161599. 05	81755295. 32
湘电股份	－3087044. 443	221442337. 8	52511073. 56	－86868272	147460612. 8

续表

企业名称	X_1	X_2	X_3	X_4	X_5
时代新材	-2577531.75	184893675.3	43844237.04	-72530820.24	123122511.1
福能股份	-1034576.671	74214758.95	17598691.96	-29113239.56	49420396.84
节能风电	-18244502.08	1308738443	310343553.1	-513397170.6	871501595.4
吉鑫科技	-33528174.7	2405088096	570322875.7	-943477682.9	1601571407
天顺风能	-4491438.006	322185497.8	76400465.64	-126388205.5	214546457
天晟新材	-233670.4318	16761728.61	3974743.449	-6575336.159	11161815.98
金雷风电	-33461417.3	2400309574	569189866.7	-941603039.6	1598389239
精功科技	-13697209.23	982546302.3	232992965.3	-385437221.3	654287091.5
横店东磁	-632823.5262	45396354.01	10764932.75	-17808234.88	30229900
中环股份	-16474576.39	1181775673	280236622.6	-463591727.5	786955851.6
拓日新能	-27548147.56	1976120071	468600961.6	-775200357.4	1315917449
中利科技	-11340054.62	813458651.8	192896942.8	-319106833.2	541689994.2
爱康科技	-22095919.77	1585012970	375856992.7	-621775288.9	1055475470
向日葵	-36510514.25	2619020737	621053113.7	-1027400044	1744031225
东旭蓝天	-25688043.9	1842687856	436959925.5	-722857034.1	1227063702
珈伟股份	-3617770.001	259512796.8	61538943.43	-101802683.3	172812097.1
哈高科	-20650849.18	1481354880	351276331.3	-581111861.3	986448550.9
航天机电	-25981145.22	1863713536	441945757.7	-731105078.6	1241064862
海润光伏	-40492084.39	2904631842	688780591.1	-1139440729	1934222421
中天科技	-19154559.81	1374020984	325824112.8	-539006501.2	914973870.3
亿晶光电	-4045070.215	290165440.9	68807524.36	-113827246.2	193223996.6
综艺股份	-31375979.68	2250703716	533713413.1	-882915145.9	1498765350
彩虹精化	-2838868.259	203640346.6	48289614.65	-79884827.68	135606095.8
科华恒盛	-34219956.88	2454711647	582090207.9	-962944199	1634616210
协鑫集成	-18283492.87	1311532082	311006442.1	-514492989.5	873361850.8
旷达科技	-1104811.176	79250646.12	18792868.79	-31088730.56	52773792.6

续表

企业名称	X_1	X_2	X_3	X_4	X_5
茂硕电源	-3474275.064	249220499.8	59098146.54	-97765207.19	165958355.3
首航节能	-30807185.47	2209902130	524038081.6	-866909328.1	1471595181
天龙光电	-32390608.99	2323484926	550972120	-911466098.4	1547231076
中来股份	-41132603.1	2950579577	699676281.6	-1157465279	1964819452
隆基股份	-3506556.36	251536265.7	59647313	-98673639.75	167500448.2
博威合金	-4076875.478	292448121.4	69348752.19	-114722723.6	194744056.2
正泰电器	-40461317.06	2902426348	688257592.8	-1138575530	1932753757
京运通	-1647473.015	118177571.5	28023748.36	-46359154.39	78695604.27
方大集团	-4032574.767	289268544	68594798.74	-113475420.3	192626735.9
太阳能	-19462035.52	1396075894	331054003.6	-547658275.7	929660445.5

（5）熵值法确定指标权重。本书采用以信息论为基础的熵值法对前文所提取的5个公因子确定权重，具体步骤如下：

第一，对原指标进行标准化处理。将所有指标转化为越大越优的正向指标。在提取公因子后样本容量变为 i = 48，j = 5，并分别按式（4-7）、式（4-8）和式（4-9）进行标准化处理，各指标标准化处理结果见附录2。

第二，计算第 j 项指标下第 i 家企业所占的比重 P_{ij}，按照式（4-10）计算，具体计算过程见附录3。

第三，按照式（4-11）计算每项被评价指标 j 的熵值 e_j，各指标熵值计算结果如表4-19所示。

第四，按照式（4-12）计算差异系数 g_j，计算结果见表4-19。

第五，按照式（4-13）计算各公因子的权重 w_j，计算结果如表4-19所示。

表 4-19　各公因子熵值、差异系数和权重计算结果

公因子	熵值 e_j	差异系数 g_j	权重 w_j
X_1	0.316833289	0.683166711	0.2343479050
X_2	0.216676759	0.783323241	0.2687047800
X_3	0.263688883	0.736311117	0.2525781270
X_4	0.389986751	0.610013249	0.2092539420
X_5	0.897632678	0.102367322	0.0351152465

（6）新能源企业绩效评价综合得分排序。按照式（4-14）计算每家新能源企业的综合得分 Z_i，计算结果如表 4-20 所示。

表 4-20　新能源企业绩效评价综合得分与排名

排名	企业名称	综合得分	排名	企业名称	综合得分
1	中来股份	0.011806799	17	哈高科	0.004206862
2	海润光伏	0.007301797	18	太阳能	0.004127577
3	正泰电器	0.006201557	19	中天科技	0.004025176
4	向日葵	0.006170705	20	协鑫集成	0.003968373
5	科华恒盛	0.005852819	21	节能风电	0.003888069
6	吉鑫科技	0.005837417	22	中环股份	0.003694248
7	金雷风电	0.005666899	23	精功科技	0.003602562
8	天龙光电	0.005608533	24	中利科技	0.003564154
9	综艺股份	0.005520611	25	天顺风能	0.003520674
10	金风科技	0.005326169	26	博威合金	0.003507437
11	首航节能	0.005136169	27	亿晶光电	0.003457189
12	甘肃电投	0.004614285	28	方大集团	0.003437091
13	拓日新能	0.004300721	29	珈伟股份	0.003363852
14	航天机电	0.004288483	30	隆基股份	0.003222983
15	东旭蓝天	0.004286194	31	茂硕电源	0.003212731
16	爱康科技	0.004218144	32	九鼎新材	0.003152611

续表

排名	企业名称	综合得分	排名	企业名称	综合得分
33	银星能源	0.00310009	41	京运通	0.002438466
34	湘电股份	0.003069707	42	鑫茂科技	0.002338456
35	彩虹精化	0.003027769	43	大连重工	0.002127714
36	通裕重工	0.002986129	44	中材科技	0.002064377
37	长城电工	0.002895809	45	旷达科技	0.002014229
38	时代新材	0.002865729	46	福能股份	0.001963681
39	中闽能源	0.002685665	47	横店东磁	0.001870544
40	华仪电气	0.002568966	48	天晟新材	0.001687426

由表 4－20 计算结果可知，在 48 家新能源企业中，中来股份、海润光伏和正泰电器的综合绩效最好，分别位列综合排名的第 1、第 2 和第 3 位，而福能股份、横店东磁和天晟新材分别位列综合绩效排名的第 46、第 47 和第 48 位，但从具体得分发现，尽管排名相差较大，但分数并没有太大的差异，可初步说明 2015 年我国新能源企业整体绩效发展水平基本相当。

4.4.4　实证研究结果评价与分析

（1）绩效评价方法与指标权重分析。在评价方法的选择上，本书一改传统单一评价方法，而是将原本可以单独使用的两种方法——因子分析法和熵值法结合起来。按照因子分析法原理进行指标的筛选，将 12 个原始指标，经过严格的步骤层层筛选，最终精简为 5 个具有代表性的公因子，并对这 5 个公因子进行解释和命名，计算公因子得分，同时，本书引入基于信息论原理的熵值法，指标的信息熵值越大，则差异性系数就越小，计算出的权重也越小，对绩效评价结果的贡献就越小；反之，则对绩效评价结果的贡献就越大。

从上述实证分析及表 4 – 19 可知，所提取的 5 个公因子中，虽然各公因子的权重大小不同，但彼此差异并不大，说明所选取的 5 个公因子对企业绩效的评价结果影响力基本相当。其中公因子 X_2所占权重最高，高达 0.2687047800，公因子 X_5所占权重最低，为 0.0351152465，而公因子 X_1、X_3和 X_4所占比重分别为 0.2343479050、0.2525781270 和 0.2092539420，可以看出，最大值与最小值的差异为 0.233589534。

具体分析单个公因子的情况，公因子 X_2的熵值为 0.216676759，差异系数为 0.783323241，而权重为 0.2687047800，实证研究结论与理论分析一致，X_2的熵值最小，说明信息的无序程度最低，指标的变异程度较大，传出的信息比较多，因此赋予的权重就最大，说明公因子 X_2对绩效评价结果的贡献最大。而 X_2代表的是环保能力因子，也就是说环保能力对新能源企业来说最重要，这一结论与新能源企业实际相符，相较于传统能源企业，新能源企业最显著的特征就是可以创造环境效应价值，新能源企业只要发电就会有正向环境效应价值产出，而传统能源企业只要发电就会有负向环境污染的产生，这一正一负的对比便成为本书研究结论的有力支撑。

（2）环境效应价值评价结果分析。新能源企业具有资源节约和环境改良价值，本书首先按照等量代换的方法计算出单位发电量的煤炭资节约量和污染物减排量，再根据新能源企业的实际发电量数据初步测算出资源节约价值和环境改良价值，将这两种数量化的环境价值指标引入企业财务绩效评价指标体系当中。在因子分析法阶段，通过指标筛选，最终这两个指标被保留下来，并被命名为环保能力因子。

单独看公因子 X_2的排名情况发现，排名前五的新能源企业依次为：中来股份、海润光伏、正泰电器、向日葵和科华恒盛，它们的环保能力因子得分分别为：0.001521626、0.00150971、0.001509139、0.001435644 和 0.001393035，从以上数据可以看出前五名的因子得分相差甚微，说明在资源节约与环境改良方面各新能源企业所创造的环境价值不相上下，因此，对综合绩效评价结果的贡献作用也基本相当。排名后五位的中材科技、旷达科技、福能股份、横店东磁和天晟新材，它们得分分别为 0.000777371、0.000777018、0.000775712、0.000768239 和 0.000760813，彼此之间的差异也非常小，这与前五名的情况非常相似。

从指标权重的角度看，公因子 X_2 的熵值为 0.897632678，差异性系数为 0.102367322，权重为 0.0351152465，X_2 的熵值最小，说明信息的无序程度最低，指标的变异程度较大，传出的信息比较多，因此赋予的权重最大，说明公因子 X_2 对绩效评价结果的贡献最大。

综上所述，与传统能源相比，新能源具有资源节约和环境改良的环境效应价值，本书以发电量为纽带，测算出这两种环境效应价值，并将其货币化，考虑到这两个环境效应价值具有显著性，因此将其引入财务绩效评价指标体系当中，实证研究其对财务绩效的影响，研究结果显示：这两个环保能力因子在整个财务绩效当中所占比重最大，即对财务绩效的贡献价值最大，这与新能源企业的实际情况相符。

（3）综合绩效评价结果分析。本书以环境效应为切入视角，通过将因子分析法与熵值法相结合的方式，对选取的 48 家新能源企业 2015 年绩效进行研究，结果显示，综合绩效排名前十的企业依次为中来股份、海润光伏、正泰电器、向日葵、科华恒盛、吉鑫科技、金雷风电、天龙光电、综艺股份和金风科技，其综合得分依次为 0.011806799、0.007301797、0.006201557、0.006170705、0.005852819、0.005837417、0.005666899、0.005608533、0.005520611、

0.005326169。其中排名前五的企业不仅综合得分名列前茅，而且在环保能力因子 X_2、发展能力因子 X_3 和营运能力因子 X_5 评价中同样保持着领先地位，但值得注意的是，这五家企业在现金流量因子 X_1 和盈利能力因子 X_4 当中的表现并不理想，排名都是清一色倒数后五位。排名后十位的企业依次为中闽能源、华仪电气、京运通、鑫茂科技、大连重工、中材科技、旷达科技、福能股份、横店东磁和天晟新材，通过观察综合绩效表和各因子得分表发现，天晟新材虽然在总绩效评价中位列第 48 位，但是在现金流因子 X_1 和盈利能力因子 X_4 排名中却都位列第一，说明天晟新材的资金获取能力和价值创造能力在所有样本企业当中最强。

综上所述，各新能源企业应统筹兼顾，同时，各指标在整体绩效评价中所占比重对评价结果有重要作用，尤其是环保能力因子 X_2，指标权重越大，对结果的贡献就越大，反之则对结果贡献越小。所以，综合绩效评价结果表现良好的企业并非在其他各方面也表现良好，综合评价结果排序仅仅是新能源企业整体绩效水平的体现，如果从单个公因子角度来看，绩效有可能会落后于综合排名，甚至有可能低于行业平均水平。

单因子分析：现金流因子 X_1 熵值为 0.316833289，差异系数为 0.683166711，指标权重为 0.2343479050，现金流对综合绩效贡献率约为 23.43%。其中，天晟新材、横店东磁、福能股份、旷达科技和中材科技五家企业在现金流因子和盈利能力因子当中排名前五，而在环保能力、发展能力和营运能力因子中位列后五位，说明这五家企业现金获取能力较强，发展步调基本一致，也说明企业现金流和盈利能力之间存在紧密的联系，一荣俱荣，一损俱损。

环保能力因子 X_2 前面已作分析，此处不再赘述。

发展能力因子 X_3 熵值为 0.263688883，差异系数为 0.736311117，

指标权重为 0.2525781270。排名前五和排名后五的企业与环保能力和营运能力因子排名相同，说明这些企业在营运能力、环保能力与发展能力上水平相当，且这三者之间具有非常紧密的联系。

盈利能力因子 X_4 熵值为 0.389986751，差异系数为 0.610013249，指标权重为 0.2092539420。位列前五的有中来股份、海润光伏、正泰电器、向日葵和科华恒盛，说明这五家企业不仅偿债能力较强，盈利能力也不逊色。通过将后五位的天晟新材、横店东磁、福能股份、旷达科技和中材科技与 X_2 对比发现，这五家企业 2015 年排名情况在 X_2 当中十分相似，这说明企业的环保能力与盈利能力存在紧密联系，提醒企业在发展过程中不可偏颇，应树立全局意识，协调发展。

营运能力因子 X_5 熵值为 0.897632678，差异系数为 0.102367322，指标权重为 0.0351152465，对整个绩效的贡献率约为 3.51%，其中排名前五的企业依次为中来股份、海润光伏、正泰电器、向日葵和科华恒盛，这五家企业一改 X_1、X_4 排名倒数的情况，一举排到前五位，说明这五家企业的资源利用率普遍较高，管理者水平较高。

综上所述，我国新能源企业整体绩效表现良好，但内部存在严重不均衡现象，如有的企业综合绩效名列前茅，但单项指标排名却倒数，存在严重的发展失调现象，这对于企业的持续健康发展非常不利，应引起企业的高度重视。

第5章 新能源发电成本结构与水平变动规律

近年来，我国新能源产业发展速度不断得到提升，尤其是风力发电和光伏发电，装机量均居世界第一位，而且风力发电成本逐渐与传统火力发电具有可比性，光伏发电技术也逐渐成熟。在此背景下，需要对新能源发电产业具有更加科学的认识，把握成本变动规律，对于初期投资成本与经营期生产成本在全生命周期的联动作科学规划，来实现成本的有效控制，加强管理影响成本的因素，提高新能源发电的整体竞争力，提升新能源发电在我国电源结构中的占比。本章节将在理论分析的基础上，实证分析新能源发电在成本方面的特点。

5.1 新能源发电成本结构分析

5.1.1 初始投资成本结构分析

（1）火力发电成本结构。火力发电是我

国目前技术成熟的电力生产方式，它是电力生产的主力军。火电的原材料多为煤炭，通过机械设备实现化学能—热能—机械能—电能的转换。火力发电可以分为燃烧系统、热力系统、发电系统三大系统，燃烧系统包括输煤、制粉、锅炉与燃烧、风烟系统、灰渣系统等环节，热力系统包括蒸汽系统、给水系统、冷却水系统和补水系统，发电系统主要包括燃料供给系统、给水系统、蒸汽系统、冷却系统及电气系统等，其中电气系统包括汽轮发电机控制系统、厂用电控制系统、直接送出线路或升压变电站控制系统。据统计，火电决算中各部分投资包括设备购置费用、建筑工程费用、安装工程费用、建设期贷款利息费用及其他相关费用，各部分投资的费用占比分别为 48%、19%、16%、5% 及 12%。故在火电投资结构中，设备购置费用占比最高，设备价格的降低有利于降低在初始阶段的投资费用。火电的初始投资费用还与发电厂地区、装机容量、燃料类型等因素有关。

（2）新能源发电成本结构。风力发电是利用自然界的风能资源，借助风力发电机，将风能转化为机械能，进而转化为电能供人们使用。从初始投资、生产运营直至报废处理，不需要化石能源的参与。风力发电成本可以分为初始投资成本和生产成本。其中，初始投资成本是企业的前期投入，指在风力发电厂正式生产经营前需要投资的一次性成本，包括风电场开发成本、设备购买及安装成本、建设用地费用及建设工程费、并网费用等。风电场开发成本指风电场选址、设计及工程费用等，风力发电设备是指风力发电机组，该设备是将风能转化为电能的机械装置，包括风力发电机、叶片、齿轮箱、变流器、塔架等。设备安装成本是指将发电设备达到正常经营状态所需要的支出，包括基建成本、道路铺设费用、变压及输电费用及其他相关费用等。根据相关文献，风电场初始投资成本构成如表 5－1 所示，无论是我国还是美国，风机费用在整体初始投资费用中都占据绝对比例，在风机、安装费用及道路费上面我国费用水平稍高于美国①。典型陆上和海上风电项目初始投资成本构成如表 5 -2 所示，风机成本是初始投资成本结构中占比最大的部分，陆上风电风机成本占比能达到 64%—84%，相比之下海上风电风机成本仅为 30%—50%，成本构成因素比例差异较小。

表 5 -1　　风电场初始投资成本构成对比　　单位:%

	风机	安装费	塔架和基础费	并网连接费	道路费
中国	82	8	4	4	2
美国	75	7	11	6	1

表 5 -2　　陆上风电和海上风电项目成本构成对比　　单位:%

	风电机组	接网成本	建设成本	其他投资
陆上风电	64—84	9—14	4—10	4—10
海上风电	30—50	15—30	15—25	8—30

数据来源：国网能源研究院。

近年来我国风电单位投资额不断降低，并呈现出明显的区域水平差异。如表 5 -3 所示，我国南方地区和东北地区单位千瓦造价较高，西北地区风能资源丰富，且地形多为平原、戈壁、丘陵，建设条件较好，单位千瓦造价最低。据统计，不同区域风电单位千瓦造价近几年均呈现下降的趋势，2017 年我国风电单位千瓦数据受限于土地资源状况与建设条件，仍然保持在 8000 元/千瓦水平。

① 史丹. 新能源定价机制、补贴与成本研究. 北京：经济管理出版社，2015。

表 5－3　2013—2016 年不同地区风电单位千瓦造价[①]　单位：元/千瓦

地区	2013 年	2014 年	2015 年	2016 年	2017 年
华中	9064.3	9020.57	8311	8914	—
东北	8950.15	8925.66	8430	9033	—
南方	9541.27	9375.54	8529	8897	—
华东	9093.89	8861.98	8368	8553	—
华北	9048.63	8530.97	8419	8486	—
西北	8507.78	8138.18	8080	8377	—
平均	8943.83	8618.87	8356	8731	8000

数据来源：国网能源研究院数据整理，2016 年为概算数据。

太阳能光伏发电是利用光伏组件及系统等设备将自然界的太阳能资源最终转化为电能。光伏发电初始投资成本可以划分为设备及安装工程费用、建筑工程费用、施工辅助费用、电网接入费用、通信监控费用及其他费用等。其中设备主要包括光伏组件、逆变器、汇流箱等设备费用，此类费用在投资中比重较大。设备安装费用包括发电厂设备安装工程费用、升压变电站设备安装费用、控制保护设备安装费用、其他设备安装费等。如表 5－4 所示，目前设备及安装费用在初始投资中占据绝对地位，占比 80% 左右，其次为建筑费用，占比 10% 左右。

据国网能源研究院数据，2017 年我国光伏发电系统年平均投资成本约为 6.6 元/瓦。如表 5－5 所示，光伏发电投资结构中光伏组件成本与安装成本水平最高，并且预计到 2025 年会有大幅度的降低。随着光伏发电产业的逐渐发展，相关技术得到提升，

① 华中：湖南、湖北、河南、重庆、四川、江西；东北：黑龙江、吉林、辽宁；南方：广东、海南、广西、贵州、云南、西藏；华东：浙江、江苏、上海、安徽、福建、山东；华北：河北、内蒙古、山西、天津、北京；西北：陕西、甘肃、宁夏、新疆、青海。

表 5-4 2017 年全国典型光伏电站项目投资结构

成本项	比例	成本项	比例
光伏组件成本	47%	安装成本	15%
支架成本	5%	通信、监控及其他设备成本	2%
一次性土地成本	5%	电缆成本	3%
电网接入成本	5%	逆变器成本	4%
前期开发成本	8%	汇流箱等主要电器设备成本	6%

数据来源：国网能源研究院。

带来光伏组件技术的不断进步，将会极大降低光伏发电系统支出，降低发电前期投入，进而降低初始投资水平。

表 5-5 我国大型地面光伏发电项目投资水平预测 单位：元/瓦

成本项目	2016 年	2017 年	2018 年	2020 年	2022 年	2025 年
前期开发成本	0.6	0.5	0.4	0.3	0.25	0.2
电网接入成本	0.5	0.35	0.32	0.3	0.28	0.27
一次性土地成本	0.3	0.31	0.32	0.34	0.34	0.34
光伏组件成本	3.3	3.1	2.6	2.2	2	1.8
支架成本	0.35	0.34	0.32	0.3	0.28	0.25
逆变器成本	0.3	0.24	0.2	0.18	0.16	0.15
汇流箱等主要电气设备成本	0.5	0.43	0.42	0.4	0.39	0.38
电缆成本	0.3	0.23	0.22	0.2	0.19	0.18
通信、监控及其他设备成本	0.15	0.15	0.15	0.14	0.14	0.1
安装成本	1	0.98	0.9	0.8	0.7	0.7

数据来源：国网能源研究院。

因此，新能源发电初始投资环节，设备购置及安装费用在成本结构中所占比重最高，对新能源发电成本有很大影响，风力发电设备以风机为主，光伏发电设备以光伏组件为主。而且初始投资成本水平受地质条件、土地占用费用、交通等因素影响，具有地域上的差异，呈现出逐年下降的趋势。

5.1.2　生产成本结构分析

(1) 火力发电成本结构分析。火力发电企业生产成本指企业在电力生产运营过程中发生的费用，成本核算对象是电力生产成本，主要包括燃料成本、折旧成本、资金利用成本、维修费用、材料费用、职工薪酬及其他相关费用。据统计，燃料费用在成本结构中占据比重较大，是火力发电主要成本项目，并且直接影响发电量，燃料价格的高走将会带来成本的增加，也会增加企业的环境净化支出。其次是折旧费、维修费等费用。

火电成本结构图如图 5－1 所示。如果成本不随发电量的变动而变动，那么该成本属于固定成本；如果成本随发电量的变动而变动，那么该成本属于变动成本。火力发电变动成本包括燃料费用、环境保护费和购入电力费用等，固定成本包括折旧费用、材料与人工费、维修费等。燃料费是指发电企业用于电力生产所耗费的各种燃料成本，通常包括煤和石油等。环境保护费指由于发电带来的环境问题企业需要支付的治理和恢复费用。材料费用

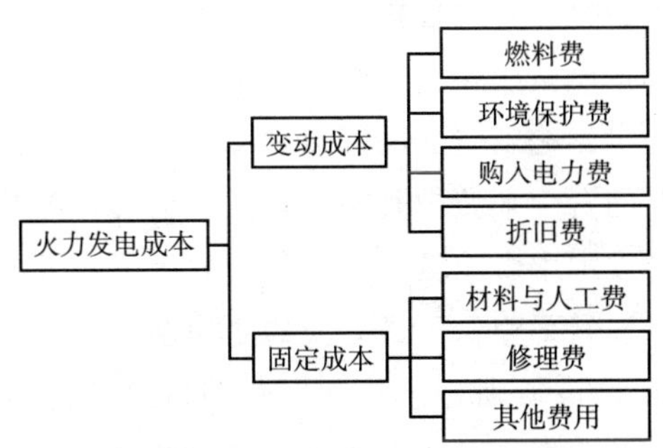

图 5－1　火力发电成本结构图

指企业发电过程中耗用的材料支出。折旧费用指期间内计入生产成本的固定资产的折旧费，这与初始投资成本中设备购置及安装费用密切相关。修理费用指企业运营期间对于固定资产等设备的运维费用，包括对发电设备、公共系统及辅助设施的维修费用。不同企业成本核算项目存在差别，但核算范围基本一致。

燃料费用在成本结构中所占比重高，又能直接影响经营利润，故在生产成本控制环节燃料费用是火力发电企业成本管理的重点，需要针对不同的成本项目采取相应的措施进行成本控制。火力发电企业应根据企业具体情况制定合理的目标成本，建立动态成本监督体系，确保成本控制的有效性。同时应与行业进行对标管理，积极提升技术，加强对燃料成本的管理，升级改造发电机组，降低发电煤耗和污染排放，从而达到降低燃料费用和生产成本的目的。

（2）新能源发电成本结构分析。新能源发电企业的生产成本是在日常发电运营过程中所产生的成本，它直接关系到企业的经营利润与经营状况，在日常成本管理中需要加强控制。风力发电的生产成本指在风电场运营过程中产生的费用，它包括设备的折旧与摊销费用、运营与维护费用、资金利息费用等。由于初始投资金额较多，且为一次性投资，直接影响到企业经营过程中的成本分摊，故折旧费用在企业生产成本中占据比重较高。另外前期一次性投资也影响了企业的资金利用方式，融资方式带来的资金投入在企业的资金来源中利用率较高，融资费用及利率等在风电企业的生产成本中影响较大。而每天的运营与维护支出占据比重相对较小且发展平稳，不具有大的变动性。风力发电与火电成本构成对比如表 5 – 6 所示，本书写作前曾对新能源发电公司进行实地调研，据分析，风电企业生产成本结构中，折旧费用所占比重最大，且成本结构中不包含燃料成本，清洁可再生优势突出。相比之下传统火电方式燃料成本占比最高，折旧费用占比较小，需要关注其环境成本控制。不同电力生产方式之间成本结构具有显著的差异。

表 5-6　风电与火电成本结构对比

风电成本构成		风电调研公司数据		火电成本构成	
项目	比重（%）	项目	比重（%）	项目	比重（%）
折旧费用	56	折旧费用	53.37	折旧费用	24
燃料费用	0	其他费用	9.56	燃料费用	51
维修费用	34	维修费用	12.84	维修费用	14
工资及福利	1	工资及福利	2.71	工资及福利	1
利息费用	9	利息费用	21.52	利息费用	10

数据来源：调研数据取自公司可行性研究报告，其他数据取自年鉴。

折旧费用在新能源发电度电成本结构中比重最高，直接影响经营利润，故在生产成本控制环节折旧费用是新能源发电企业成本管理的重点，需要针对不同的成本项目采取相应的措施进行成本控制。新能源发电企业应不断对发电企业的各成本因素进行结构优化，最终实现整个企业成本控制的稳定及优化，并建立动态成本监督体系，达到控制和降低企业成本的目的。

5.2　新能源发电成本水平分析

5.2.1　新能源发电成本测量方式分析

对于新能源发电成本的测量，国际上多采用 LCOE 方法，即平准化成本，它可以评价不同区域、不同规模、不同投资额、不同技术的发电成本。LCOE 方法的原理是求取成本净现值和产出的经济时间价值之间的比值，如式（5-1）所示：

$$C = \sum_{t}[(I_t + M_t + O_t)(1 + r)^{-t} / \sum_{t}[(P_t(1 + r)^{-t}] \quad (5-1)$$

假设每年的运营与维护费用相同，则公式可简化为式（5-2）：

$$C = I \times CFR + M + O/P$$

$$CFR = (1+r)^n \times r / (1+r)^n - 1 \quad (5-2)$$

其中，C 为风电每年的度电成本，I 为风力发电厂总投资额，M 为每一年的发电厂维护费用，O 为每一年的发电厂运营费用，P 为年风电发电量，CFR 为资本回收因子。

度电成本是将风电发电总成本根据发电量进行除数平均的成本表达，能够对总成本造成影响的因素及发电量都能带来度电成本的变动。风力发电度电成本测算公式构成如图 5-2 所示。总成本中可以分为年投资费用和年运维费用，而发电项目期限、发电站建设条件、资本成本率以及设备价格都将对投资费用产生影

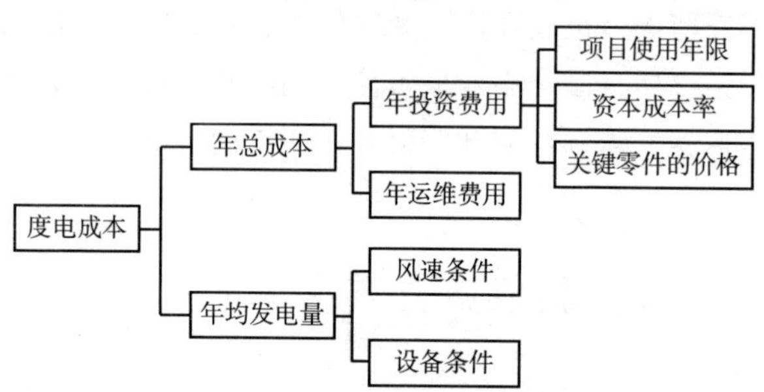

图 5-2 风力发电度电成本计算构成[①]

① Krohn, Soren. European Wind Energy Association. The Economics of Wind Energy, 2009 (3)。

响。发电量受到发电站资源储量状况、发电设备型号等影响。本书将通过对比分析的研究方法，以电力企业成本和发电量为研究对象，以时间序列分析的方式讨论不同电力生产方式的度电成本。

5.2.2　新能源发电成本水平测算分析

根据以上分析，本书将通过新能源发电度电成本与传统火电、水电度电成本进行对比，来研究新能源发电成本水平。考虑到不同区域发电企业政策存在不同的可能性，本书在度电成本的计算过程中作出以下设定：发电企业成本选择为年报数据中的主营业务成本；发电成本仅包括电力生产过程发生的成本，不包括电力生产之外的费用；新能源发电产业享有价格补贴等政策扶持。

(1) 样本获取与数据来源。本书以风力发电、光伏发电、核电企业为研究样本，选择2012—2017年发电企业成本和发电量数据为研究对象，对比火电和新能源发电成本水平，分别对新能源发电产业成本进行分析。在选择数据的过程中，分别对以上数据进行了筛选：(1) 去掉年度数据信息不完整的企业，选择成本金额、发电量信息具有连续性的企业；(2) 去掉财务状况或经营状况出现异常的企业。

书中2012—2015年成本和发电量数据来源于Wind数据库和国家统计局，新能源发电企业年报数据从巨潮资讯网获取。由于Wind数据库信息更新到2015年10月，故2015年成本和发电量数据为截至10月的水平。在新能源企业选择方面，本书选择了巨潮资讯网数据库国证行业分类板块，其中电力公用事业板块共68家上市公司，经营新能源发电业务、信息完整的发电企业有21家，又从申万行业分类中新能源发电板块补充经营新能源发电业务、信息完整的企业 1 家。随着新能源发电产业的不断发展，对于发电企业成本数据的重视日益增加，从 2015 年起新能源发电企业年报中反映了不同电力生产方式的成本分析情况，故目前选取了 22 家新能源发电企业为样本，分析 2014—2017 年度新能源风力发电和光伏发电产业生产成本的平均水平。选取的经营新能源发电业务的企业信息如表 5-7 所示。

表 5-7　新能源发电企业信息

序号	企业	股票代码	序号	企业	股票代码	序号	企业	股票代码	序号	企业	股票代码
1	华能国际	600011	7	大唐发电	601991	13	华银电力	600744	19	太阳能	000591
2	嘉泽新能	601619	8	华电国际	600027	14	吉电股份	000875	20	天富能源	600509
3	中闽能源	600163	9	桂冠电力	600236	15	湖北能源	000883	21	易世达	300125
4	国电电力	600795	10	中国核电	601985	16	申能股份	600642	22	西昌电力	600505
5	国投电力	600886	11	金山股份	600396	17	广州发展	600098			
6	节能风电	601016	12	福能股份	600483	18	华能水电	600025			

（2）数据处理与分析。本书对收集的不同电力生产方式的成本与发电量数据处理如表 5-8、表 5-9 和表 5-10 所示。

表 5-8　不同电力生产方式 2012—2015 年成本分析

时间	风力发电		
	销售成本（万元）	发电量（亿千瓦·时）	度电成本（元/千瓦·时）
2012 年	2937508	909.6	0.323
2013 年	3897707	1213.3	0.321
2014 年	4533182	1367.2	0.332
2015 年	4111087	1321.4	0.311

续表

时间	核电		
	销售成本（万元）	发电量（亿千瓦·时）	度电成本（元/千瓦·时）
2012 年	2021125.7	973.9501	0.21
2013 年	2302214.2	1106.34	0.21
2014 年	2556398.3	1325.38	0.19
2015 年	2491512.4	1404.5563	0.18
时间	水电		
	销售成本（万元）	发电量（亿千瓦·时）	度电成本（元/千瓦·时）
2012 年	12604798.3	8721.07	0.14
2013 年	13009981	9202.91	0.14
2014 年	14654090.9	10643.4	0.14
2015 年	12539124.2	8474.3844	0.15
时间	火电		
	销售成本（万元）	发电量（亿千瓦·时）	度电成本（元/千瓦·时）
2012 年	117142557	37867	0.31
2013 年	113617426	42152.5	0.27
2014 年	109084275	42049.3	0.26
2015 年	79931636	34661.7	0.23

表 5-9　　风电企业年报数据分析

企业		2017 年	2016 年	2015 年	2014 年
华能国际	成本（亿元）	16.77	9.24	7.2	4.99
	发电量（亿千瓦·时）	75.93	38.68	28.26	19.4
	度电成本（元/千瓦·时）	0.22	0.24	0.25	0.26

续表

企业		2017 年	2016 年	2015 年	2014 年
国电电力	成本（亿元）	17.9	15.97	13.59	11.26
	发电量（亿千瓦·时）	112.602517	88.964192	72.274762	63.83
	度电成本（元/千瓦·时）	0.16	0.18	0.19	0.18
大唐发电	成本（亿元）	8.2	7.36	6.92	6.41
	发电量（亿千瓦·时）	47.7821	38.9436	33.2616	33.0206
	度电成本（元/千瓦·时）	0.17	0.19	0.21	0.19
节能风电	成本（万元）	141233.96	120206.09	118334.66	100860.99
	发电量（万千瓦·时）	487953	365200	321441	269852
	度电成本（元/千瓦·时）	0.29	0.33	0.37	0.37
中闽能源	成本（万元）	32636.75	26969.04	14072.26	18827.31
	发电量（万千瓦·时）	99735.49	80329.77	78905	71560
	度电成本（元/千瓦·时）	0.33	0.34	0.18	0.26
国投电力	成本（亿元）	3.09	2.49	2.19	2.08
	发电量（亿千瓦·时）	15.236958	8.881146	7.62114	9.258792
	度电成本（元/千瓦·时）	0.20	0.28	0.29	0.22
华电国际	成本（亿元）	11.95864	10.94611	8.87228	5.74729
	发电量（亿千瓦·时）	58.06	50.11	37.45	23.93
	度电成本（元/千瓦·时）	0.21	0.22	0.24	0.24
桂冠电力	成本（亿元）	1.34	1.353568	1.242751	1.22
	发电量（亿千瓦·时）	4.9	4.48	3.86	3.73
	度电成本（元/千瓦·时）	0.27	0.30	0.32	0.33

续表

企业		2017 年	2016 年	2015 年	2014 年
中国核电	成本（亿元）	0. 11	0. 07	0. 07	0. 09
	发电量（亿千瓦·时）	0. 3705	0. 332482	0. 3	0. 35
	度电成本（元/千瓦·时）	0. 3	0. 21	0. 23	0. 26
金山股份	成本（亿元）	0. 52	0. 4184	0. 46	0. 43
	发电量（亿千瓦·时）	1. 5638	1. 3776	1. 2314	1. 0641
	度电成本（元/千瓦·时）	0. 33	0. 3	0. 37	0. 4
福能股份	成本（亿元）	3. 09	2. 85	2. 35	2. 03
	发电量（亿千瓦·时）	18. 838025	15. 445318	13. 589973	11. 615502
	度电成本（元/千瓦·时）	0. 16	0. 18	0. 17	0. 17
华银电力	成本（万元）	13027	10125	8590	7809
	发电量（万千瓦·时）	54406	35843. 54	34387. 04	27694. 58
	度电成本（元/千瓦·时）	0. 24	0. 28	0. 25	0. 28
吉电股份	成本（亿元）	5. 616544339	4. 56867986	3. 923266694	3. 778912245
	发电量（亿千瓦·时）	19. 99	15. 23	12. 27	10. 72
	度电成本（元/千瓦·时）	0. 28	0. 30	0. 32	0. 35
湖北能源	成本（亿元）	2. 110426924	1. 336007215	0. 744576957	0. 551914369
	发电量（亿千瓦·时）	9. 63	5. 8	2. 83	2. 01
	度电成本（元/千瓦·时）	0. 22	0. 23	0. 26	0. 27
申能股份	成本（亿元）	2. 13	1. 62	1. 06	—
	发电量（亿千瓦·时）	8. 154932	5. 19103	3. 6829	—
	度电成本（元/千瓦·时）	0. 26	0. 31	0. 29	—

续表

企业		2017 年	2016 年	2015 年	2014 年
嘉泽新能	成本（亿元）	3.45	2.7	—	—
	发电量（亿千瓦·时）	17.1602	14.0205	—	—
	度电成本（元/千瓦·时）	0.20	0.19	—	—
广州发展	成本（亿元）	0.16	0.09	—	—
	发电量（亿千瓦·时）	0.881543	0.926523	—	—
	度电成本（元/千瓦·时）	0.18	0.10	—	—
华能水电	成本（万元）	7350.84	6173.27	—	—
	发电量（万千瓦·时）	36914	33473.82	—	—
	度电成本（元/千瓦·时）	0.20	0.18	—	—

表 5-10　　光伏发电企业年报数据分析

企业		2017 年	2016 年	2015 年	2014 年
国电电力	成本（亿元）	1.6	1.66	1.62	1.36
	发电量（亿千瓦·时）	3.14406	2.950127	3.010021	3.38
	度电成本（元/千瓦·时）	0.51	0.56	0.54	0.40
大唐发电	成本（亿元）	1.24	1.16	0.93	0.74
	发电量（亿千瓦·时）	5.0372	4.3297	3.2612	2.6352
	度电成本（元/千瓦·时）	0.25	0.27	0.29	0.28
国投电力	成本（亿元）	1.04	0.84	7.99	8.06
	发电量（亿千瓦·时）	2.295948	1.743962	1.706527	1.71596
	度电成本（元/千瓦·时）	0.45	0.48	4.68	4.70

续表

企业		2017 年	2016 年	2015 年	2014 年
华电国际	成本（亿元）	0. 80092	0. 51842	0. 07426	0. 08519
	发电量（亿千瓦·时）	3. 45	1. 79	0. 46	0. 16
	度电成本（元/千瓦·时）	0. 23	0. 29	0. 16	0. 53
吉电股份	成本（亿元）	3. 375588696	1. 594349594	0. 796065054	0. 48407726
	发电量（亿千瓦·时）	9. 1	4. 15	1. 89	1. 09
	度电成本（元/千瓦·时）	0. 37	0. 38	0. 42	0. 44
湖北能源	成本（亿元）	0. 641023076	0. 289721328	0. 023952993	0. 012452298
	发电量（亿千瓦·时）	2. 1	1. 23	0. 03	0. 03
	度电成本（元/千瓦·时）	0. 31	0. 24	0. 80	0. 42
太阳能	成本（万元）	95107. 13337	67531. 88247	53600. 99716	36520. 40414
	发电量（万千瓦·时）	311297. 47	207957. 24	164056. 01	114071. 82
	度电成本（元/千瓦·时）	0. 31	0. 32	0. 33	0. 32
天富能源	成本（亿元）	16. 03	11. 44	11. 56	7. 15
	发电量（亿千瓦·时）	101. 6057	84. 2339	52. 1891	35. 8906
	度电成本（元/千瓦·时）	0. 16	0. 14	0. 22	0. 20
广州发展	成本（亿元）	0. 2	0. 05	0. 026	0. 004
	发电量（亿千瓦·时）	0. 697512	0. 189255	0. 09578	0. 02526
	度电成本（元/千瓦·时）	0. 29	0. 26	0. 27	0. 16
华能国际	成本（亿元）	1. 01	0. 16	0. 05	—
	发电量（亿千瓦·时）	5. 53	0. 69	0. 083	—
	度电成本（元/千瓦·时）	0. 18	0. 23	0. 60	—

续表

企业		2017 年	2016 年	2015 年	2014 年
中国核电	成本（亿元）	0. 03	0. 01	0. 003	—
	发电量（亿千瓦・时）	0. 152684	0. 069114	0. 02	—
	度电成本（元/千瓦・时）	0. 20	0. 14	0. 15	—
申能股份	成本（亿元）	0. 14	0. 15	0. 18	—
	发电量（亿千瓦・时）	0. 039169	0. 037019	0. 036247	—
	度电成本（元/千瓦・时）	3. 57	4. 05	4. 97	—
易世达	成本（万元）	2885. 77789	2941. 608381	3107. 956741	—
	发电量（万千瓦・时）	6621. 59	6295	7520. 04	—
	度电成本（元/千瓦・时）	0. 44	0. 47	0. 41	—
中闽能源	成本（万元）	967. 251137	634. 96	—	—
	发电量（万千瓦・时）	2712. 93	2133. 37	—	—
	度电成本（元/千瓦・时）	0. 36	0. 30	—	—
嘉泽新能	成本（亿元）	0. 29	0. 29	—	—
	发电量（亿千瓦・时）	0. 7868	0. 7968	—	—
	度电成本（元/千瓦・时）	0. 37	0. 36	—	—
华能水电	成本（万元）	4004. 69	2960. 01	—	—
	发电量（亿千瓦・时）	12797. 23	7850. 86	—	—
	度电成本（元/千瓦・时）	0. 31	0. 38	—	—
西昌电力	成本（万元）	2316. 734837	2440. 43	—	—
	发电量（亿千瓦・时）	6194. 1	6161. 2	—	—
	度电成本（元/千瓦・时）	0. 37	0. 40	—	—

续表

企业		2017 年	2016 年	2015 年	2014 年
福能股份	成本（亿元）	0.06	—	—	—
	发电量（亿千瓦·时）	0.172897	—	—	—
	度电成本（元/千瓦·时）	0.35	—	—	—

新能源发电企业成本水平可通过式（5－3）计算得出，汇总后度电成本数据如表 5－11 所示。

$$平均度电成本 = \frac{年销售成本}{年发电量} \quad (5-3)$$

表 5－11　　新能源发电度电成本汇总　　单位：元/千瓦·时

	2017 年	2016 年	2015 年	2014 年	2013 年	2012 年
风力发电	0.23	0.25	0.311	0.332	0.321	0.323
光伏发电	0.5	0.6	1.06	0.83	—	—
核电	—	—	0.18	0.19	0.21	0.21

由表 5－8、表 5－9 可知，与传统火电和发展较早的可再生能源水力发电相比，风力发电成本水平保持在 0.3 元/千瓦·时左右，明显高于其他电力生产方式，结合 18 家发电企业的成本数据可以看出，我国风力发电成本正在保持不断下降的发展趋势，并且逐渐具备与传统火电竞争的优势，正在由补充能源向替代能源转变。另外，经营风力发电业务的企业在成本和发电量规模上存在着很大的水平差异，这表明我国风力发电企业间存在着发展规模和成本水平之间的差异。据彭博新能源财经（BNEF）数据知，2017 年我国陆上风电项目度电成本为 0.364—0.575 元/千瓦·时，平均度电成本水平为 0.478 元/千瓦·时，同比 2016 年下降了 0.02 元/千瓦·时。风力发电技术进步带来风机等因素

成本的下降，将直接带动度电成本水平的下降。预计到2030年，我国陆上风力发电成本将下降到0.036—0.045美元/千瓦·时，折合人民币为0.24—0.3元/千瓦·时。我国风力发电产业正在成长为与传统火电具有竞争能力的电力生产方式。

由表5-8、表5-10可知，与传统火电和发展较早的可再生能源水力发电相比，光伏发电产业发展较晚，成本水平约为0.5元/千瓦·时，高于其他电力生产方式，结合18家发电企业的成本数据可以看出，随着发电时期的增长，我国光伏发电成本正在不断下降。另外，经营光伏发电业务的企业在成本和发电量规模上存在着水平差异，这表明我国光伏发电企业间存在着发展规模和成本水平之间的差异。据彭博新能源财经数据知，2017年我国光伏电站度电成本为0.444—0.719元/千瓦·时，平均度电成本水平为0.52元/千瓦·时，同比2016年下降了0.157元/千瓦·时。预计2018年我国光伏发电系统投资成本将会下降至6元/瓦以下，2020年可下降至5.2元/瓦[①]。预计2030年我国光伏发电度电成本将会降至0.033—0.05美元/千瓦·时，折合人民币0.22—0.33元/千瓦·时。

5.2.3 结果讨论

通过上述测算结果可知，新能源发电与其他电力生产方式相比，成本呈现出逐渐下降的趋势，且有较大的下降潜力，但目前成本水平较高，尤其是光伏发电，度电成本仍高于燃煤标杆电价，并且不同发电企业间存在规模及成本水平差异。随着技术进步和传统能源发电形式的逐渐饱和，我国新能源发电成

① 数据来源：能源基金会、清华大学能源互联网创新研究院，《2035年全民光伏发展研究报告》。

本水平具有很大的降幅空间，正在逐步具备与传统发电方式竞争的能力。

5.3　新能源发电成本影响因素分析

根据中国气象局资源评估数据，我国陆上技术可开发风电资源为 26.8 亿千瓦，如果考虑实际土地利用面积等因素预计可开发其中的 30%，大约为 8 亿千瓦。我国风能资源区根据资源储量等因素划分为四个区域，主要分布在东北、华北、西北及东部沿海地区，东部发达地区电力需求量较大，而西北等风能丰富地区却远离电力负荷中心，逐渐成熟的海上风力发电技术还未成熟，成本也高于陆上风电成本。光伏发电与地区的太阳能储量有关，我国拥有丰富的太阳能资源，全年太阳能辐射量约为 1050—2450 千瓦·时/平方米·年均。根据资源分布等因素划分为四个区域，年平均日太阳辐射量 180 瓦/平方米特征线自内蒙古中部沿青藏高原东侧向西南至云南中部，将全国分为两个部分，其西北日太阳辐射量在 180 瓦/平方米以上，东南日太阳辐射量在 180 瓦/平方米以下，呈现出从西北到东南逐级递减的特征①，主要分布在西藏、青海、新疆、山西及陕西北部地区等。我国新能源资源具有地区的分散性和时间的不稳定性。

我国经济发展区域特征和新能源储量区域特征给新能源开发提出了更高要求，也形成了装机容量的区域分布特征。我国风电及光伏发电装机容量区域分布如表 5－12 所示。装机容量既能反映区域产能状况，也能体现出投资水平。我国“三北”及东中

① 数据来源：可再生能源丛书（太阳能卷），中国电力出版社，2008 年。

部地区新能源资源丰富，尤其是新疆、宁夏、甘肃、云南、山东、内蒙古、河北等省区。通过前文分析可知初始投资在新能源发电生产成本中所占比重较大，西北地区新能源资源丰富，地形建设条件较好，土地成本等因素费用较低，单位产能初始投资成本较低。

表 5－12　　分省区市风电和光伏发电装机容量　　单位：万千瓦

	北京	天津	河北	山西	内蒙古	辽宁	吉林	黑龙江
风电装机容量（2017 年）	19	29	1181	872	2670	711	505	570
光伏装机容量（2016 年）	24	60	443	297	637	52	56	17
	上海	江苏	浙江	安徽	福建	江西	山东	河南
风电装机容量（2017 年）	71	656	133	217	252	169	1061	233
光伏装机容量（2016 年）	35	546	338	345	27	228	455	284
	湖北	湖南	广东	广西	海南	重庆	四川	贵州
风电装机容量（2017 年）	253	263	335	150	773	33	210	369
光伏装机容量（2016 年）	187	30	156	18	34	1	96	46
	云南	西藏	陕西	甘肃	青海	宁夏	新疆	
风电装机容量（2017 年）	819	1	363	1282	162	942	1806	
光伏装机容量（2016 年）	208	33	334	686	682	526	862	

我国风能及太阳能等新能源储量丰富，但在不同地区及不同时间段储量有差异，导致在发电量因素中产生季节与区域之间的差异，这也是新能源发电波动性特征的原因。如表 5－13 所示，

我国风电发电量存在季度间的差异，度电成本与发电量存在负相关关系，发电量较多，成本就会降下来。风力发电一年之内由于发电量之间的差异导致季度成本之间存在着差异。其中第三季度成本相比于其他季度来说明显较高。故在产能完善的情况下，提升发电量，降低“弃风率”和“弃光率”，减少发电量损失，有利于发电成本的降低。

表 5－13　　风力发电季度成本对比

	第一季度			第二季度		
	营业成本（亿元）	发电量（亿千瓦·时）	度电成本（元/千瓦·时）	营业成本（亿元）	发电量（亿千瓦·时）	度电成本（元/千瓦·时）
2012 年	60.99	226.00	0.27	68.67	278.00	0.25
2013 年	74.95	335.69	0.22	98.94	366.31	0.27
2014 年	92.06	372.00	0.25	113.21	413.00	0.27
2015 年	102.38	463.82	0.22	123.85	526.51	0.24
	第三季度			第四季度		
	营业成本（亿元）	发电量（亿千瓦·时）	度电成本（元/千瓦·时）	营业成本（亿元）	发电量（亿千瓦·时）	度电成本（元/千瓦·时）
2012 年	74.43	202.18	0.37	89.67	324.32	0.28
2013 年	105.53	291.00	0.36	110.35	408.08	0.27
2014 年	119.00	296.51	0.40	129.05	517.52	0.25
2015 年	135.73	344.87	0.39	—	—	—

技术进步对新能源成本的作用可以通过设备技术更新来反映。我国新能源发电初始投资成本中发电设备购置及安装费用占较大比例。风力发电设备主要是风机等设备，光伏发电主要是光伏组件等设备。据统计，在 20 世纪 80 年代，全球风电最大单机容量仅为 75 千瓦，轮毂高度为 20 米；发展到了 90 年代，风机单机容量扩大到了 300—750 千瓦，轮毂高度增加到了 30—60

米；发展到了今天，全球陆上风电平均功率达到2500千瓦，平均轮毂高度达到118米。风机容量、风机轮毂高度、风机输出功率、叶片扫风面积等都会影响发电量。GE研究数据显示，预计到2025年，风电技术在风叶长度、重量及一体化传动链等方面的进步可以使风电度电成本下降0.05—0.067元/千瓦·时，微观选址及优化设计风机选型可以使风电度电成本下降0.031—0.07元/千瓦·时。硅原料成本下降、组件系统成本下降等都可以带来光伏组件成本的下降，而光伏组件成本的下降也将带来光伏发电度电成本的下降。随着技术更新及进步，设备购置费用将会不断下降，发电效率却会随着技术发展而获得提升，带来发电量的增长，从而实现度电成本的不断下降。

新能源发电成本下降不仅与技术成本有关，也离不开非技术成本的影响，包括地质条件、土地占用费用和相关税费等。电场开发过程中不同地区地质和交通条件不同，就带来了开发成本之间的差异。而且规模效应也会影响成本水平，规模效应较弱的分散性风电项目造价就会高于大型风电场。另外用地成本之间存在差异，我国东部地区土地资源更显紧张，风电用地指标获取难度较大，成本相对较高。

5.4 新能源发电成本变动规律分析

5.4.1 学习曲线模型的构建

学习曲线的假设条件如下：（1）当完成给定任务或生产完毕产品，再一次进行该任务时工作时间将减少；（2）单位产品完成时间下降的速度递减；（3）单位产品完成时间的减少可以预测。

学习曲线的基本模型如式（5－4）所示：

$$Y = AX^{-\beta} \tag{5-4}$$

其中，Y 指单位成本，A 指生产第一个产品时的单位成本，X 指累计生产量，β 指学习系数，$0<\beta<1$。

随着生产数量的倍增，单位成本将会按比例降低，此比例称为技术进步率，用 PR 表示；学习率反映的是累计产量翻一番时单位成本下降的百分比，用 LR 表示，如式（5－5）所示。

$$PR = \frac{Y_2}{Y_1} = \frac{AX_1^{-\beta}}{A\ (2X_1)^{-\beta}} = 2^{-\beta}$$

$$LR = 1 - 2^{-\beta} \tag{5-5}$$

随着新能源发电规模化的发展，发电成本已经有了明显的下降趋势，发电装机容量随时间递增，度电成本随时间递减。据国际能源署报告，1980 年风力发电成本大约为每度电 80 美分，1991 年大约为每度电 10 美分，发展到今天每度电成本已经降低至 6—9 美分。因此新能源发电成本可以通过学习曲线来描述其成本未来变动规律。在新能源发电产业中，学习曲线描述的是随着生产规模的扩大和技术的进步等因素带来的发电成本不断降低的现象。而非技术成本也逐渐成为我国新能源发电成本下降的重要因素。我们以风力发电产业为例，根据以上公式建立新能源发电度电成本与成本影响因素之间的学习曲线模型。单因素分析中，本书选取度电成本作为因变量，选取装机容量作为自变量；双因素分析中，风电产业选取装机容量和国内权威机构认证机型数量作为自变量。分析模型如式（5－6）所示。

$$C = C_1Q^{-\beta}$$

$$C = C_1Q^{-\beta}T^{-\alpha} \tag{5-6}$$

其中，C 指度电成本；C_1 指累计装机容量为 1 单位时的风力发电成本；Q 指风电累计装机容量；T 指风电国内权威认证机型数量；α 和 β 分别为对应的学习率。

5.4.2 数据收集

本书采用历史数据对风电产业学习曲线进行单因素及多因素的回归分析，分别对 2009—2017 年风电度电成本、风电累计装机容量、风电认证机型数等数据进行收集。初步数据如表 5－14 所示，风电度电成本取自本书测算出的成本数据，风电累计装机容量取自 Wind 数据库数据，风电认证机型数取自北极星电力网数据。本书根据回归分析方法求出学习系数，并据此建立风力发电产业的学习曲线。本书此章节数据处理采用 SPSS 软件。

表 5－14　2009—2017 年新能源发电基础数据①

年份	风电度电成本 C（元/千瓦·时）	风电装机容量 Q（万千瓦）	风电认证机型数 T
2009	0.524	2580.53	21
2010	0.511	4473.33	45
2011	0.499	6236.42	73
2012	0.323	7532.42	103
2013	0.321	9141.30	134
2014	0.332	11460.90	157
2015	0.311	14536.20	208
2016	0.25	16873.20	299
2017	0.23	18839.20	386

① 宋栋，何永秀．基于双因素学习曲线的风力发电成本研究［J］．东北电力技术，2017，38（09）：1－3。

5.4.3 回归分析

首先，基于 2009—2017 年时间序列数据，分析风电成本变化，从而计算出学习率；其次，以 2017 年为基点，分别设定自变量不同的增长率来估算未来的发展状况，从而预测未来成本的变化趋势。

（1）单因素学习曲线分析。

首先进行风电度电成本与装机容量之间的单因素回归分析，对式（5－6）两边分别取对数，得式（5－7），并对成本与发电量数据进行处理，代换结果如表 5－15 所示。

$$\lg C = \lg C_1 - \beta \lg Q \quad (5-7)$$

表 5－15 我国风电学习曲线相关数据

年份	C	Q	lgC	lgQ
2009	0.524	2580.53	－0.28	3.41
2010	0.511	4473.33	－0.29	3.65
2011	0.499	6236.42	－0.3	3.79
2012	0.323	7532.42	－0.49	3.88
2013	0.321	9141.3	－0.49	3.96
2014	0.332	11460.9	－0.48	4.06
2015	0.311	14536.2	－0.51	4.16
2016	0.25	16873.2	－0.6	4.23
2017	0.23	18839.2	－0.64	4.28

利用 SPSS 软件对上述数据进行描述性分析。如表 5－16 所示，风力发电产业九年来度电成本在 0.23—0.5242 元/千瓦·时区间变动，呈现出不断下降的趋势，均值为 0.36 元/千瓦·时。装机容量发展速度较快，极大值与极小值之间相差 16258.67 万

千瓦，平均装机容量达到10185.94万千瓦。

表5-16 描述性分析表

	N	极小值	极大值	均值	标准差
C	9	0.23	0.524	0.36678	0.113842
Q	9	2580.53	18839.2	10185.9444	5638.66079
有效的N（列表状态）	9				

表5-17给出了评价模型的检验统计量。结果显示，R^2值达到0.844，调整后的R^2值为0.822，说明回归方程拟合效果较好。其他指标显示：在5%显著性水平下指标是平稳的，满足显著性条件，可以达到分析的效果，回归方程合理。

表5-17 回归方程显著性判断表

R	R^2	调整R^2	标准估计的误差	更改统计量					Durbin-Watson
				R^2更改	F更改	df_1	df_2	Sig. F更改	
0.919	0.844	0.822	0.05618	0.844	37.936	1	7	0	1.995

表5-18给出了方差分析的结果。结果显示，回归部分F值为37.936，相应的P值是0.000，小于显著水平0.05，因此可以判断由Q对C解释的部分较为显著。

表5-18 回归方程方差分析

	平方和	df	均方	F	Sig.
回归	0.12	1	0.12	37.936	0.000
残差	0.022	7	0.003		
总计	0.142	8			

根据表5-19信息可以得出风电产业的学习曲线。常数项和

自变量的系数显著性均满足要求，方程合理。计算出β值为0.43，常数项 lgC_1 值为1.24。因此学习曲线模型为式（5-8）。

$$C=17.38Q^{-0.43} \tag{5-8}$$

表5-19 回归模型系数及统计量

	非标准化系数		标准系数	t	Sig.
	B	标准误差	试用版		
（常量）	1.24	0.276		4.498	0.003
lgQ	-0.43	0.07	-0.919	-6.159	0

根据回归方程可以研究风力发电成本变化规律。累计装机容量Q的指数为-0.43，即装机容量的学习系数为0.43，则技术进步率为0.74，得出装机容量的学习率为0.26，说明当装机容量翻一番时度电成本下降的百分比为26%。根据已有的单因素风电学习曲线，可以预测未来五年的发电度电成本水平。2000—2017年风电产业装机容量及增长率如表5-20所示。

表5-20 2000—2017年风电产业装机容量及增长率

时间	装机容量（万千瓦）	增长率（%）	时间	装机容量（万千瓦）	增长率（%）
2000.12	33.95	—	2009-12	2580.53	1.15
2001.12	38.12	0.12	2010-12	4473.33	0.73
2002.12	44.76	0.17	2011-12	6236.42	0.39
2003.12	54.59	0.22	2012-12	7532.42	0.21
2004.12	74.26	0.36	2013-12	9141.30	0.21
2005.12	124.95	0.68	2014-12	11460.90	0.25
2006.12	253.71	1.03	2015-12	14536.20	0.27
2007.12	584.84	1.31	2016-12	16873.20	0.16
2008.12	1200.21	1.05	2017-12	18839.20	0.12

数据来源：Wind数据库。

根据表 5 - 20 可知，我国风电产业装机容量在发展初期增长速度较慢，但保持递增的增长率，2005 年之后迅速增长，2006—2009 年增长率均超过了 100%，2010 年之后增长速度有了明显的下降。近五年累计装机容量增长率 0.1—0.3，将累计装机容量的增长率分为低、中、高三个层次，并在此基础上预测相应的成本水平。假设累计装机容量增长率分别为 0.1、0.15 和 0.2，在三种情境下成本预测水平如表 5 - 21 所示。

表 5 - 21　　不同情境下的风电度电成本水平预测

	情境一		情境二		情境三	
	累计装机容量（万千瓦）	成本水平（元/千瓦·时）	累计装机容量（万千瓦）	成本水平（元/千瓦·时）	累计装机容量（万千瓦）	成本水平（元/千瓦·时）
2017 年	18839.20	0.23	18839.20	0.23	18839.20	0.23
2018 年	20723.12	0.242	21665.08	0.238	22607.04	0.233
2019 年	22795.43	0.232	24914.84	0.224	27128.45	0.216
2020 年	25074.98	0.223	28652.07	0.211	32554.14	0.200
2021 年	27582.47	0.214	32949.88	0.198	39064.97	0.184
2022 年	30340.72	0.205	37892.36	0.187	46877.96	0.170

注：情境一指累计装机容量增长率为 10%；情境二指累计装机容量增长率为 15%；情境三指累计装机容量增长率为 20%。

由上述分析可知，随着累计装机容量的增加，风电度电成本呈现不断下降的趋势。由于我国风电在新能源发电中发展较为成熟，已初步具备与传统电力竞争的能力，目前成本下降趋势已经逐渐变缓。如图 5 - 3 所示，三种不同情境下风电成本都呈现出缓慢下降的趋势，其中具有最高增长率假设的情境三成本下降幅度最大，具有最低增长率假设的情境一成本下降幅度最小，预计到 2022 年风电成本水平可以达到 0.17—0.21 元/千瓦·时。

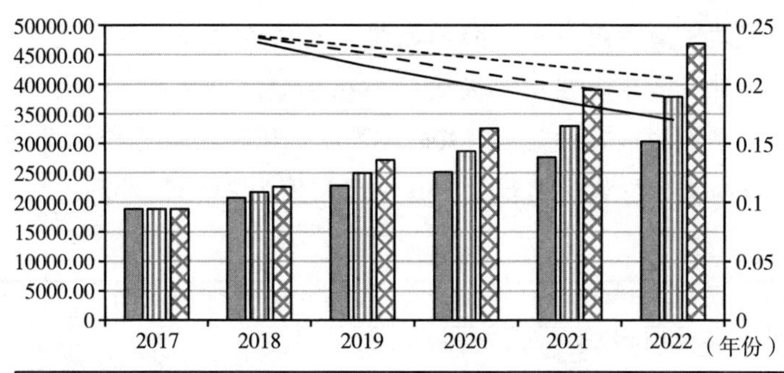

图 5－3　三种情境下的成本变化趋势

（2）双因素学习曲线分析。经过分析决定在 2012—2017 年进行分析，并进行风力发电度电成本与累计装机容量、累计认证机型数之间的回归分析，对式（5－6）两边分别取对数，得到式（5－9），并对发电数据进行变量代换，如表 5－22 所示。

$$lgC = lgC_1 - \beta lgQ - \alpha lgT \tag{5-9}$$

表 5－22　　我国风电学习曲线相关数据

年份	C	Q	T	lgC	lgQ	lgT
2012	0.323	7532.42	103	－0.49	3.88	2.01
2013	0.321	9141.3	134	－0.49	3.96	2.13
2014	0.332	11460.9	157	－0.48	4.06	2.2
2015	0.311	14536.2	208	－0.51	4.16	2.32
2016	0.25	16873.2	299	－0.6	4.23	2.48
2017	0.23	18839.2	386	－0.64	4.28	2.59

利用 SPSS 软件对上述数据进行描述性分析。如表 5－23 所示，风力发电产业六年来度电成本在 0.23—0.332 元/千瓦·时

区间变动，呈现出不断下降的趋势，均值为 0.29 元/千瓦·时。装机容量发展速度较快，极大值与极小值之间相差 11306.78 万千瓦，平均装机容量达到 13063.87 万千瓦。权威机构认证的机型数量由 103 件累计增长为 386 件，均值为 215 件。

表 5-23　描述性分析表

	N	极小值	极大值	均值	标准差
C	6	0.23	0.332	0.2945	0.043205
Q	6	7532.42	18839.2	13063.87	4440.40977
T	6	103	386	214.5	108.45598
有效的 N（列表状态）	6				

表 5-24 给出了评价模型的检验统计量。结果显示，R^2 值达到 0.972，调整后的 R^2 值仍然达到 0.954，说明回归方程拟合结果较好。其他指标显示：在 5% 显著性水平下指标是平稳的，符合显著性要求。

表 5-24　回归方程显著性判断表

R	R^2	调整 R^2	标准估计的误差	更改统计量					Durbin-Watson
				R^2 更改	F 更改	df_1	df_2	Sig. F 更改	
0.986	0.972	0.954	0.01445	0.972	53.027	2	3	0.005	2.179

表 5-25 给出了方差分析的结果。可以得出回归部分 F 值为 53.027，相应的 P 值为 0.005，小于显著水平 0.05。因此可以达到分析的效果，回归方程合理。

根据表 5-26 信息可以得出风电产业的学习曲线。α 值为 0.858，β 值为 -0.818，常数项 $\lg C_1$ 值为 -1.921。因此学习曲线模型如式（5-10）所示：

$$C = 0.012Q^{0.818}T^{-0.858} \tag{5-10}$$

表 5－25　　　　　　　回归方程的方差分析

	平方和	df	均方	F	Sig.
回归	0.022	2	0.011	53.027	0.005
残差	0.001	3	0		
总计	0.023	5			

表 5－26　　　　　　　回归模型系数及统计量

	非标准化系数		标准系数	t	Sig.
	B	标准误差	试用版		
（常量）	－1.921	0.517		－3.718	0.034
lgQ	0.818	0.206	1.887	3.969	0.029
lgT	－0.858	0.148	－2.758	－5.802	0.01

通过 Matlab 软件作出成本曲线图形，如图 5－4 所示。

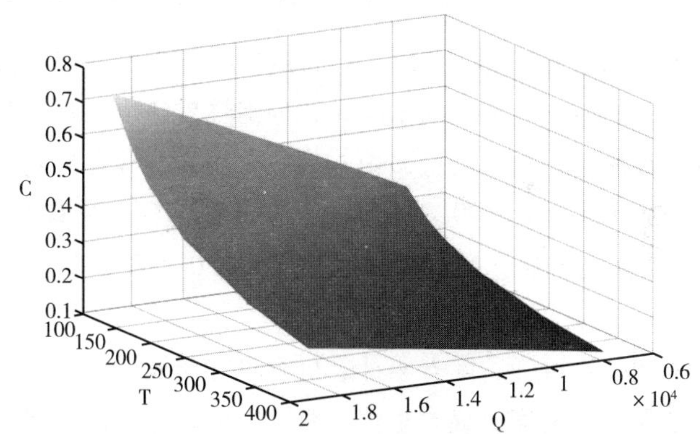

图 5－4　风电成本双因素 Matlab 图形

根据显著性检验信息可知，回归方程可以作为风电产业学习曲线研究成本变化规律。根据已有的双因素风电学习曲线，可以预测未来五年的发电度电成本水平。风电产业累计装机容量及累计认证机型数量 2009—2017 年增长率如表 5－27 所示。

表 5-27　　双因素增长率

年份	累计装机容量（万千瓦）	增长率（%）	累计认证机型数量（件）	增长率（%）
2009	2580.53		21	
2010	4473.33	0.73	45	1.14
2011	6236.42	0.39	73	0.62
2012	7532.42	0.21	103	0.41
2013	9141.3	0.21	134	0.30
2014	11460.9	0.25	157	0.17
2015	14536.2	0.27	208	0.32
2016	16873.2	0.16	299	0.44
2017	18839.2	0.12	386	0.29

近五年累计装机容量增长率分布在 0.1—0.3 区间，认证机型数增长率分布在 0.15—0.5 区间。分别将累计装机容量和累计认证机型数的增长率分为低、中、高三个层次，并在此基础上预测相应的成本水平。假设累计装机容量增长率分别为 0.1、0.15 和 0.2，认证机型数量增长率分别为 0.15、0.2 和 0.25，在三种情境下成本预测水平如表 5-28 所示。

由上述分析可知，随着累计装机容量和研发投入下认证机型数量的增加，风电度电成本呈现不断下降的趋势。由于我国风电在新能源发电中发展较为成熟，已初步具备与传统电力竞争的能力，目前成本下降趋势已经逐渐变缓。如图 5-5 所示，三种不同情境下风电成本都呈现出缓慢下降的趋势，其中具有最高增长率假设的情境三成本下降幅度最大，且双因素分析中三种情境预测的成本之间的差距较小。

表 5－28　不同情境下的风电度电成本水平预测

年份	情境一			情境二			情境三		
	累计装机容量（万千瓦）	累计认证机型数量（件）	成本水平（元/千瓦·时）	累计装机容量（万千瓦）	累计认证机型数量（件）	成本水平（元/千瓦·时）	累计装机容量（万千瓦）	累计认证机型数量（件）	成本水平（元/千瓦·时）
2017 年	18839. 2	386	0. 23	18839. 2	386	0. 23	18839. 2	386	0. 23
2018 年	20723. 12	444	0. 218	21665. 08	463	0. 218	22607. 04	483	0. 218
2019 年	22795. 43	510	0. 209	24914. 84	556	0. 209	27128. 45	603	0. 209
2020 年	25074. 98	587	0. 201	28652. 07	667	0. 2	32554. 14	754	0. 2
2021 年	27582. 47	675	0. 192	32949. 88	800	0. 192	39064. 97	942	0. 192
2022 年	30340. 72	776	0. 184	37892. 36	960	0. 184	46877. 96	1178	0. 184

注：情境一指累计装机容量增长率为 10%，累计认证机型数量增长率为 15%；情境二指累计装机容量增长率为 15%，累计认证机型数量增长率为 20%；情境三指累计装机容量增长率为 20%，累计认证机型数量增长率为 25%。

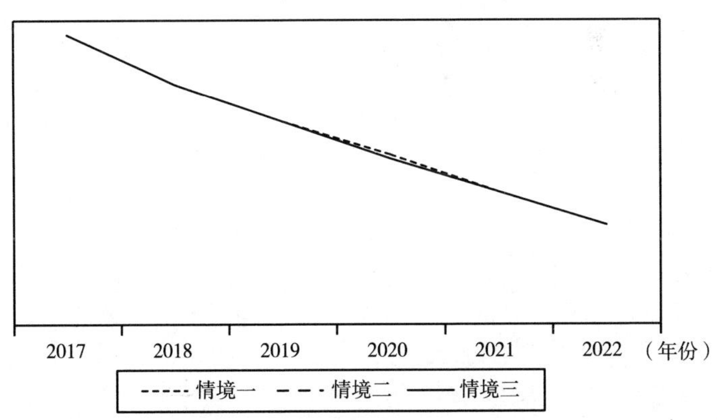

图 5－5　不同情景下风电成本预测

5.4.4 结果讨论

在以上对新能源发电学习曲线的研究中，累计装机容量和研发投入对于风力发电度电成本的降低具有显著影响，并且据学习曲线的分析，在未来五年内成本仍然有缓慢的下降过程。根据不同的情境分析可以推断，有计划地提升企业装机容量、加大对于研发的投入及提高发电上网效率可以有效降低企业的生产成本。

新能源发电成本在不同阶段的成本结构具有紧密的联系，这要求加强成本控制在投资阶段和运营阶段的统一。新能源发电在众多电力生产方式中，成本水平较高，企业间发展规模和成本水平存在差异，发电市场向大型发电企业集中。新能源发电成本受多种因素影响，在装机容量及研发投入等因素作用下，成本呈现出逐渐下降的趋势。风电、光伏发电等新能源发电企业不仅需要关注发电成本，还需要关注给电力系统增加的系统成本，如平衡成本和储能成本等。

新能源发电成本与价格补贴的关系

在成本结构及其水平变动研究基础上，本章将实证研究成本对价格补贴的影响。通过分析发电成本与价格补贴之间的相关性来判断补贴对于成本变动的影响力，并在此研究基础上提出相关结论建议。

6.1　新能源发电上网电价政策分析

我国新能源发电上网电价及成本分摊政策具有统一性。风力发电上网电价有两种，分别为招标电价和政府指导价格。我国风力发电上网电价定价机制是按发电成本加利润的方式来确定。2003 年国家发改委将竞争机制引入风电场开发，开始通过市场化方式确定风电上网电价，2006 年《可再生能源发电价格和费用分摊管理试行办法）（发改价格〔2006〕7 号）进一步对风电上网电价方式进行规定，提出风电上网电价实行政府指导价。《关于完善风力发电上网电价政策的通知》（2009 年 7 月）将全国按风能资源状况和工程建设条件分为四类风能资源区，各区内执行相应的标杆上网电价，分别为 0.51 元/千瓦·时、0.54 元/千瓦·时、0.58 元/千瓦·时和 0.61 元/千瓦·时。指导价格即最低限价，实际电价由风力发电企业与电网公司签购电协议确定后，报国家物价主管部门备案。光伏发电的上网电价也有两种形式，分别为招标定价和政府指导价。2009 年中广核集团中标国内首个光伏发电特许招标项目。《可再生能源发电价格和费用分摊管理试行办法》（发改价〔2006〕7 号）对光伏发电上网电价政策进行了规定，提出“太阳能发电、海洋能发电和地热能发电项目上网电价实行政府定价，其电价标准由国务院价格主管部门按照合理成本加合理利润的原则制定”。2011 年 7 月，国家发改委在《关于完善太阳能光伏发电上网电价政策的通知》中提出全国统一的太阳能光伏发电标杆上网电价。

随着当前新能源产业技术进步和成本降低，2016 年 12 月 26 日发改委出台《关于调整光伏发电陆上风电标杆上网电价的通知》（发改价格〔2016〕2729 号），降低 2017 年 1 月 1 日之后新建光伏发电和 2018 年 1 月 1 日之后新核准建设的陆上风电标杆上网电价，光伏发电、陆上风电上网电价在当地燃煤机组标杆上网电价（含脱硫、脱硝、除尘电价）以内的部分，由当地省级电网结算；高出部分通过国家可再生能源发展基金予以补贴。与调整前电价水平相比，全国陆上风力发电类区标杆上网电价下调幅度较大，风力发电向Ⅳ类资源区转移发展的趋势较为明显，从 2018 年 1 月 1 日起，新核准建设的陆上风电项目在Ⅰ、Ⅱ、Ⅲ、Ⅳ类资源区的标杆上网电价分别为 0.4 元/千瓦·时、0.45 元/千瓦·时、0.49 元/千瓦·时及 0.57 元/千瓦·时，比 2016—2017 年电价每千瓦·时降低 0.07 元、0.05 元、0.05 元、0.03

元；新建光伏发电项目在Ⅰ、Ⅱ、Ⅲ类资源区的标杆上网电价分别为 0.65 元/千瓦·时、0.75 元/千瓦·时、0.85 元/千瓦·时，并规定每年调整一次。在规定的标杆上网电价制度之外，积极鼓励通过招标等市场竞争方式确定新能源发电项目的上网电价，但是不得超过国家规定的同类资源区的标杆上网电价水平。最新的新能源发电标杆上网电价如表 6－1 所示。

表 6－1　　全国新能源发电标杆上网电价表

单位：元/千瓦·时（含税）

资源区	2018 年新建陆上风电标杆上网电价	各类资源区所包括的地区	2017 年新建光伏电站标杆上网电价	各类资源区所包括的地区
Ⅰ类资源区	0.4	内蒙古自治区除赤峰市、通辽市、兴安盟、呼伦贝尔市以外其他地区；新疆维吾尔自治区乌鲁木齐市、伊犁哈萨克族自治州、克拉玛依市、石河子市	0.65	宁夏回族自治区；青海省海西蒙古族藏族自治州；甘肃省嘉峪关市、武威市、张掖市、酒泉市、敦煌市、金昌市；新疆维吾尔自治区哈密市、塔城市、阿勒泰市、克拉玛依市；内蒙古自治区除赤峰市、通辽市、兴安盟、呼伦贝尔市以外地区
Ⅱ类资源区	0.45	河北省张家口市、承德市；内蒙古自治区赤峰市、通辽市、兴安盟、呼伦贝尔市；甘肃省嘉峪关市、酒泉市；云南省	0.75	北京市；天津市；黑龙江省；吉林省；辽宁省；四川省；云南省；内蒙古自治区赤峰市、通辽市、兴安盟、呼伦贝尔市；河北省承德市、张家口市、唐山市、秦皇岛市；山西省大同市、朔州市、忻州市、阳泉市；陕西省榆林市、延安市；青海省、甘肃省、新疆维吾尔自治区除Ⅰ类外其他地区

续表

资源区	2018年新建陆上风电标杆上网电价	各类资源区所包括的地区	2017年新建光伏电站标杆上网电价	各类资源区所包括的地区
Ⅲ类资源区	0.49	吉林省白城市、松原市；黑龙江省鸡西市、双鸭山市、七台河市、绥化市、伊春市，大兴安岭地区；甘肃省除嘉峪关市、酒泉市以外其他地区；新疆维吾尔自治区除乌鲁木齐市、伊犁哈萨克族自治州、克拉玛依市、石河子市以外其他地区；宁夏回族自治区	0.85	除Ⅰ类、Ⅱ类资源区以外的其他地区
Ⅳ类资源区	0.57	除Ⅰ、Ⅱ、Ⅲ类资源区以外的其他地区		

注：2018年1月1日以后核准并纳入财政补贴年度规模管理的陆上风电项目执行2018年的标杆上网电价；2017年1月1日以后纳入财政补贴年度规模管理的光伏发电项目，执行2017年光伏发电标杆上网电价，西藏自治区光伏电站标杆电价为1.05元/千瓦·时。

6.2 新能源发电成本分摊政策分析

由于新能源发电与传统燃煤电力在成本水平方面存在差异，上网电价也随之存在差异，在市场竞争中不占优势。根据2006年《可再生能源发电价格和费用分摊管理试行办法》（发改价格

〔2006〕7 号），可再生能源发电项目上网电价高于当地燃煤机组标杆上网电价的部分，由各省级电网企业根据其销售量占全国的比例来分摊全国可再生能源电价附加额，其实际支付的可再生能源电价附加与其应承担的电价附加的差额，在全国范围内实行统一调配。2016 年 12 月 26 日发改委出台《关于调整光伏发电陆上风电标杆上网电价的通知》（发改价格〔2016〕2729 号），陆上风电与光伏发电上网电价在当地燃煤机组标杆上网电价（含脱硫、脱硝、除尘电价）以内的部分，由当地省级电网结算；高出部分通过国家可再生能源发展基金予以补贴；通过招标等市场竞争方式确定的上网电价，在当地燃煤机组标杆上网电价（含脱硫、脱硝、除尘电价）以内的部分，由当地省级电网结算；高出部分通过国家可再生能源发展基金予以补贴。

根据《可再生能源发电价格和费用分摊管理试行办法》，风力发电、生物质发电（包括农林废弃物直接燃烧和气化发电、垃圾焚烧和垃圾填埋气发电、沼气发电）、太阳能发电、海洋能发电和地热能发电等新能源发电方式，发电项目上网电价高于当地脱硫燃煤机组标杆上网电价的部分，通过向电力用户征收电价附加的方式来弥补这个差价。可再生能源电价附加计算公式为：可再生能源电价附加 = 可再生能源电价附加总额/全国加价销售电量可再生能源电价附加总额 = Σ［（可再生能源发电价格 – 当地省级电网脱硫燃煤机组标杆电价）×电网购可再生能源电量 +（公共可再生能源独立电力系统运行维护费用 – 当地省级电网平均销售电价 × 公共可再生能源独立电力系统售电量）+ 可再生能源发电项目接网费用以及其他合理费用］。分资源区新能源发电标杆上网电价减去各省的脱硫燃煤机组标杆上网电价可以得出上网电价补贴数额。我国新能源发电补贴政策主要是根据《可再生能源电价附加收入调配暂行办法》制定的。可再生能源发电项目补

贴额 =（可再生能源上网电价 - 当地省级电网脱硫燃煤机组标杆电价）×可再生能源发电上网电量。

根据发电价格之间的差异，需要给予新能源发电项目上网电价补贴，建立电价补贴时间和金额方面的标准及逐年递减的补贴制度。补贴政策是为了弥补由新能源发电与传统煤电之间的成本差异所带来的电价差，进而提升新能源发电在市场中的竞争力，推进新能源产业的快速发展。而上网电价定价机制是按发电成本加利润的方式来确定。因此，分析新能源发电与传统煤电在成本上的差异，研究成本与价格补贴之间的相关性是非常有必要的。

6.3 新能源发电成本与价格补贴的相关性

6.3.1 假设分析与模型设定

（1）假设分析。本书提出以下假设：

假设 1：成本与价格补贴之间存在相关性。

政府规范市场竞争，促进社会资源的合理应用与有效分配，可以缓解资源紧张和分担市场风险，促进企业在市场竞争中良性发展。因此，价格补贴作为政府促进新能源产业发展的重要政策措施，会对企业成本水平的降低产生积极影响，同时能够促进投资，带动产业规模化发展。根据我国新能源上网电价机制，不同资源区新能源标杆上网电价减去各省的脱硫燃煤机组标杆上网电价可以分析每个地区实际应获得新能源发电上网电价的补贴数额。我国新能源发电上网电价定价机制是按发电成本加利润的方式来确定。上网电价的制定与成本水平密切相关，故新能源价格补贴政策的制定与发电成本密切相关。基于以上分析，本书提出第二个假设。

假设 2：价格补贴有利于成本水平的下降。

新能源发电产业发展前期，由于成本较高在电力市场中竞争力较弱，成本的逐渐下降需要较强额度的补贴支持，从而迅速扩大新能源发电产业市场。新能源发电补贴政策可以促进生产商降低生产成本，从而实现新能源发电量的增加和产业的良性发展。

（2）变量选取。本书以新能源发电上市公司 2014—2017 年的年度数据为研究对象，分别对变量数据进行收集，最终选择了 22 家上市公司。

①被解释变量。价格补贴（Subsidy）为本书的被解释变量，采用不同方式上网电价之间的差异来表示，企业电价收入与发电量数据取自年度财务报表，以上数据均来自巨潮资讯网与 Wind 数据库。新能源发电上网电价高于传统火电的部分给予价格补贴，在企业财务报表中会有不同电力生产方式的销售收入，故通过测算风电与火电上网电价之间的差异作为价格补贴额度。同时，对于同时经营火电与新能源发电业务的企业上网电价数据取自年报中的销售收入及销售量，完全经营新能源发单业务的企业新能源上网电价数据取自年报中的销售收入及销售量，而传统火电上网电价数据取自 Wind 数据库中火电年度平均上网电价。

②解释变量。发电成本（Cost）为本书的解释变量，采用各企业的主营业务成本与发电量之比表示，以上数据均来自企业年度财务报表中的成本分析表，从巨潮资讯网获取。

新能源发电企业在初始投资阶段和运营阶段均会产生成本耗费，在第四章中已经对新能源发电成本进行了分析。因此，本章选择发电企业的度电成本作为成本研究对象，并分析其对价格补贴的影响。

③控制变量。政府制定价格补贴政策也是干预企业投资行为

的主要手段，从而达到扩大企业投资与生产规模，实现产业发展的目的。因此，在研究成本对价格补贴影响的同时，根据国内外已有文献研究，将企业的投资行为作为控制变量，综合考虑新能源发电产业的成本水平与投资规模，对于规范补贴政策具有理论价值与现实意义。投资将会直接带来总资产的变动，故选择总资产增长率（Tar）作为投资的测量方式，企业的总资产增长率数据取自 Wind 数据库。

（3）模型设定。在以上变量分析的基础上，为了研究成本和价格补贴的相关性，本书将构建模型来考察企业成本水平对价格补贴的影响。最终建立以成本为自变量、总资产增长率为控制变量、价格补贴为因变量的相关性及回归分析，构造模型如式（6－1）。

$$Subsidy = \alpha + \beta Cost + \gamma Tar + \varepsilon \tag{6-1}$$

其中，Cost 指企业发电成本，Tar 指企业总资产增长率，Subsidy 指补贴，ε 为随机干扰项。

6.3.2 样本选取与数据处理

（1）样本选取。我国自补贴政策实施以来，越来越多的新能源企业已经获得了政策上的扶持，其中风电发电项目更为显著。本书以新能源上市公司中的风力发电企业为研究样本，建立2014—2017 年关于成本、总资产增长率与价格补贴间的面板数据，分别对上述数据按照如下原则来筛选和剔除：①剔除财务状况不佳的已被 ST 的上市公司；②剔除年份数据残缺严重和存在极端数值的上市公司；③选择风力发电项目经营时间长且信息披露完整的企业。

风力发电企业将在经营新能源发电业务的公司中进行深度选择，企业财务数据来源于新能源发电企业的年报，并经过了筛选、汇总和整理。本书选择风力发电和火电产业上网电价之间的差异进行补贴水平的估算，年报数据来源于巨潮资讯网，以上非财务数据来源于Wind数据库。

经过整理，考虑到数据的完整性和可得性，本书最终选取了22家风力发电企业为样本，选取并整理了新能源发电公司2014—2017年的相关年报数据，包括发电成本、发电量、销售收入及售电量等，并构成面板数据。本书数据处理采用Stata软件。企业名单如表6-2所示。

表6-2 风力发电样本企业信息

序号	企业	股票代码	序号	企业	股票代码
1	华能国际	600011	12	湖北能源	000883
2	国电电力	600795	13	嘉泽新能	601619
3	国投电力	600886	14	中闽能源	600163
4	节能风电	601016	15	申能股份	600642
5	大唐发电	601991	16	华能水电	600025
6	华电国际	600027	17	上海电力	600021
7	桂冠电力	600236	18	广州发展	600098
8	中国核电	601985	19	内蒙华电	600863
9	金山股份	600396	20	天顺风能	002531
10	华银电力	600744	21	华电福新	00816
11	吉电股份	000875	22	宝新能源	000690

（2）数据处理。新能源公司成本与电价等基础数据如附录7所示。对风力发电企业的成本（Cost）、总资产增长率（Tar）与补贴收入（Subsidy）等基础数据进行整理，企业名称以其字母缩写表示。整理结果如表6-3所示。

表 6-3　　　　新能源发电企业财务数据

企业	年份	风电度电成本（元/千瓦·时）	风电单位电价（元/千瓦·时）	火电单位电价（元/千瓦·时）	补贴额（元/千瓦·时）	总资产增长率（%）
华能国际	2014	0. 257	0. 489	0. 439	0. 05	4. 5683
	2015	0. 255	0. 466	0. 379	0. 087	-0. 3826
	2016	0. 373	0. 667	0. 407	0. 26	3. 2322
	2017	0. 221	0. 485	0. 351	0. 134	-0. 2806
国电电力	2014	0. 176	0. 500	0. 325	0. 175	0. 5508
	2015	0. 188	0. 503	0. 314	0. 189	1. 5529
	2016	0. 180	0. 484	0. 281	0. 203	4. 7490
	2017	0. 159	0. 463	0. 288	0. 175	1. 0554
国投电力	2014	0. 225	0. 473	0. 352	0. 12	8. 1842
	2015	0. 287	0. 466	0. 334	0. 132	5. 6361
	2016	0. 280	0. 410	0. 289	0. 12	10. 7583
	2017	0. 203	0. 373	0. 307	0. 066	2. 4580
节能风电	2014	0. 210	0. 443	0. 401	0. 042	7. 9672
	2015	0. 215	0. 432	0. 403	0. 029	35. 7643
	2016	0. 211	0. 399	0. 352	0. 047	0. 7030
	2017	0. 186	0. 393	0. 372	0. 021	11. 2031
大唐发电	2014	0. 194	0. 497	0. 362	0. 135	2. 5944
	2015	0. 208	0. 497	0. 359	0. 138	0. 3098
	2016	0. 189	0. 491	0. 329	0. 162	-23. 1224
	2017	0. 172	0. 484	0. 321	0. 163	1. 0511
华电国际	2014	0. 240	0. 474	0. 431	0. 043	8. 9382
	2015	0. 237	0. 481	0. 370	0. 111	1. 7016
	2016	0. 218	0. 494	0. 327	0. 167	1. 6727
	2017	0. 206	0. 481	0. 343	0. 138	2. 9349

续表

企业	年份	风电度电成本（元/千瓦·时）	风电单位电价（元/千瓦·时）	火电单位电价（元/千瓦·时）	补贴额（元/千瓦·时）	总资产增长率（%）
桂冠电力	2014	0. 327	0. 522	0. 394	0. 128	0. 9834
	2015	0. 321	0. 520	0. 385	0. 135	－6. 5393
	2016	0. 282	0. 488	0. 316	0. 173	－8. 8782
	2017	0. 286	0. 521	0. 448	0. 072	－1. 5666
中国核电	2014	0. 257	0. 54	0. 401	0. 142	14. 2382
	2015	0. 233	0. 50	0. 403	0. 097	18. 3308
	2016	0. 271	0. 52	0. 352	0. 168	7. 1512
	2017	0. 297	0. 50	0. 372	0. 131	7. 4973
金山股份	2014	0. 404	0. 524	0. 324	0. 2	－0. 5944
	2015	0. 374	0. 512	0. 309	0. 203	－1. 3555
	2016	0. 341	0. 525	0. 291	0. 234	0. 8806
	2017	0. 333	0. 524	0. 301	0. 223	－0. 3869
华银电力	2014	0. 282	0. 489	0. 423	0. 065	－7. 0012
	2015	0. 250	0. 493	0. 411	0. 082	－10. 1865
	2016	0. 282	0. 472	0. 383	0. 089	－2. 6847
	2017	0. 239	0. 476	0. 390	0. 086	－2. 2452
吉电股份	2014	0. 352	0. 504	0. 333	0. 171	1. 4393
	2015	0. 320	0. 505	0. 322	0. 183	12. 5745
	2016	0. 300	0. 489	0. 306	0. 183	31. 4827
	2017	0. 281	0. 469	0. 322	0. 147	16. 9839
湖北能源	2014	0. 275	0. 542	0. 415	0. 127	6. 2686
	2015	0. 263	0. 537	0. 394	0. 143	27. 6594
	2016	0. 230	0. 534	0. 361	0. 173	－2. 8521
	2017	0. 219	0. 549	0. 374	0. 175	11. 0034

续表

企业	年份	风电度电成本（元/千瓦·时）	风电单位电价（元/千瓦·时）	火电单位电价（元/千瓦·时）	补贴额（元/千瓦·时）	总资产增长率（%）
上海电力	2014	0.195	0.530	0.419	0.111	34.5477
	2015	0.196	0.530	0.398	0.131	9.8157
	2016	0.182	0.514	0.369	0.145	6.8509
	2017	0.167	0.348	0.375	-0.027	14.2847
内蒙华电	2014	0.301	0.416	0.278	0.138	1.4219
	2015	0.323	0.453	0.266	0.187	-1.4407
	2016	0.211	0.433	0.230	0.203	3.8419
	2017	0.189	0.394	0.237	0.157	-2.8742
华电福新	2014	0.209	0.489	0.376	0.113	26.9794
	2015	0.228	0.495	0.335	0.16	13.5104
	2016	0.244	0.460	0.312	0.148	4.6311
	2017	0.226	0.446	0.326	0.119	3.6552
宝新能源	2014	0.392	0.630	0.401	0.229	-3.2472
	2015	0.327	0.537	0.403	0.134	1.5274
	2016	0.306	0.510	0.352	0.158	62.2972
	2017	0.336	0.473	0.372	0.101	10.4399
中闽能源	2015	0.177	0.519	0.403	0.116	-37.0580
	2016	0.192	0.504	0.352	0.152	4.4176
	2017	0.214	0.511	0.372	0.139	19.4176
申能股份	2015	0.288	0.499	0.442	0.057	15.2070
	2016	0.312	0.496	0.351	0.145	4.0969
	2017	0.261	0.572	0.339	0.233	0.6932
嘉泽新能	2016	0.193	0.472	0.352	0.12	11.1842
	2017	0.201	0.474	0.372	0.102	13.2765

续表

企业	年份	风电度电成本（元/千瓦·时）	风电单位电价（元/千瓦·时）	火电单位电价（元/千瓦·时）	补贴额（元/千瓦·时）	总资产增长率（%）
华能水电	2016	0.184	0.427	0.352	0.075	3.4973
	2017	0.199	0.407	0.372	0.035	3.6479
广州发展	2016	0.097	0.317	0.402	-0.085	1.3080
	2017	0.181	0.522	0.402	0.12	9.1517
天顺风能	2016	0.210	0.448	0.352	0.096	70.9882
	2017	0.176	0.458	0.372	0.086	26.7483

数据来源：巨潮资讯网、Wind 数据库。

6.3.3　成本对价格补贴影响的实证研究

描述性统计分析将分别从描述性统计量及相关性进行分析。描述性统计量包括观测值、平均数、方差、最大值和最小值，实现对成本与补贴观测值的描述统计；相关性是对变量之间非确定性的关系进行描述，来实现回归之前对变量之间关系密切程度的初步分析。本书相关系数指标为 Pearson 相关系数，用字母 r 表示，由变量的样本数计算得出，取值位于 -1 和 1 之间，来描述变量间的相关程度，如式（6-2）所示。

$$r_{xy} = \frac{\sum (x_i - \bar{x})(y_i - \bar{y})}{\sqrt{\sum (x_i - \bar{x})^2 \sum (y_i - \bar{y})^2}} \tag{6-2}$$

（1）描述性统计分析。分别对以上财务数据进行描述性统计量分析，从而得出基础性描述。结果如表 6-4 所示。

结果表明，企业面板数据中三个变量的观测值各有 78 个，其中成本的平均数为 0.246，方差为 0.06，最小值和最大值分别为 0.1 和 0.404；价格补贴的平均数为 0.129，方差为 0.06，最小

表 6－4　　风力发电企业财务指标描述性统计表

变量名	观测值个数	均值	方差	最小值	最大值
Subsidy	78	0.1286538	0.059959	－0.085	0.26
Cost	78	0.2462179	0.0622406	0.1	0.404
Tar	78	6.907953	14.71628	－37.058	70.9882

值和最大值为－0.085 和 0.26；总资产增长率的平均数为 6.91，方差为 14.72，最小资和最大值为－37.06 和 70.99。因此，可以看出样本企业四年间成本水平达到 0.23 元/千瓦·时，价格补贴额度为 0.13 元/千瓦·时。

（2）相关性分析。对成本与价格补贴之间的相关性进行测算。结果如表 6－5 所示，发电成本与补贴两个变量之间的皮尔逊相关系数为 0.455，显著性 P 值为 0.0000，通过了显著性检验，表示成本与补贴之间存在正相关，在发展前期发电成本较高时需要的补贴也相应较高，补贴对成本降低具有激励作用，随着成本的逐渐降低需要的补贴也逐渐降低，直至退出。

表 6－5　　成本与价格补贴的相关系数

	Subsidy	Cost	Tar
Subsidy	1		
Cost	0.4552*	1	
	0.0000		
Tar	－0.129	－0.0518	1
	0.2604	0.6521	

注：* 表示该因素的系数通过显著水平为 0.05 的检验。

最后对成本与价格补贴两个变量画出散点图。如图 6－1 所示，散点图也直观呈现出成本与价格补贴之间的正相关关系。

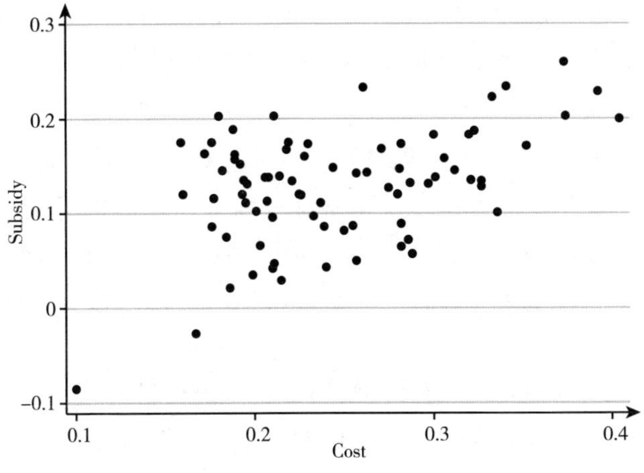

图 6－1　成本与补贴散点图

（3）回归分析。利用 Stata 软件进行回归分析，探索成本与补贴之间的关系。结果如表 6－6 所示。

表 6－6　　发电成本对价格补贴影响的回归分析

	回归系数	标准差	t 检验值	P > |t|
Cost	0. 4332289	0. 0984793	4. 4	0. 000
Tar	－0. 0004305	0. 0004165	－1. 03	0. 305
常数项	0. 0249592	0. 0253068	0. 99	0. 327
样本容量	78			
R^2	0. 2183			
调整 R^2	0. 1975			
F 检验	F（2，75）＝10. 47			
F 检验的 P 值	Prob > F＝0. 0001			

因此，我们得到了补贴与发电成本、总资产增长率之间的回归方程：

$$Subsidy = 0.0249592 + 0.4332Cost - 0.0004Tar \quad (6-3)$$

本部分重点考察成本对于价格补贴的影响。由表6-6可知，样本容量大小为78个，F统计量的值为10.47，自由度为2和75；模型调整后的R^2为0.1975，因此Cost变量可以解释Subsidy变量19.75%的信息，模型解释度较好；模型的F统计量为10.47，对应的显著性P值为0.0001，小于0.05，因此在5%显著性水平下模型是显著的；常量的t统计量为0.99，对应的显著性P值为0.327，大于0.05，Cost的t统计量为4.4，对应的显著性P值为0.000，小于0.05，Tar的t统计量为-1.03，对应的显著性P值为0.305，大于0.05，因此在5%显著性水平上认为常量和Tar变量不显著而Cost变量显著。

由整体回归结果可知，方程通过了显著性水平为0.05的t检验，即成本对价格补贴具有显著影响，且回归系数为0.4332。结果表明，发电成本每提高1%或降低1%，补贴额将随之增加或减少43%。这证明了成本与价格补贴之间存在正相关关系，成本变动对于价格补贴具有显著的正向影响，而补贴因素对于成本降低具有显著的激励效应。

6.4 成本与价格补贴相关性实证结果讨论

国家发改委的《可再生能源电价附加配额交易方案》等相关文件给出了2006—2011年风力发电企业获得的上网电价补贴相关数据，如表6-7所示。风力发电企业从2006年开始享受了国家多项补贴，单位上网电力补贴额在0.2元/千瓦·时左右，到2010年9月，国家补贴发电企业共计1627505万元。可以看出，随着风力发电产业的发展，装机容量与发电量都获得了迅速的增长，随着发电成本的不断降低，单位电价补贴也呈现出下降的趋势，而单位装机容量补贴水平逐渐上升，可以看出风力发电产业规模化发展的趋势和政策支持力度的加强。

表 6－7　2006—2011 年 4 月风电上网电价、接网工程等补贴

	2006	2007.1—2007.9	2007.10—2008.6	2008.7—2008.12	2009	2010.1—2010.9	2010.10—2011.4
并网装机容量（兆瓦）	1330.15	2653.95	4810.8	7939.1	25027.25	23161.49	19155.33
上网电量（兆瓦·时）	939186	2049142	5558101	6631126	24095459	30438377	2145779.45
电价补贴（万元）	22661	48872	132056	145887	527445	684250	448756.91
单位上网电量补贴（元/千瓦·时）	0.24	0.24	0.24	0.22	0.22	0.22	0.21
单位装机容量补贴（万元/兆瓦）	17.04	18.42	27.45	18.38	21.07	29.54	23.43

数据来源：根据国家发改委的《可再生能源电价附加配额交易方案》等相关文件整理。

对于成本与价格补贴的相关性实证分析结果，笔者有如下思考：首先，我国新能源发电产业起步晚，发展前期成本明显受困于技术与市场等多重因素，政府补贴具有直接、显性、迅速的反应速度，执行成本也较低，是政府对选定的领域进行事前激励，是国际上通用的促进新能源产业市场化的方式。故在价格补贴等因素的促进下，我国新能源发电在 2006 年之后获得了迅速的发展，新能源发电产业的投资规模不断扩大，而成本也在显著地下降。其次，本书选择风力发电企业为主要研究对象，是基于我国风电在新能源发电领域已经相对成熟，成本与补贴的相关数据比较完整，成本学习曲线规律及成本与补贴的相关性可以得到较为细致的描述，另外正是由于风力发电产业的相对成熟，在反映补贴的有效性之外，也可以看出价格补贴即将退出风力发电补贴方式的趋势。再次，我国新能源发电享受国家多项补贴，成本与价格补贴的相关系数并没有非常突出，而且回归模型没有达到理想的拟合程度，这也反映出价格补贴政策在制定过程中还考虑了其他因素，价格补贴在产业前期也会对投资等其他活动产生积极的激励作用。最后，本章研究对象为新能源发电产业中的风力发电，其补贴政策实施时期较长且稳定，而光伏发电等新能源产业发展相对较晚，在政策实施中有经验可参考，投资过冷或投资过热都能及时采取措施，故实证分析结果不理想也可能与研究样本有关。

新能源产业价格补贴对投资的影响

本章将研究新能源补贴的动机、特点以及补贴政策，提出新能源发电补贴的必要性，并对新能源发电价格补贴对于投资规模及效率的影响进行分析，进而研究我国新能源产业投资现状。

7.1　新能源补贴的动机分析

新能源补贴的动机，首先是环境保护的需求和应对全球性环境危机的迫切性；其次，新能源发电具有正环境效应，能够促进经济发展转型，缓解能源紧缺的现象，降低传统化石能源的消耗，发展新型产业带动经济社会发展，有利于保障国家安全。由于新能源发电产业正处于迅速发展的时期，与传统煤电成本之间的差异带来上网电价之间的差异，产生市场竞争力较弱的现象，需要补贴政策进行扶持来带动产业的发展。南非的《可再生能源白皮书》明确指出了新能源产业发展的阻力，包括投资成本高昂、技术发展缓慢、收益期间长和市场进入门槛较高等，并且现在的新能源产业多是由政府进行控制和管理。我国在《可再生能源中长期发展规划》中也提出我国新能源发展较慢，很多技术依赖进口，设备制造能力弱，需要加大对新能源产业发展的支持力度。目前为止，我国在风力发电和光伏发电领域已经获得快速的发展，装机容量均位居世界首位，其他新能源发电技术也正处于探索阶段，而补贴政策是支持新能源发展的一种方式，它能够显著促进产业投资和地区经济增长，在短时间内显著提升产业水平，在调整产业结构和引导经济走向等方面发挥重要作用，故补贴政策得到了国际社会的认可。联合国环境规划署在《迈向绿色经济通往可持续发展和消除贫困的各种途径——面向决策者的综合报告》中提出众多有关新能源发展的概念，包括以可再生能源和低碳技术替代化石能源、对绿色产业进行补贴等，并指出取消对新能源发展的补贴政策是不满足经济利益的行为。补贴方式有价格支持、税收激励、直接拨款、贷款支持等。

可再生能源替代传统能源有三种价格作用机制：一是对传统能源征收资源税、碳税、能源税，把化石能源消费的外部成本纳入到能源开发、销售过程中，促进经济主体节约能源，加快技术创新的步伐，提升能源利用的效率，降低能源成本，并激励能耗主体寻求开发利用清洁能源等其他能源，降低排放的压力。二是对可再生能源进行补贴，把可再生能源消费的社会效益纳入到能源生产销售过程中，不断降低可再生能源生产、销售成本，提高其市场竞争力。三是对化石能源征税同时建立绿色基金，对可再生能源给予补贴，通过补贴与税收并举的方式促进可再生能源发展。政府补贴动机首先满足促进产业发展的一般动机，即促进产业发展，优化资源配置，实现经济社会可持续发展。深层次来说，新能源发电产业具有典型的正向环境效应，关系全体社会成员的福祉，目前无法在市场中获得相应补偿，企业无法分摊产业成本和风险。政府对其进行必要的补贴扶持是促使它们快速发展的重要条件，对新能源产业的形成与发展有着重要的推动与导向作用。发电企业之间成本水平差异较大，规模水平也存在差异，市场竞争中大部分发电量由排名前列的大型发电集团所生产。我国各地区新能源资源储量是不同的，资源质量存在差异，且资源地距离电力需求中心距离不同，存在不同的消纳需求。由于各种条件的原因，我国新能源发电成本具有企业间、地区间、发电阶段等方面的水平差异，形成不同级别的上网电价，需要政府补贴从市场为作用路径来影响促进新能源产业的发展。

7.2　国内外新能源价格补贴政策分析

7.2.1　我国新能源价格补贴的内容与特征

新能源产业要健康发展，离不开相应的法律和政策措施的支持，能源领域，我国现有四部法律和十几部法规，可是没有专门的新能源立法，我国目前新能源立法都是零散地存于其他法律法规中，涉及的法律有《电力法》《可再生能源法》《节约能源法》以及《预算法》，政策措施大多以行政法规、地方性法规、部门规章及地方规章的形式体现。具体内容如下：

（1）我国新能源补贴相关法律规定。法律是用来规范人们行为的社会规则，由全国人民代表大会及其常委会制定。我国能源法律法规体系中的第一部法律是《电力法》，于1995年颁布，

2009年修订，其第五条第二款指出“国家鼓励和支持利用可再生能源和清洁能源发电”；第四十八条指出“国家鼓励和支持农村利用太阳能、风能、地热能、生物质能和其他能源进行农村电源建设，增加农村电力供应”；第五章还专章规定了新能源的上网电价以及电价费用差额的分摊机制。这就为鼓励新能源发展和新能源补贴提供了法律依据，有力地促进了新能源发电的发展和普及。

1997年我国颁布了《节约能源法》，2007年进行了修订。该法把节约资源定为基本国策，以加强用能管理，为了节约能源，提高能源利用率，保护环境，国家限制高污染、高耗能的行业，大力发展有利于节能环保的产业，建立落后产能退出机制，推动相关节能新产品、新技术、新设备、新材料的推广使用，鼓励和支持开发利用新能源。同时，该法在节约能源的管理、使用和技术发展方面作了说明，并对工业、建筑、公共机构、运输、交通节能作了详细的规定，制定了具体的激励办法。按照《节约能源法》要求，中央财政要加大资金投入，各地区设立节能专项资金，引导企业开展节能技术研发与改造，其中对于低碳环保的新能源产业有利的措施有：对新能源产业的发展既提供基础改建资金，又支持技术发展；支持新能源示范工程项目；鼓励企业生产、销售新能源产品，鼓励消费者消费使用新能源产品；同时，在政府采购以及给予信贷方面，都会优先考虑节能环保的新能源产品，进出口的税收也给予优惠等。

《可再生能源法》从2006年1月1日起施行，2009年修改，修改后从2010年起施行。《可再生能源法》为我国促进能源结构调整和新能源产业健康快速发展提供了法律保障。此法主要有以下规定：第一，国务院能源主管部门负责组织和协调对全国可再生能源进行资源调查，制定发展目标并作出发展规划。第二，优先发展可再生能源开发利用的研究和产业化发展，并安排资金支持其科研、应用示范和产业化发展，来促进技术进步，降低生产成本。第三，国家鼓励和支持可再生能源并网发电，制定了可再生能源的电价实行标杆上网电价和费用分摊制度，并优先调度和全额收购。确保符合规定的可再生能源燃气、电力、热力入网销售以及生物液体燃料纳入销售体系。第四，鼓励生物质能的开发利用，鼓励使用太阳能供热水、供热采暖、制冷和光伏发电等，使太阳能利用系统与建筑相结合。第五，制定了经济激励办法和监督管理措施，设立可再生能源发展专项资金，规定了资金的支持范围以及具体管理办法的制定主体。对符合规定的可再生能源开发利用项目，给予贴息贷款或税收优惠。总之，《可再生能源法》是有关新能源政策法规的立法基础。

我国的各种财政补贴都要遵守《预算法》，虽然新能源补贴没有写入《预算法》，但是，新能源补贴的资金来源于国家财政，也要进行预算。所以，新能源补贴制度的建立离不开它的框架指导。随着市场经济的发展和时代的进步，此法律也需完善和调整修订。

（2）我国新能源补贴相关政策性规定。除了上述法律之外，我国还有多种有关新能源补贴方面的规定，包括国务院制定的行政法规及其各部委制定的部门规章，但主要体现为部门规章、规范性文件以及地方性政府规章。行政法规几乎没有直接规定新能源补贴政策，仅在财政违法行为的处罚监督中提到。例如，在《财政违法行为处罚处分条例》中规定：新能源的补贴主要来源于财政拨款，若违法使用，应依照该条例进行处罚。有关新能源政策还有《风力发电设备产业化专项资金管理暂行办法》《生物能源和生物化工原料基地补助资金管理暂行办法》《太阳能光电建筑应用财政补助资金管理暂行办法》《金太阳示范工程财政补助资金管理暂行办法》等等，其中明确了对补贴专项基金使用的范围，加强了使用监管措施，为执法机关对违法使用补贴专项基金的严厉打击，提供了法律依据，确保专款专用。

在这里主要从以下几个方面对一些有关新能源补贴的部门规章进行分析表述，它们的制定部门较多，有发改委、住房和城乡建设部、财政部等，它们的种类也较多，大多数以规定、办法、批复、细则、通知等形式出现。

①有关新能源发展的规划。我国为了低碳环保，调整能源结构，实现能源经济的可持续发展，制定了新能源发展的中长期和中短期发展计划。2007 年发改委颁布的《可再生能源中长期发展计划》是对截至 2020 年期间我国可再生能源的发展规划，该计划提出了发展的指导思想、重点领域、目标、任务、保障措施，指明了总体目标是：提高可再生能源在能源结构中的比重，解决偏远地区无电人口用电问题和农村生活燃料短缺问题，推进可再生能源技术的产业化发展。要求开发利用可再生能源，要与节能降耗、保护环境相结合。2010—2020 年可再生能源重点发展领域包括：水电、生物质能、风电、太阳能、其他可再生能源、农村可再生能源利用。为了确保规划目标的实现，采取多种激励措施，包括制定电价和费用分摊政策，加大财政投入和税收优惠力度，大力支持科学技术研究，扶持示范工程等。

结合新能源的资源潜力、技术状况和市场需求，我国还制定了新能源发展的中短期规划。2013 年国务院颁发《能源发展“十二五”规划》，在规划期间，我国新能源产业快速规模化发展，新能源技术装备水平显著提升，支持政策体系逐步完善。2015 年又制定了《可再生能源发展“十三五”规划》，“十三五”规划的起止时间是 2016—2020 年，“十三五”期间的主要任务是：要不断完善新能源扶持政策，创新发展方式，优化发展布局，加快新能源技术进步和成本降低，扩大新能源应用规模，使新能源在能源结构中的比重进一步提高，使我国能源结构进一步优化升级。

②新能源发展基金。新能源产业是全球战略性新兴产业，投资高，风险大，为了加快发展，许多国家采用资金扶持，现阶段我国新能源产业的发展也要依靠政府的资金扶持，多是由政府提供直接补贴，并且设立了新能源发展基金，出台了一系列补贴政策。例如，2006 年发布的《可再生能源发展专项资金管理暂行办法》，它是根据《预算法》和《可再生能源法》等有关法律制定的，表明了可再生能源发展专项资金是通过中央财政预算安排的，资金用于支持在可再生能源和新能源领域内的重点关键技术示范推广和产业化示范、规模化开发利用及能力建设、公共平台建设、综合应用示范等。2011 年，我国将可再生能源发展专项资金改为可再生能源发展基金，颁发了《可再生能源发展基金征收使用管理暂行办法》，本办法对资金筹集、资金使用、监督检查等方面作了详细规定，规定资金的来源除了国家财政公共预算的专项资金外，还源于向电力用户征收的可再生能源电价附加收入等；资金支持的范围仍然是新能源产业领域的开发利用和科研活动。有这样的规章制度，新能源补贴有法可依，有利于对新能源补贴的量化和监督，能更好地推动可再生能源的规模化发展。

③新能源电价政策。我国新能源的电价政策比较多，具有一定的适用期限，发电电价是依据资源富集程度按区域定价的，相关规章制度主要涉及两个方面：一方面是有关新能源电价附加补助资金的相关规定。例如，2007 年发布的《可再生能源电价附加收入调配暂行办法》，2012 年发布的《可再生能源电价附加补助资金管理暂行办法》等；另一方面是有关新能源电价以及费

用的分摊规定。如《可再生能源发电价格和费用分摊管理试行办法》。我国现行新能源电价政策大致是这样的：风电和光伏发电等新能源上网电价按照所在当地脱硫燃煤标杆上网电价执行，低于标杆的部分，由当地省级电网弥补，高出部分由国家可再生能源发展基金予以补贴；对“自发自用、余电上网”模式的分布式光伏发电实行全电量补贴，自用所余电量由电网企业按标杆上网电价全部收购，“全额上网”模式执行光伏电站价格；补贴标准会逐渐降低，补贴实行退坡机制；同时，鼓励采用招标等市场化方式确定新能源电价，但是价格不得高于国家规定的同类资源区新能源标杆上网电价。

针对不同类型的新能源，如风能、太阳能、生物质能等又制定了相应的电价政策，比如，2009 年发布了有关于风能电价的《国家发展改革委关于完善风力发电上网电价政策的通知》，2011 年发布了有关于光伏电价的《关于完善太阳能光伏发电上网电价政策的通知》，2012 年发布了有关于垃圾发电的《关于完善垃圾焚烧发电价格政策的通知》，2013 年发布了《关于光伏发电增值税政策的通知》，2017 年发布了《国家发展改革委关于2018 年光伏发电项目价格政策的通知》。根据不同时期新能源产业发展的状况，又会对上网电价进行调整，每次调整政府都会发布有关上网电价调整的通知。

④针对建筑物新能源利用的政策。为了倡导建筑节能环保，我国制定了《可再生能源建筑应用专项资金管理暂行办法》，来推动新能源在建筑领域中的应用，例如，利用太阳能给办公楼等建筑供热水、供暖、供冷、供照明，实现太阳能光电一体化，用地热泵系统给建筑供热、供冷等。该办法明确规定了该专项资金支持的重点领域是：利用太阳能、地热能、废水余热回收、风能、生物质能和其他，为建筑物提供供暖和制冷、热水供应、照

明用电和烹饪等。专项资金使用范围是：可再生能源建筑应用共性关键技术的集成及示范推广；示范项目的补助及其咨询、评审、监督管理等支出；财政部批准的与可再生能源建筑应用相关的其他支出。该办法也对资金的使用原则、使用程序和监管作了明确规定。为了确保专项资金在建筑领域中专款专用，为了促进建筑节能环保，我国还制定了《可再生能源建筑应用示范项目评审办法》《关于印发可再生能源建筑应用城市示范实施方案的通知》等一系列政策。随着行业的发展，技术的进步，相关的政策也在修改完善，对建筑物的新能源利用，国家有补贴激励政策，也有评估监管政策，如《绿色建筑评价标准》中详细地规定了绿色建筑的评价方法、各类评价指标和等级划分法。这些政策有利于推动新能源建筑一体化，促使绿色节能建筑快速发展。

⑤太阳能补贴政策。分析我国太阳能利用产业的发展，喜忧参半，喜的是产业快速发展，忧的是技术尚且不能突破性提升，投资成本高，产业的发展还要靠政府扶持。太阳能补贴惠及范围是太阳能发电、太阳能光电建筑应用、能源设备以及技术研发等，历年来陆续出台了多项关于太阳能利用的政策，比如，2009年的《太阳能光电建筑应用财政补助资金管理暂行办法》《关于实施金太阳示范工程的通知》，2011 年的《国家发展改革委关于完善太阳能光伏发电上网电价政策的通知》，2012 年的《关于做好 2012 年金太阳示范工作的通知》，2013 年的《国家发改委关于发挥价格杠杆作用促进光伏产业健康发展的通知》，2016 年的《太阳能发展“十三五”规划》等。这一系列政策为太阳能利用作出了规划，指明了发展目标和方向，也阐述了我国对太阳能补贴的优惠政策。我国光伏发电项目实行标杆上网电价或电价补贴政策，分布式光伏发电按全电量补贴政策执行，补贴源于可再生能源基金，对新并网的光伏发电标杆上网电价会进行不断调整，

比如，2017 年的“全额上网”模式光伏标杆上网电价规定为：Ⅰ类、Ⅱ类、Ⅲ类资源区分别为每千瓦·时 0.65 元、0.75 元、0.85 元，“自发自用、余量上网”模式的分布式光伏发电项目，全电量度电补贴标准为 0.42 元/千瓦·时。2017 年 12 月发布《国家发展改革委关于 2018 年光伏发电项目价格政策的通知》，决定调整 2018 年光伏发电标杆上网电价政策，降低 2018 年 1 月 1 日之后投运的光伏电站标杆上网电价及补贴。具体如下：Ⅰ类、Ⅱ类、Ⅲ类资源区标杆上网电价分别调整为每千瓦·时 0.55 元、0.65 元、0.75 元（含税）；采用“自发自用、余量上网”模式的分布式光伏发电项目，全电量度电补贴标准降低 0.05 元/千瓦·时，即补贴标准调整为每千瓦·时 0.37 元（含税）。光伏发电标杆上网电价逐步退坡，预示着我国光伏全产业要进行优化升级。

⑥生物质能的补贴政策。现阶段可供利用开发的生物质主要包括植物秸秆、动物尸体及其排泄物、有机垃圾、有机废弃物等，人们通过生物质发电、生物质成型燃料、非粮生物液体燃料、生物质气化等方法，变废为宝，将废弃物重新利用，为人们提供生活所需能源。为了促进废物再利用，国家制定了许多补贴优惠政策，例如，对生产生物燃料乙醇的补贴，最先是实行定额补贴，2007 年发布的《生物燃料乙醇弹性补贴财政财务管理办法》将其改为弹性补贴，并制定了弹性补贴标准的核算方法，当生产成本低于燃料乙醇销售结算价，企业盈利时，国家不给亏损补贴，该办法要求企业设立风险基金，当标准生产成本高于销售结算价时，先由企业风险基金补亏，风险基金仍然不足于弥补亏损时，国家给予弹性补贴。2008 年的《秸秆能源化利用补助资金管理暂行办法》，对补贴的对象、方式、标准作了明确的规定，规定对从事秸秆气化、秸秆干馏、秸秆成型燃料等秸秆能源

化生产并符合规定条件的企业，根据每年销售秸秆能源和消耗秸秆进行折算，按一定标准给予综合性补贴。2010 年的《关于完善农林生物质发电价格政策的通知》，制定了农林生物质发电项目的电价政策，实行标杆上网电价，要求有关部门认真做好对上网电价和电价附加补贴情况的监管，确保补贴政策落到实处。2012 年的《关于完善垃圾焚烧发电价格政策的通知》，给出了垃圾焚烧发电折算电量价格标准，电价高出当地标杆上网电价的费用采用两级分摊办法，并制定了详细的监管措施。根据《全国农村沼气发展"十三五"规划》，在"十三五"期间，国家投资 500 亿元专项资金，鼓励养殖企业、合作社、家庭农场和农户建设沼气工程，并根据规模的大小给予不同的资金补贴，以促进资源的循环利用，改变农村的生存环境。针对生物质能的补贴政策还有不少部门规章，这些政策很大程度上激励和引导着生物质能利用产业的发展，改变着人们对资源的新认识，促使废物再利用，从而节约资源，保护环境。

⑦风能的补贴政策。目前我国风力发电发展稳定，已是技术比较成熟的产业，这些年国家制定了许多关于风电的不同类型的激励政策，有些是风电发展导向性政策，有些是针对电价补贴的政策，有些是针对弃风限电和消纳问题的政策等。我国涉及风电产业价格补贴的政策很多，所处发展时期不同、地域不同，政策也有所不同。例如，2009 年的《国家发展改革委关于完善风力发电上网电价政策的通知》，根据风能资源状况，把我国分为四类风能资源区，不同资源区有不同的风电标杆上网电价，各资源区仍实行风电价格费用分摊，提出海上风电项目上网电价另行确定；几年来多次发布阶段性的《关于可再生能源电价补贴和配额交易方案的通知》，实时调整电价附加资金补贴范围和金额，完善配额交易与电费结算，解决风电的市场消费和容纳能力；

2011 年的《可再生能源发展基金征收使用管理暂行办法》，规定了资金的来源、资金的使用方法和支持范围，以及监督检查制度；2014 年发改委下发《关于海上风电上网电价政策的通知》，对 2017 年以前投运的非招标的海上风电项目，明确规定了潮间带风电和近海风电的上网电价，2017 年及以后投运的另行确定，经过特许权招标的实行中标价格。国家能源局数次下发有关可再生能源电价附加补助资金管理、补助项目审核的办法，使补贴资金管理更加规范，提高了使用效率，加快风电产业技术不断进步，开发成本不断降低。于是，在 2018 年制定了《关于积极推进风电、光伏发电无补贴平价上网有关工作的通知》，要求做到“四个保障”，即保障上网、保障合同、保障消纳、保障环境，使发电补贴逐渐退坡，最终达到无补贴平价上网，使发电产业在市场竞争机制下健康发展。

（3）我国新能源补贴相关制度的特征和主要内容总结。我国新能源补贴的基础法律主要是《可再生能源法》和《节约能源法》等，以这些法律为依据，各部委制定了许多法律法规和政策性规章或有关新能源的补贴实施细则，已初步形成新能源的法律体系，再加上地方政府的规章制度，引导和促进着我国新能源健康发展，也体现了政府的主导作用。

我国新能源补贴主要采取以下三种方式：第一种，电价补贴。根据不同地域不同新能源资源富集量的多少，以及产业技术发展情况，确定上网电价，具体以当地脱硫燃煤标杆上网电价为标准入网，允许新能源发电就近上网，电网应全额收购，实行电价费用分摊机制，弥补差额。第二种，税收优惠。国家为了支持新能源产业发展，对新能源企业的符合规定范围的增值税、所得税等给予减免优惠，国内新能源企业为生产装备和产品进口关键零部件、原材料商品，符合规定范围的并且确实需要进口的，实行免收关税和进口环节的增值税。第三种，投资研发专项补贴和贷款优惠。如政府设有农村能源专项贴息贷款，主要用于沼气生产、风电技术和太阳能利用的推广应用。在新能源的研究开发和试点示范方面，政府大力支持，给予专项补贴。

新能源补贴资金的来源主要是可再生能源专项基金，即中央财政拨款的专项资金和征收的可再生能源电价附加费。这些资金必须遵照相关政策制度划拨，为了确保资金专款专用，落到实处，起到实效，相关规章制度中对资金的支持对象、申领程序、使用范围和监管措施都有明确的规定。新能源补贴的范围主要有：①新能源领域的建设安装设备、建筑用地。目前，可以开发利用的新能源主要包括：太阳能、风能、生物质能以及浅层地热能等，新能源补贴惠及的范围主要有：新能源领域的建设安装设备、建筑用地。为优化能源结构，鼓励企业投入新能源领域，政府对符合规定的新能源项目用地，实行划拨供地或者按照低于当地同等土地出让最低价标准的一定比例出让，对新能源生产建筑设备安装、改进以及原料给予补贴。②新能源产品的推广应用。比如，支持风力发电、太阳能光伏发电并网，对上网电价进行补贴；支持一些道路、小区、广场等公共场所应用光伏与 LED 结合照明技术，支持太阳能光伏建筑一体化项目，支持地源热泵系统应用于办公楼、商场、学校等建筑的供暖、制冷、供生活热水，等等。③新能源试点项目和技术研发。试点项目、示范工程是行业发展的探路者，政府重点扶持，吸取他们成功的经验，作为模板，引领推广。行业的发展，离不开技术的进步和创新，我国每年都会将大量经费投入新能源领域的创新技术研发，研究风电技术、太阳能热光电技术、生物质能技术、地热能技术等，希望新能源核心技术能有突破性创新，使新能源产业快速发展。

纵观十几年间我国制定了许多有关于新能源的补贴政策，分析得出它们有着共同的特征：①政府导向型补贴措施及激励政策为主。我国新能源补贴措施和激励政策以政府导向型为主，市场导向型为辅。政府导向型激励政策属于强制性政策，而市场导向型激励政策属于一种自愿性政策。强制性政策和自愿性政策的主要区别在于供电企业或消费者对于可再生能源电力的采购或消费是否具有选择权。强制性政策主要针对发电企业或电网企业，比如固定电价强制上网政策要求发电企业供给的绿电保证上网，并且以固定价格上网以保证发电企业继续生产绿电。②产业型补贴措施为主，消费终端补贴措施及激励政策有限。从优化我国可再生能源补贴措施和激励政策的角度出发，首先针对不同的新生能源的发展状况，制定相应的补贴措施和激励政策。对已经具有规模产业能力的新能源包括水电、风电、太阳能光伏发电的生产环节进行补贴，而对生产规模不大、地域分散、用能分散甚至非商品化的新能源侧重于消费型补贴。将消费型补贴落实在消费群体中，有利于新能源的消费量增加，改变传统认识下的电力消费结构，提高新能源的市场竞争力，减排和改善环境。消费者使用新能源予以补贴，是新能源激励性规制的终端，是低碳消费的主体和低碳消费补贴的最终对象。政府的社会目标就是转变消费者消费习惯，注重低碳消费，使用新能源。

7.2.2 国外新能源价格补贴的内容与特征

（1）德国新能源价格补贴政策分析。20 世纪 90 年代德国就以法律形式明确了国家全额收购与新能源发电固定电价相结合的制度，目的是稳定新能源发电价格。德国政府根据新能源企业的类型和发展状况差异，确定了不同的上网电价，并依照一定比例逐年降低该价格。如 2004 年生物质能电价为 9.9 欧分/千瓦·时，5 年之后该价格降至 9.18 欧分/千瓦·时，这不仅仅是因为产量扩张降低了发电成本，还有技术进步的因素。2009 年德国重新修订了《可再生能源法》，规定环境、自然保护、核反应安全等部门必须每隔 4 年就要向联邦议会报告发电成本、发电设施流入市场的情况，同时依据技术进步和市场发展状况调整电价标准。这种做法不仅有利于保护投资者利益、促进新能源产业发展，还在一定程度上激励了投资者提高新能源产业技术水平、降低新能源发电成本，进而有利于减轻政府财政补贴负担。

德国《可再生能源法》规定，政府相关部门经过调查后可以就补贴效果提出相应报告，根据新能源科学技术发展状况和市场变动情况及时调整电价，同时交德国联邦议会作出评估。此外，针对新能源价格补贴，德国政府制定了一整套从实施到评估监管的流程，从法律层面确保政策运行和实施效果最大化。较高的透明度和公开度是德国新能源价格补贴政策的优点之一。法律明确规定，新能源相关参与主体包括研究机构、新能源发电企业和消费者等均可从政府方面了解到相关政策信息，使补贴政策更加公开透明。除此之外，德国新能源补贴政策具有很好的稳定性，明确规定可以依照《可再生能源法》及其相关法律法规对多方利益进行协调，以合理界定他们的权利和义务；将补贴对象和内容以法律法规形式确定下来，让补贴效果达到预期目标，促进新能源产业更好更快发展。

（2）美国新能源价格补贴政策分析。美国在新能源立法方面成果斐然，但在新能源发展上一直落后于西欧。2008 年后，美国大力发展新能源产业，总体上取得了一定成绩，然而受困于两党轮替执政，美国的新能源发展并非一帆风顺。美国对新能源的补贴主要体现在“投资税负减免”（Investment Tax Credit，简称 ITC）和“产品税赋抵免”（Production Tax Credit，简称 PTC），消费者每使用一千瓦·时新能源电力就可以获得 0.022 美元的税赋抵免，这种税赋抵免本质上还是一种价格补贴。按照现有法律，2017 年后陆上风电 PTC 逐年下降 20%，而 2019 年后开建（一般 4 年完工）的风电项目不再享受 PTC 优惠。针对光伏的 ITC 优惠自 2020 年起逐年下降，大型光伏项目的 ITC 优惠从 30% 最终降至 10%，而居民屋顶光伏至 2022 年起完全取消。基于新能源事关美国新能源产业长远发展，预计美国短期内不可能取消新能源补贴政策，但特朗普执政后可能会鼓励一些传统能源产业重新焕发生机，这可能会加剧新能源产业与传统能源产业之间的竞争；也有可能出现提前在 2019 年就全部取消税收减免或者到 2050 年一直维持现有税负减免两种极端情况，如此一来 ITC 和 PTC 的未来走向就会呈现以下几种情形：按照现有法律，税负减免幅度逐步下降；2019 年提前终结所有税收减免；至 2050 年一直维持现有税收减免幅度。在税收减免优惠延长至 2050 年的情形下，风电发电量可比参考情景高出 40%；在 2019 年终结所有税负优惠的情形下，美国的风电、光伏发电依然会持续增长，原因在于美国拥有丰富的新能源资源禀赋。

（3）欧洲其他国家的新能源补贴政策分析。在诸多促进新能源产业发展政策中，欧盟各成员国使用最多的是强制上网政策。强制上网电价政策在时间连续性、支持侧重点和新能源价格补贴幅度方面拥有相当大的可适应性和可调控性。葡萄牙对风力发电实行了不同的新能源补贴标准，每年生产的前 2000 个小时的风电补贴标准为 0.082 欧分/千瓦·时，2000 小时（含）后的风电补贴标准则变为 0.07 欧分/千瓦·时。这种差异化还表现在补贴时间总数上，如德国的补贴时长为 20 年，而西班牙的补贴时长只有 5 年。当然，一些欧洲国家也实行了配额制，如英国和东欧一些国家就采用了新能源上网许可证制度。从欧洲各国新能源补贴政策实践效果来看，相比于配额制，强制上网政策收效明显。以2003年为例，实施强制上网后，西班牙的风力发电价格为6.4欧分/千瓦·时，德国风力发电价格为6.6欧分/千瓦·时—6.8欧分/千瓦·时，而实施配额制的英国，其风力发电价格为9.6欧分/千瓦·时，且两者之间的风力发电差价还在不断扩大。从风力发电成本来看，配额制国家的发电成本也要明显高于强制上网制国家的发电成本。此外一些欧洲国家对新能源进行了直接补贴，如芬兰对太阳能技术公司购买或安装太阳能设备进行了财政补贴，奥地利对安装太阳能设备进行财政补贴等。

综上，国外新能源价格补贴政策具有以下特点：一是新能源价格补贴立法严密，覆盖全面，新能源产业链各环节都有相对应的补贴，如美国的“投资税负减免”（ITC）及“产品税赋抵免”（PTC）都对新能源产业链各环节补贴作了详细规定。二是价格补贴幅度逐年降低，最终将取消补贴，目的是实现新能源产业市场化。三是配额制与强制上网政策共同使用，不同电力上网方式，其补贴政策也不同。

7.2.3　我国新能源价格补贴存在的问题

（1）缺乏统一管理机构。从目前的能源管理机构中梳理，有全国人大常委会立法机构，国务院下设有能源主管部门——国家发改委，但能源产业的有关项目审批决定权在财政部，规划权在发改委，科技部又负责技术攻关科研专项经费的调拨使用，缺乏统一协调，统一调度，监督和评估、制定能源价格等，管理责任层削弱。造成政府职能缺失，责任主体不明确，给企业造成管理漏洞或盲区，对于一切基础建设、科研立项专项经费等大量资金投入的效率也无法评估。在国家如此重视之下，能源发展过程本该有的统一规划、有重点发展、集中技术科研力量攻破一道道难关，却因为内部体制的问题一直没有解决。因此缺乏统一管理机构是制约能源快速健康发展的重要因素之一，亟待解决。

（2）补贴政策的稳定性差，且补贴侧重点不同。价格补贴政策由于没有明确的立法保护，再加上各个相关的部门都可以出台新能源政策，各部门对于支持新能源产业发展的思路与政策措施并没有很好地协调，最终导致政策体系复杂多变、争议很大，这方面的问题主要表现在以下几个方面：新能源补贴的“特许权招标”与“标杆上网电价”之争；财政补贴应事前补还是事后补，尤其体现在“金太阳示范工程”的政策上；新能源开发究竟应以鼓励“集中式”还是“分布式”为主的问题。

（3）过度补贴造成产能过剩。新能源产业之所以成为国家治理产能过剩的重点行业，根本原因在于中央政府的战略性新兴产业的定位和我国独特体制下的地方政府竞争导致的过度补贴，使新能源产业的发展出现“潮涌现象”。而且这种补贴主要来自地方政府以招商引资、发展战略性新兴产业为目的的超强度支持，而非出于改善能源结构的绿色支持。林毅夫（2010）提出了一个两期架构观点，他认为一旦建立产能在先、市场竞争在后，那么企业投资建厂时必然埋下高风险的隐患，因为这样做完全背离了市场规律，在对其他企业信息了解不充分时，没有调查分析仅凭感性判断，即使在理性决策的情况下也将产生“潮涌现象”，即蜂拥而至同一投资领域，导致产能过剩。

对于新能源产业，中央政府的定位是鼓励发展的战略性新兴产业。我国地方政府的 GDP 增长冲动一贯强烈，正为缺少合适的投资领域发愁，中央政府的鼓励发展使得大力吸引新能源产业的投资，基于短期的市场预期在经济上也具有合理性，新能源投资带来的出口增加、GDP 增长、税收增长更有利于突出政绩。值得注意的是，新能源产业获得的这种过度补贴，主要来自地方政府以招商引资、发展战略性新兴产业为目标所提供的过度支持，而非出于改善能源结构的绿色支持。一个典型的例证是光伏设备产业的高速发展，调查统计表明，我国光伏产业呈现出非正常增长，“潮涌现象”特别严重，2010—2015 年，年平均增长率达到 150%，项目上马速度惊人，光伏产业供产消呈现非正向相关，原材料主要依靠国外进口，产品 90% 以上用于出口，并没有带动国内光伏发电产业的快速发展。欧洲等国较高的光伏上网电价补贴，刺激了对光伏设备的需求，我国企业在劳动力成本及地方政府支持下的要素成本、融资等方面具有很强的优势，“潮涌”式地抢占了这一市场。随着“潮涌”投资的扩大，一方面使上游原料多晶硅价格疯涨，另一方面规模效应以及出口定价中的恶性竞争使得产品价格迅速下降，加上世界经济还并未完全走出金融危机的冲击，欧美国家“双反”诉讼，原来的预测失灵，当初看好的盈利投资项目转眼变为泡影，产能过剩结局把投资项目计划进程搁浅。本应是刚刚兴起的新型产业，一转眼成了产能过剩行业，风电设备和光伏产品都在其中，这种非正常的发展，属于典型的“头重脚轻”，特别是风电设备产业以惊人速度发展，是大量财政专项长期补贴导致。从科学发展观来分析，一个处于起步阶段的产业，科技含量又高的设备，循序渐进的发展模式是不能打破的，那么从起步阶段就出现重复建设和产能过剩，必然是各地政府的决策、补贴政策、急功近利思想、项目上马论证等多环节上出现失误或偏激，支持可再生能源项目发展是国家战略，但负责具体实施的各部门、各地政府需要更多学习，理性对待，不断提高科学决策水平。

（4）引发了国际贸易争端。现在可以观察到的国际新能源补贴争端里，都是因为当地反对以及认为存在不合理补贴政策而进行诉讼。在中美风能案中 Robert Hawks 就提出过，中国保证未来新能源技术的国内供应的主要原因就是我们对新能源的需求非常巨大，且拥有丰富的新能源。正是因为部分专家的理解以及考虑到中国的特殊国情，才使得中国风能案到了最后并没有走上专家组程序。而中国的特殊国情就包括了新能源的技术转让和流通的高成本问题，以及受到了严苛的时间限制。曾经欧共体的一些贸易争端就不适合，进入 21 世纪后欧盟和美国的贸易争端也没有考虑过类似于我们的理由。因此我国遭受美国对华新能源政策调查时有发生，仅 2010 年美国就此内容进行 301 项对华调查，焦点在美国认为中国政府存在对国内新能源行业非法补贴政策，指责我们的补贴政策使美国对华出口产品大幅下降，2015 年以来，这种贸易争端不断上升，因此在新能源补贴政策的制定上，在充分考虑国内实际情况，全力扶持国内新能源产业发展的同时，还需兼顾 SCM（反补贴协定 Subsidies and Countervailing Measures）协定中的有关内容，趋于与 WTO 原则相同，减少一些不必要的国际贸易争端，立足国家核心利益至上又能放眼世界，研究制定补贴政策，提高新能源领域内的竞争实力。

（5）促进技术创新效果不明显。作为战略性新兴产业，如缺乏政府提供的补贴，新能源产业就缺乏市场竞争力。大力发展作为战略性新兴产业的新能源产业，其主要目的是为抢占未来的市场做准备，通过政府支持能够掌握在未来有全球竞争力的产业核心技术。以这一要求来对照，我国的新能源设备制造业的进步并不理想。虽然在产能和产量上有显著优势，但多数行业都处在低端地位，自主创新水平不高，成果转化能力不强，通过内资企业和外资企业新产品销售收入的差距看得很清楚，说明核心技术被外资垄断局面并没有打破。如白雪洁、李媛（2012）以风电设备产业为案例进行的分析所发现的，虽然我国本土风电设备企业目前已成为全球市场的重要竞争主体，多家企业已排名全球前十位，但与国外企业的技术鸿沟依然巨大，专利申请数量远远低于国际同行。出现这种状况，与我国对新能源产业的政策支持导向和实施现状有关。以光伏产业为例，我国的政策支持主要是对制造企业的投资支持，但促进光伏发展的应用支持、研发支持与发达国家相比（如德国）较弱，且研发支持的项目较为分散，更为重要的是，德国对于制造业的投资支持，在一些州甚至对企业有技术创新方面的要求，而我国地方政府主要以招商引资为目的对制造企业进行支持。正是因为这些政策导向上的差异，才导致我国已经迅速成为新能源设备制造企业的世界第一，但促进技术创新的效果不明显，核心技术被外资垄断局面继续存在。

7.3　我国新能源价格补贴对经营绩效的影响

在价格补贴等政策的扶持下，我国新能源产业的技术有了很大提升。风电装备制造能力取得重大提升，可以生产1.5兆瓦以上的任何规格、类型的机组以及重要零部件，基本满足了当前环境下海上和陆地风电的开发需要①。截至2016年底，中国风电累计装机量超过1.69亿千瓦，新增装机量2337万千瓦；其中海上风电新增装机59万千瓦，累计装机容量为163万千瓦（《2016年中国风电装机容量简报》），但是与西欧诸国风电产业占比达到30%，丹麦则有近40%的电力来源于风能，与之相比我国的风电发展还是显得乏力。在光伏的工业化方面，已达到了世界先进水平，光伏电池效率不断提高。我国累计装机容量截至2016年底为7742万千瓦，其中2016年新增光伏发电装机容量3454万千瓦，光伏发电装机容量新增和累计装机容量均为全球第一。

① 陈媛．我国可再生能源补贴政策的有效性研究［D］．青岛大学，2013。

从企业的角度来看，利用电价资金上的补贴，推动新能源产业扩大装机容量规模，节约发电成本，使新能源企业的发电成本维持与火电的持平甚至降低的态势，进而推动销售价格的降低，使市场规模得以扩大。与此同时因为补贴企业拥有了技术革新的余力，这也有利于整个行业的发展。

因此我们选取了部分新能源上市企业进行对比，原则上因为价格补贴的给予对象是发电企业，因此我选择了目前上市的新能源发电企业的补贴数据，考虑到部分发电企业因为种类繁多、业务复杂，所以我们尽可能选取了主要以新能源发电业务为主营业务的企业。部分企业比如国投电力因为发电种类过多，根据它的年经营数据算出其新能源业务接受补贴的量（也就是新能源上网电价与火力上网电价的差额）。同时考虑到新能源的价格补贴使新能源发电业务的利润水平不会低于传统能源，因此计算得出新能源的补贴收入占利润比和补贴占收入比例。在新能源企业中风电即将面临退出补贴的局面下，一定程度上意味着该行业在新能源企业处于相对成熟的行业，因此选取了多家光伏发电企业和核电，且对于一个以新能源发电为主营业务的企业而言，其补贴应该都是对于新能源所进行的补贴。从时间段来看，2010 年后我国的新能源价格补贴政策才相对完善，之后面对一些具体情况也作出过实时调整，因此我们选取了近三年的数据，各种数据和计算如表 7 - 1、表 7 - 2、表 7 - 3 所示。

从数据中我们不难看出，补贴的增长与收入的增长基本同步，各个企业补贴占收入的比例基本在 1%—68%，差距还是很大的。不难看出补贴占收入比最低的两家是核电，最高的是光伏，其中国投电力的光伏发电在 2016 年补贴占收入比为 68%，补贴占利润比例为 300%，也正是这种过高的补贴使得光伏的问题多且对于政策的敏感性过高。从数据看出，补贴对收入和利润

表 7－1　　新能源企业经营数据

单位：万元

	营业收入			净利润			补贴收入		
	2017 年	2016 年	2015 年	2017 年	2016 年	2015 年	2017 年	2016 年	2015 年
节能风电	1861074099	1412128972	1345677131	461583822	269352305	266196251	326203582	356487932	365318510
中国核电	33589908934	30008741671	26202031122	8036146123	8108361254	7108763610	2208405087	2409094675	1976599044
国投电力（风电）	720852000	432456000	429569000	126000224	97593061	116474382	176784000	132312000	131236000
国投电力（光伏）	229540000	182178000	190152000	40122093	41112411	51558275	147430000	123366000	84357000
协合新能源	1035967000	1785166000	3478562000	202924000	355975000	406940000	369630000	412123000	262103000
中广核电力	45616454000	32890307000	26795904000	12514521000	8924707000	8539026000	1578314000	1445406000	1657890000
中国电力清洁能源	4820975000	4726592000	2404602000	403846000	400650000	107463000	65458000	66130000	45946000

表 7－2　新能源企业补贴收入状况

	补贴收入占利润比例			补贴收入占收入比例		
	2017 年	2016 年	2015 年	2017 年	2016 年	2015 年
节能风电	71%	132%	137%	18%	25%	27%
中国核电	27%	30%	28%	7%	8%	8%
国投电力（风电）	140%	136%	113%	25%	31%	31%
国投电力（光伏）	367%	300%	164%	64%	68%	44%
协合新能源	182%	116%	64%	36%	23%	8%
中广核电力	13%	16%	19%	3%	4%	6%
中国电力清洁能源	16%	17%	43%	1%	1%	2%

表 7－3　新能源企业收入与补贴增长情况

	收入增长比率		补贴增长比率	
	2017 年	2016 年	2017 年	2016 年
节能风电	32%	5%	－8%	－2%
中国核电	12%	15%	－8%	22%
国投电力（风电）	67%	1%	34%	1%
国投电力（光伏）	26%	－4%	20%	46%
协合新能源	－42%	－49%	－10%	57%
中广核电力	39%	23%	9%	－13%
中国电力清洁能源	2%	97%	－1%	44%

都有正面影响，对新能源上市公司的持续经营能力影响重大；同时也可以看出相对于平均水平，某些公司的补贴和利润明显偏高。

7.4　新能源产业价格补贴对投资规模和效率的影响

7.4.1　我国新能源产业投资规模和效率相关变量假设

新能源上市公司的投资效率到底如何？其投资过度或投资不足的程度到底有多大？价格补贴政策与新能源产业投资效率的相关性有多大？是否对新能源产业的发展有引导性的影响，国内外学者对投资效率的衡量方法主要有 FHP 模型、Vogt 模型、Richardson 模型。其中 Richardson 模型是近几年学者们在度量投资效率时常借鉴的模型之一，Richardson 模型主要是通过经济模型残差的意义来判断投资是否过度，计量经济模型残差项的含义是被解释变量的实际值与模型回归后的拟合值之差，这是模型中解释变量不能解释的部分，Richardson 模型将净投资分解为预期投资和非预期投资两部分，如模型 1，实际投资为 $I_{i,t}$，预期投资为：

$$\beta_0 + \beta_1 Grow_{t-1} + \beta_2 Lev_{t-1} + \beta_3 Cash_{t-1} + \beta_4 Age_{t-1} + \beta_5 Size_{t-1} + \beta_6 Ar_{t-1} + \sum Year + \sum Ind$$

实际投资与预期投资之间的差额，即投资模型的残差值。残差值若为正表示实际投资超过预期投资，即投资过度，用 Over_Invest 表示；残差值为负表示实际投资低于与其投资水平，即投资不足，用 Under_Invest 表示，且根据残差值的大小，可以判断过度投资或投资不足的程度。利用 Richardson（2006）建立的过度投资模型，估算企业的过度投资程度。建立的回归模型如下：

$$I_{i,t} = \beta_0 + \beta_1 Grow_{t-1} + \beta_2 Lev_{t-1} + \beta_3 Cash_{t-1} + \beta_4 Age_{t-1} + \beta_5 Size_{t-1} + \beta_6 Ar_{t-1} + \beta_7 I_{t-1} + \sum Year + \sum Ind + \varepsilon \quad \text{（模型 1）}$$

其中 β_0 为常数项，β_1—β_7 为各解释变量的系数，变量 ε 为残差。其他变量定义如表 7－4 所示。

表 7－4　　　　模型 1 变量解释

变量分类	变量名称	符号	计算公式
被解释变量	新增投资	$I_{i,t}$	当年扣除维持性投资后的净投资
解释变量	投资机会	$Grow_{t-1}$	Tobin Q 值
	资产负债率	Lev_{t-1}	上年负债/期初总资产
	现金持有量	$Cash_{t-1}$	上年货币资金/期初总资产
	上市年限	Age_{t-1}	截至上年上市年限
	企业规模	$Size_{t-1}$	期初总资产的自然对数
	每股收益	AR_{t-1}	上年普通股每股收益
	上年投资	$Invest_{t-1}$	上年扣除维持性投资后的净投资
控制变量	年度哑变量	Year	所属年份
	行业哑变量	Ind	所属行业

Tobin Q 理论认为新增资本的市场价值与企业重置成本之间的比值决定企业投资水平，这一比值即被称之为 Tobin Q 值（James Tobin 于 1969 年），Tobin Q 反映公司成长性的重要指标，Tobin Q 值越高，成长性越好，这时市场对企业的定价往往会越高，公司会倾向于通过增发股票进行融资。企业的价值能够通过比较 Tobin Q 值的大小估得，具体以企业总资产的市场价值与企业资产重置成本的比值来衡量。当 $Q>1$ 时，企业市价大于企业资产重置成本，表示新厂房的建设的资本要低于企业市场价值，企业会更偏向于进行投资活动，生产新的资本产品而较少地发行股票；当 $Q<1$ 时，企业市价小于企业重置成本，购买现成的资

本品比生产新的资本产品更加便宜，经营者将倾向于前者，而不会把现金流用于投资生产新的资本产品，投资支出就会降低；当Q=1时，企业投资和资本成本将达到边际平衡。但仅依靠Tobin Q值来衡量企业是否过度投资，显得力度不足，根据Richardson等人的后续研究表明，以Tobin Q值为因变量来衡量上市公司的投资是否过度比较可靠。为此本书认为新能源企业的Tobin Q值能反映企业的投资机会，并与企业投资规模与效率有关联，引入Tobin Q值为解释变量。

在各种新能源产业发展的过程中，保持适度的投资能够推动产业的发展，良好的融资环境有利于企业抓住投资发展的机会，在理想的情况下，资本市场完全自由且信息对称，各种融资方式被认为相互是平等的、可以替代的，企业没有融资约束问题。然而，由于现实资本市场不可避免的信息不对称性和委托代理问题，企业外部融资途径会存在逆向选择，各种融资方式成本差异大，内外部的融资途径无法相互替代。这种现象很可能使外部融资成本高于内部资金的使用，形成外部融资约束，在我国新能源产业规模发展、国内外市场情况由于受到相关外部政策的影响，资本市场的信息不对称程度较高，市场发展不确定因素多，新能源企业从资本市场融资的难度大，或者需要支付较高的补偿回报提高了融资成本。因此，为避免资金短缺，难以满足投资需求，企业倾向于有计划地留存生产经营活动所产生的现金，尽可能以多的内部资金来缓解融资的压力，在激烈的竞争中获得市场投资机会。同时，外国学者Jensen在1986年提出了自由现金流假说，即自由现金流量的代理成本理论。这一理论认为，当企业拥有大量现金流出时会出现股东与管理层之间的冲突，随之带来的就是代理成本问题。Jensen认为，管理层总是希望把公司的自由现金流量尽可能多地用于扩大投资规模，为了个人的私利，好从中获得报酬，而不是把现金交付给股东，是因为向股东发放现金必然会减少管理层能够控制的现金流。所以，较高的现金流持有量会获得投资机会，也会使管理层更倾向于投资，有可能出现过度投资的现象，本书将企业自有现金流量与总资产之比来衡量其持有现金流率，所以本书认为新能源企业的自由现金流对企业的投资规模和效率有很大的影响，将现金持有量作为影响新能源新增投资的解释变量。

资产负债率是负债总额与资产总额的比率，它表明在资产总额中债权人提供资金所占的比重。用于衡量企业利用债权人资金进行财务活动的能力，以及在清算时企业资产对债权人权益的保障程度。资产负债率是衡量企业负债水平及风险程度的重要标志，企业的内部环境主要为企业治理，其中债权治理能反映公司经营能力的高低。资产负债率越低，说明以负债取得的资产越少，企业运用外部资金的能力较差；资产负债率越高，说明企业通过借债筹资的资产越多，风险越大。因此，资产负债率应保持在一定的水平上为佳。且负债融资也是应对外部融资约束的重要方法之一，能够改善企业投资状况。融资次序理论阐述了由于信息不对称等因素，企业偏好融资顺序依次是内部融资、债务融资、股权融资。考虑到负债融资对财务杠杆效用较大，而新能源企业目前发展需要作出漂亮的财务绩效而吸引众多投资者，本书引入新能源企业的资产负债率作为与新能源企业新增投资的影响因子。

新能源企业的上市年限及企业规模能够反映企业的规模以及成熟度，对于新能源产业来说，由于目前的新能源发电技术仍在发展中，新能源发电的成本较传统能源偏高，所以规模经济效益对新能源企业显得尤为重要，于是本书引入新能源企业上市年限及企业规模影响因子。

新能源企业的股票收益率是反映企业融资能力的重要指标，融资好的企业能够更好地获得投资机会，引入股票收益率影响因子。此外，上一年的投资支出也作为影响因子。

最后，在新能源产业技术发展还未成熟，新能源产业未完全进入市场之前，本书认为新能源价格补贴政策与新能源产业投资规模与效率有很强的关联，有可能对新能源产业的发展起到导向性的作用，以此作为新的影响因子加入原 Richardson 投资效率模型。

7.4.2　新能源产业价格补贴对投资规模和效率影响的实证分析

（1）建立新能源企业投资效率回归模型以及样本选取。本书选取了 A 股新能源上市公司中具有代表性的 53 家企业作为样本进行分析，结果如表 7－5 所示。首先利用 Tobin Q 值对样本公司是否过度投资作初步的了解，根据计算 53 家新能源行业上市公司的 Tobin Q 值，可以得到：其中有 21 家企业 Tobin Q 值大于 1，占样本公司的 40%。

表 7－5　　样本公司 Tobin Q 值①

公司简称	Tobin Q	公司简称	Tobin Q	公司简称	Tobin Q
川投能源	1.33	乐凯胶片	1.45	国电电力	0.21
保变电气	0.94	鄂尔多斯	0.23	华能国际	0.26
乐山电力	0.98	中科三环	0.19	大唐发电	0.26
南玻 A	0.90	中材科技	0.62	国投电力	0.23
通威股份	1.84	天奇股份	1.07	宝新能源	0.88
中环股份	0.97	鑫茂科技	2.02	汇通能源	1.44

① 数据来源：国泰安 CSMAR 数据库。

续表

公司简称	Tobin Q	公司简称	Tobin Q	公司简称	Tobin Q
有研新材	2.70	长城电工	0.50	中成股份	2.08
拓日新能	0.81	湘电股份	0.40	中核科技	3.59
孚日股份	0.67	东方电气	0.27	申能股份	0.46
航天机电	0.62	新光圆成	1.64	阳光电源	1.12
特变电工	0.36	九鼎新材	1.14	长江电力	1.18
金晶科技	0.59	金风科技	0.88	万向德农	2.85
东华科技	0.66	上海电气	1.06	荣华实业	2.89
宏发股份	2.85	银星能源	0.29	华电国际	0.10
华光股份	0.68	悦心健康	1.69	金山股份	0.19
天茂集团	0.27	京能电力	0.38	中国核电	0.33
中粮生化	2.16	哈投股份	0.26	沃尔核材	1.38
科达洁能	1.08	泰达股份	0.18		
合计	Q>1	21	Q<1	32	

本书拟首先对模型（7-1）（Richardson 投资效率模型）进行回归分析，其次对加入政府补贴的因子的模型（7-2）进行回归分析，其中 Gov 变量代表政府补贴，数据来源于上市企业年报。

$$I_{i,t} = \beta_0 + \beta_1 Grow_{t-1} + \beta_2 Lev_{t-1} + \beta_3 Cash_{t-1} + \beta_4 Age_{t-1} + \beta_5 Size_{t-1} + \beta_6 Ar_{t-1} + \beta_7 I_{t-1} + \sum Year + \sum Ind + \varepsilon \quad (7-1)$$

$$I_{i,t} = \beta_0 + \beta_1 Grow_{t-1} + \beta_2 Lev_{t-1} + \beta_3 Cash_{t-1} + \beta_4 Age_{t-1} + \beta_5 Size_{t-1} + \beta_6 Ar_{t-1} + \beta_7 I_{t-1} + \beta_8 Gov_{t-1} + \sum Year + \sum Ind + \varepsilon \quad (7-2)$$

（2）回归分析。从表 7-6 中可以看出两次模型调整后 R^2

分别为 0.913、0.912，表示能够反映原始数据的 91.3%、91.2%。其中，DW 值是检验回归模型中残差的独立性假设的，即检验数据是否存在序列相关，如果 DW 值越接近 2，说明残差项之间相关性越小，说明各变量不存在序列相关。本研究中的 DW 值为 2.430 和 2.396 接近于 2，可以基本确定变量多重共线性较小，变量的选择有效。

表 7－6　模型汇总

模型	R	R^2	调整后 R^2	标准估计的误差	Durbin – Wastson
1	0.962[a]	0.925	0.913	1.63397E9	2.430
2	0.962[b]	0.926	0.912	1.64441E9	2.396

a. 预测变量：(常量)、新增投资（2016 年）、每股收益、上市年限、现金持有量、Tobin Q 值、资产负债率、企业规模。

b. 预测变量：(常量)、新增投资（2016 年）、每股收益、上市年限、现金持有量、Tobin Q 值、资产负债率、企业规模、财政补贴。

表 7－7　Anova[a]

模型		平方和	df	平均值平方	F	Sig
1	回归	1.479E21	7	2.113E20	68.415	0.000[b]
	残差	1.201E20	45	2.670E18		
	总计	1.599E21	52			
2	回归	1.480E21	8	1.850E20	79.129	0.000[c]
	残差	1.190E20	44	2.343E18		
	总计	1.599E21	52			

a. 因变量：(常量)、新增投资（2017 年）。

b. 预测值：(常量)、新增投资（2016 年）、每股收益、上市年限、现金持有量、Tobin Q 值、资产负债率、企业规模。

c. 预测值：(常量)、新增投资（2016 年）、每股收益、上市年限、现金持有量、Tobin Q 值、资产负债率、企业规模、财政补贴。

从表7-7中可以看出，两次回归的sig值为0.00，小于0.05，回归有价值，各变量对变量解释有效。对上述模型1、模型2进行回归分析后，得出残差值ε。若标准残差值大于0，表示样本公司存在过度投资情况；若标准残差值小于0，表示该样本公司投资不足。模型1的回归分析中，共有29家新能源上市企业标准残差ε大于0，表示这有29家新能源企业存在过度投资现象，约占总样本的54.7%。将模型2（加入政府补贴变量）与模型1的残差作对比，残差大于0的企业有29家，共有32家企业的残差变得更加拟合（表7-8、图7-1、图7-2），占样本比例60.4%，剩下21家企业残差没有更加拟合，其中有4家

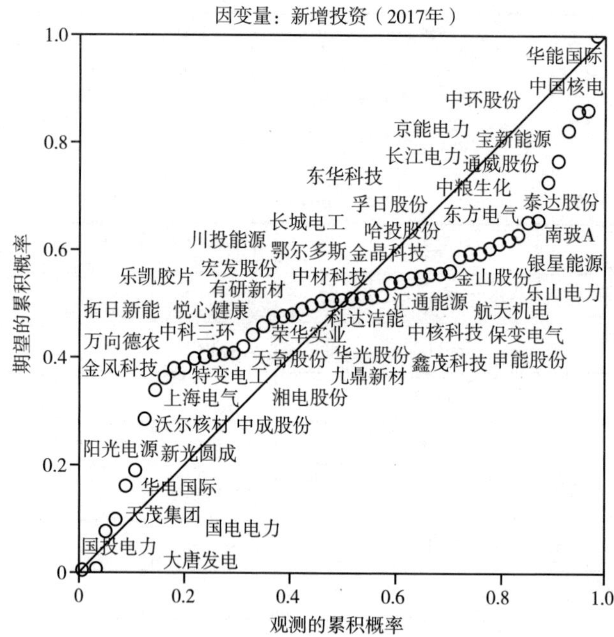

图7-1　模型1标准残差分布图

表 7－8 样本公司标准残值

公司简称	标准残差（模型 1）	标准残差（模型 2）	公司简称	标准残差（模型 1）	标准残差（模型 2）	公司简称	标准残差（模型 1）	标准残差（模型 2）
川投能源	0.02650	0.01845	天奇股份	-0.18277	-0.17286	申能股份	0.15091	0.17817
保变电气	0.11412	0.10038	鑫茂科技	0.04091	0.02290	长江电力	0.28424	0.19458
乐山电力	0.22890	0.14709	长城电工	0.03498	-0.02643	万向德农	-0.29192	-0.31613
南玻 A	0.27644	0.26189	湘电股份	-0.22583	-0.22070	荣华实业	-0.04735	-0.04656
通威股份	0.58029	0.47364	东方电气	0.37496	0.36015	华电国际	-0.71376	-0.61288
中环股份	1.06903	1.13465	新光圆成	-0.54207	-0.41261	华光股份	-0.01497	-0.03647
有研新材	-0.02974	0.00702	九鼎新材	-0.03905	-0.06311	天茂集团	-1.30626	-1.20693
拓日新能	-0.21867	-0.20577	金风科技	-0.37710	-0.26910	中粮生化	0.39939	0.36514
孚日股份	0.13295	0.12373	上海电气	-0.03569	-0.41472	科达洁能	0.04624	0.05233
航天机电	0.12510	0.12645	银星能源	0.29033	0.24608	悦心健康	-0.12604	-0.12191
特变电工	-0.32221	-0.27442	国电电力	-1.38268	-1.27449	京能电力	0.88646	0.95764
金晶科技	0.14329	0.14323	华能国际	4.72275	4.76728	哈投股份	0.24001	0.23842
东华科技	0.19567	0.19381	大唐发电	-2.61997	-2.51366	泰达股份	0.40325	0.40442
宏发股份	-0.01011	0.06400	国投电力	-2.24552	-2.30067	金山股份	0.21981	0.22736
乐凯胶片	-0.09941	-0.08688	宝新能源	0.72221	0.74233	中国核电	0.98229	0.69969
鄂尔多斯	0.04486	0.05233	汇通能源	0.06567	-0.04088	沃尔核材	-0.39679	-0.36484
中科三环	-0.22503	-0.25729	中成股份	-0.24565	-0.27368	阳光电源	-0.85070	-0.76391
中材科技	0.04350	0.07029	中核科技	0.02733	0.02221			

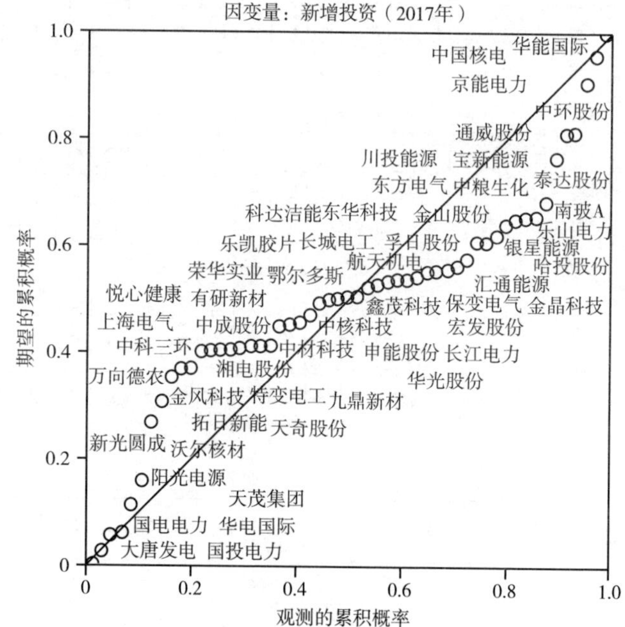

图 7－2　模型 2 标准残差分布图

企业残差正负值发生了变化，说明新能源企业投资是否过度还有其他的影响因素本书的模型未考虑到。

（3）新能源产业价格补贴对投资规模和效率影响实证分析结论。

根据以上测算，可以发现：①新能源企业存在大量的过度投资行为。首先通过 Tobin Q 值初步检测样本企业发现 40% 的企业可能存在投资过度现象，两次模型检测均得出 54.7% 的样本企业标准残差大于 0，也说明其投资过度，且样本的选取都是新能源代表新企业，可以推测出整个新能源行业投资过热。②政府财政补贴与过度投资存在较强的正相关关系。对比加入政府补贴后模型的残差，有 60.4% 更加拟合，说明政府补贴对新能源产业投资行为影响巨大，政府财政补助额越大，过度投资情况越严重，政府补贴对新能源产业的投资行为存在引导效应。

第8章 主要新能源行业价格补贴政策的选择

通过上述对新能源产业投资效率和补贴政策的阐述，本章将对主要新能源行业的投资结构以及补贴政策进行分析，包括光伏产业、风电产业以及其他新能源产业。

8.1 光伏产业价格补贴对投资结构的影响

8.1.1 光伏产业投资结构分析

在光伏产业链中，上中游是其生产环节，包括上游的晶体硅原料及其加工，光伏太阳能及其组件，而中游主要是光伏发电系统集成，在下游则是消费环节，主要用于电网或者直接的电力用户。我国光伏产业逐渐形成了长三角、珠三角、环渤海、中部和西部地区五大板块。长三角以江苏为增长中心，主要生产中下游的光伏电池及其组件；珠三角以深圳为中心，主要生产下游的应用产品；环渤海以河北为中心，主要为上游材料生产加工；中部地区主要是江西、湖北、湖南三省；西部为四川、内蒙古、青海、陕西等，由于其具有丰富的资源，主要生产上游多晶硅原料。通过图 8－1、图 8－2、图 8－3、图 8－4 可以看出 2018 年我国晶体硅产量及硅加工、光伏组件及电池片产量依然保持平稳快速增长①。

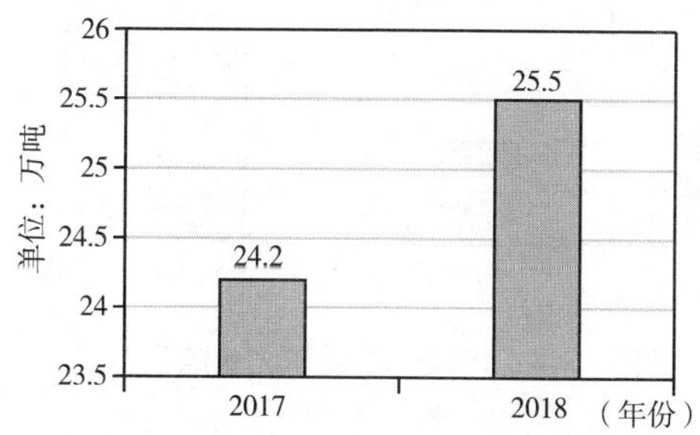

图 8－1　2017—2018 年多晶硅产量

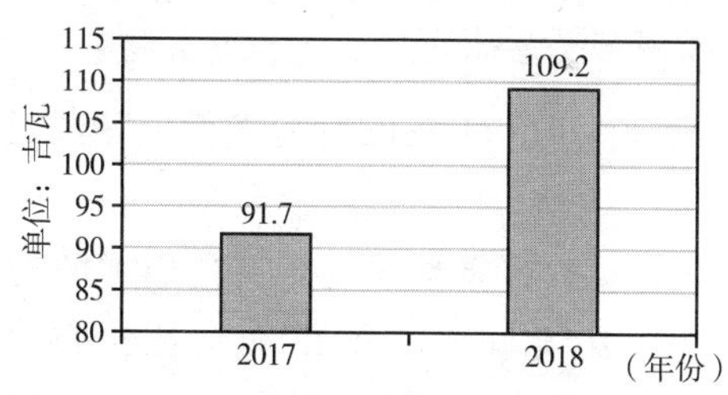

图 8－2　2017—2018 年硅片产量

2017 年，全球光伏度电成本已经达到 0.1 美元/千瓦·时。到 2020 年预计能够达到 0.06 美元/千瓦·时，已经处于化石燃

① 数据来源：北极星太阳能光伏网 http：//guangfu. bjx. com. cn/。

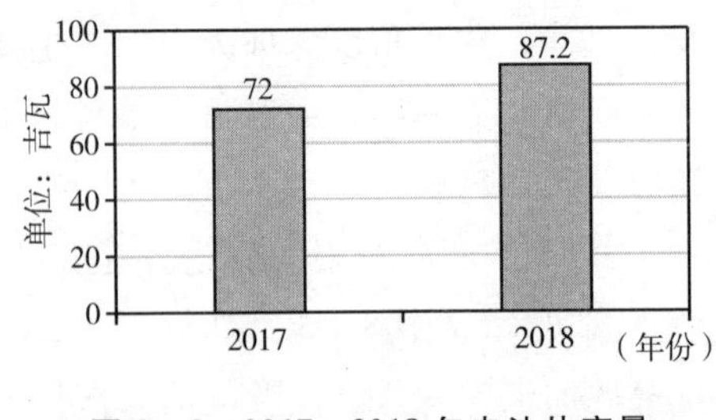

图 8-3　2017—2018 年电池片产量

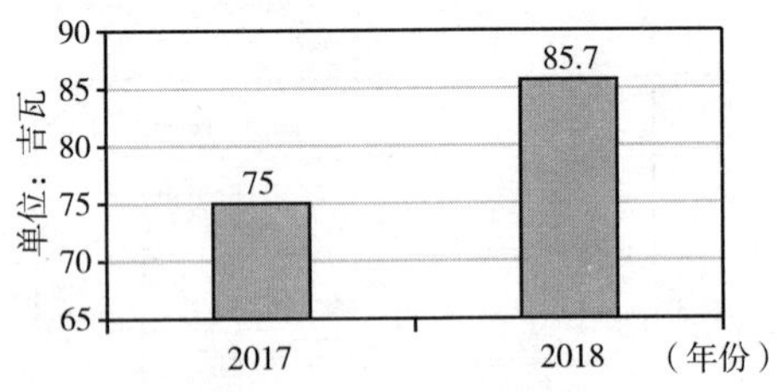

图 8-4　2017—2018 年光伏组件产量

料发电度电成本的下限。2017 年我国光伏发电系统平均投资成本约为 6.6 元/瓦。与 2016 年相比，光伏组件成本下降约 6%，前期开发、电网接入、逆变器、汇流箱等主要电气设备的成本也有不同程度的下降。2017 年我国典型光伏电站项目投资构成情况如图 8-5 所示。

我国光伏发电装机容量呈现逐年高速递增的趋势。2010 年我国装机容量仅为 26 兆瓦，到 2013 年增长到 1583 兆瓦，2016 年装机容量已达 7742 兆瓦。截至 2018 年底，中国光伏发电累计装机超过了 174.63 吉瓦，连续三年位居全球第一，集中式光伏电站 123.84 吉瓦，分布式光伏电站 50.79 吉瓦。已经提前并超额完成了“太阳能发电发展十三五规划”的 105 吉瓦装机量目标。从光伏装机容量各地区的分部情况来看，华东、西北、华东地区（图 8-6）的装机容量占我国总装机容量的 78%。

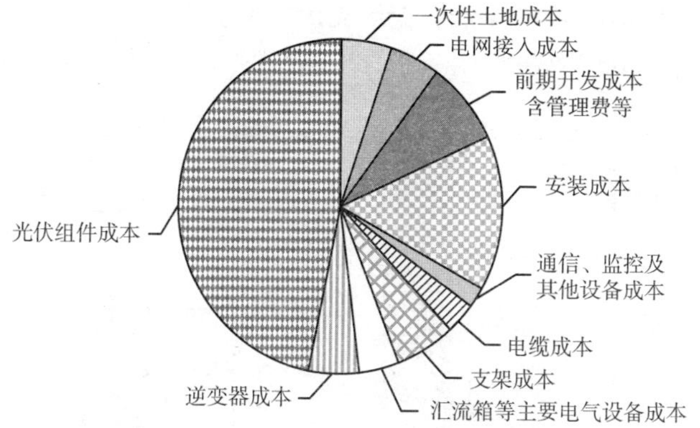

图 8－5　2017 年我国光伏电站投资构成①

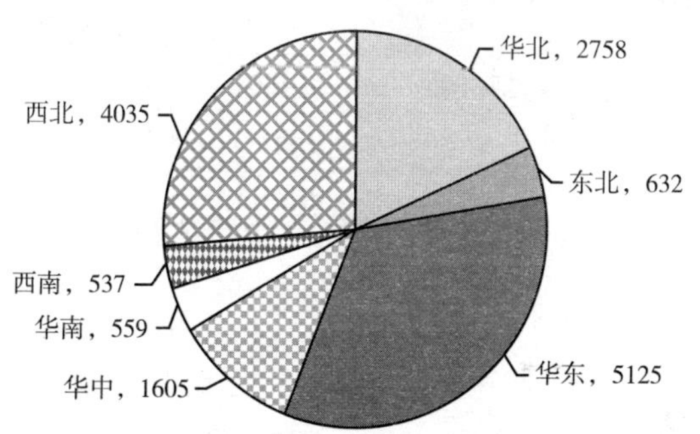

图 8－6　2018 年上半年各地区累计光伏装机容量（单位：万千瓦）

2017 年、2018 年的装机情况如图 8－7 所示，2018 年光伏发电新增装机 4426 万千瓦，低于 2017 年新增装机，为历史第二高，主要是地面电站项目，地面电站相对于 2017 年大约降低了 12.5GW 以上，下降比例高达 38%。其中，2018 年新增的分布式装机规模略高于 2017 年；2018 年新增装机中，分布式占比近

① 数据来源：国际太阳能光伏网，http：//guangfu. bjx. com. cn/。

50%。到2018年12月底，全国光伏发电装机达到1.74亿千瓦，同比增长34%。

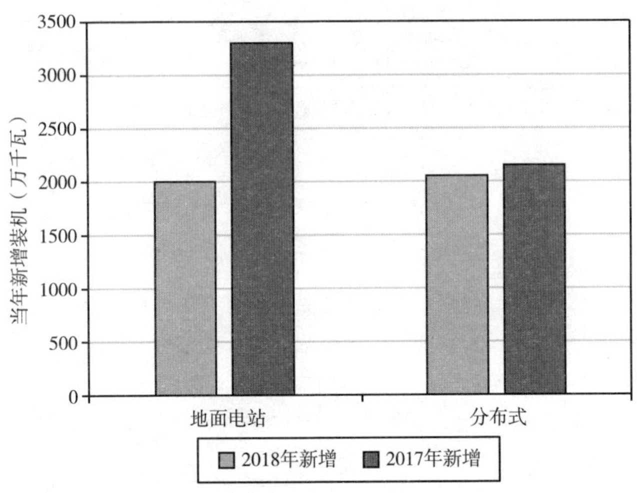

图8-7　2017—2018年光伏装机情况①

2017年，全国集中式光伏电站弃光率为7%，同比下降4%。其中，甘肃、新疆、青海等弃光重灾区情况明显好转，2017年的弃光率分别为20%、22%和6%，同比分别下降9.8%、9.2%和2.1%（图8-8）。

2018年"光伏531"政策明确指出暂不安排2018年普通光伏电站建设规模，在国家未下发文件启动普通电站建设工作前，各地不得以任何形式安排需国家补贴的普通电站建设后，集中式光伏电站增速放缓，分布式加快增长速度（如表8-1）。

① 数据来源：北极星太阳能光伏网 http：//guangfu.bjx.com.cn/。

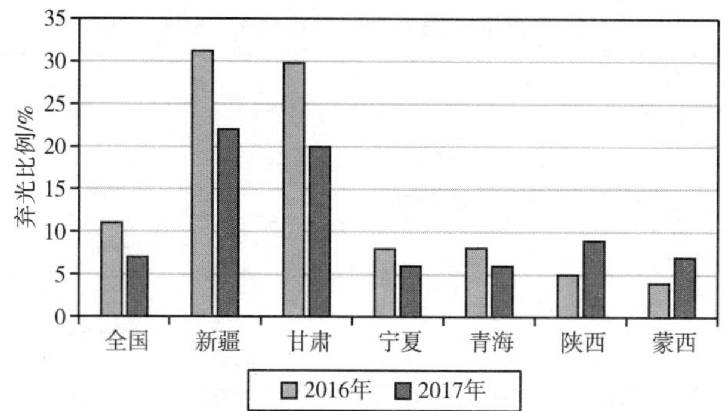

图 8－8　2016—2017 年主要省区弃光比例图

表 8－1　2018 年“光伏 531”新政前后光伏装机增量①

	“光伏 531”政策前	“光伏 531”政策后	备注
集中式（吉瓦）	3.52	20	2017 年普通项目，领跑者
分布式（吉瓦）	10.08	10	包括扶贫
合计（吉瓦）	13.6	30	

8.1.2　光伏产业补贴政策分析

2006 年我国开始实施《可再生能源法》，法律规定从销售电价中征收可再生能源电价附加作为可再生能源发展基金。2007 年我国正式开始征收可再生能源附加，初始征收标准为 0.2 分/千瓦·时（表 8－2），根据当年全国用电情况，理论可征收金额 56 亿元。而随着国家大力扶持以风电、光伏为代表的新能源，补贴资金开始出现缺口。

① 数据来源：国家能源局。

表 8-2　　可再生能源电价附加征收标准①

实施时间	标准（元/千瓦·时）
2006 年 1 月 1 日	0.002
2009 年 11 月 1 日	0.004
2012 年 1 月 1 日	0.008
2013 年 9 月 1 日	0.015

2009 年之前，我国光伏市场缺少促进国内应用市场的政策，只是出台了相关法律政策，为其具体政策做法律支撑，处于宏观层面，少量的政策也只是指出光伏产业发展的中长期目标以及总体发展规划，具体的政策细则还没有提。

2009—2011 年，政府开始陆续出台光伏产业具体政策，直接补贴主要在生产投资环节，另外税收减免作为一种间接补贴也体现在政策倾向中，并且政府开始重视光伏产业技术的研发与创新，首次增加了对前期技术研发的补贴。期间主要的补贴政策有金太阳示范工程（2009 年）、光电建筑的扶持（2009 年）以及标杆上网电价（2011 年），其中后者是对前两者的政策完善，也推动了前两者更好的实施，其中标杆上网电价政策将补贴对象由生产企业“供给端”转变为用户“需求端”，开拓了我国光伏产业的应用市场。随着补贴政策支持下光伏产业高速发展，单凭补贴政策是不能长久地支持产业的发展，此间市场上光伏企业质量参差不齐，行业准入标准缺失，企业盲目并购、重组扩张，补贴项目多门槛低，作为高端新能源产业却出现了类似煤炭传统能源出现的粗放式发展，原因为政府对光伏产业的支持政策侧重于生产投资类的产业发展政策，缺少其他行业规范类政策。

① 数据来源：国家能源局。

2012 年受到美国对华反补贴调查影响，为维持海外市场贸易竞争力，规避 WTO 的反补贴贸易协定（Agreement on Subsidies and Countervailing Measures，简称 SCM），政府出台了多元化的支持政策，采用多管齐下的方式促进光伏产业的发展，陆续出台了上网电价补贴、企业税收优惠、行业市场准入标准、融资金融支持、地方土地支持、国家技术支持、大型企业兼并支持等政策，政策无论从数量、力度还是可操作性与合理化等多方面较之前都有很大的提升。2013 年 7 月国务院发布的国发〔2013〕24 号《国务院关于促进光伏产业健康发展的若干意见》文件中首次明确了：上网电价及补贴的执行期限原则上为 20 年。光伏补贴的来源为可再生能源发展基金。同年 8 月国家发改委发布的发改价格〔2013〕1638 号。文件中明确提出：电价补贴标准为每千瓦·时 0.42 元（含税），光伏发电项目自投入运营起执行标杆上网电价或电价补贴标准，期限原则上为 20 年。随着光伏行业的发展，技术得到了飞速发展，同时光伏设备价格也随着大幅下降，光伏电站的标杆电价随之下降，而度电补贴电价一直维持在 0.42 元/千瓦·时长达 5 年，如表 8－3 所示。

表 8－3　　光伏度电补贴及标杆电价①

2013—2014 年		2014—2015 年		2016 年		2017 年	
度电补贴：0.42 元/千瓦·时	标杆电价 9 月 1 日前 1 元/千瓦·时，之后分 0.9、0.95、1 元/千瓦·时三类	度电补贴：0.42 元/千瓦·时	标杆电价分 0.9、0.95、1 元/千瓦·时三类电价区	度电补贴：0.42 元/千瓦·时	标杆电价分 0.9、0.95、1 元/千瓦·时三类电价区	度电补贴：0.42 元/千瓦·时	标杆电价分 0.65、0.75、0.85 元/千瓦时三类电价区

① 数据来源：世纪新能源网 http：//www.ne21.com/news/。

多年的持续补贴使得产业发展的同时，每年补贴所缺的数额越来越大，政府不得不在2016年将可再生能源附加金额上调至0.019元/千瓦·时，理论可征收金额950亿元。但实际征收金额并未达到理论计算金额，主要源于各地自备电厂巨大的发电量，并未足额缴纳可再生能源附加。同时，由于光伏电站投资成本的快速下降导致光伏电站投资回报率快速上升，光伏电站装机量增长迅猛，导致补贴资金缺口不断被拉大并且政策出现演进趋势，如表8－4所示。

表8－4　　　　光伏补贴资金测算①

年份	2013	2014	2015	2016	2017
新增装机量（吉瓦）	12.92	10.6	15	34.54	53.06
累计装机容量	19.72	30.32	45.32	79.86	132.92
燃煤平均电价（元/千瓦·时）	0.42701	0.40089	0.40291	0.36208	0.37
光伏平均电价（元/千瓦·时）	1.06437	1.01633	0.92672	0.91812	0.88
度电补贴额（元/千瓦·时）	0.63736	0.61544	0.52381	0.55604	0.51
发电量（亿千瓦·时）	90	250	392	662	1182
年补贴金额需求（亿元）	57.36	153.86	205.33	368.1	602.82

根据光伏行业资深专家王淑娟分析：存量光伏项目的补贴缺口已经达到1400亿元，而且每年还要增加600亿元以上。

2015年发改委同有关部门制定激励政策，鼓励能效“领跑者”产品的技术研发、宣传和推广。实质上“光伏领跑者”是促进先进光伏技术产品应用和产业升级，加强光伏产品和工程质量管理的专项方案；2017年，对领跑者基地建设由2015年开始提出的应用领跑基地扩展到技术领跑基地，对参与技术领跑基地

① 数据来源：《2018年中国可再生能源产业发展报告》。

的光伏制造企业规定了一系列技术指标，并在投资时优先考虑技术自主创新能力较强的企业，此时的补贴政策在产业结构政策调整中起到了推动作用，进一步规范了产业规范政策，有目的性地指出实现平价上网的产业发展方向。政策等方面均有涉及。同时，2016 年发改委提出了下调上网电价补贴标准的方法来推动我国光伏平价上网的目标。

伴随着 2017 年分布式光伏高速度增长，补贴缺口进一步扩大，问题也摆在政府的面前。2018 年，度电补贴出现了首次下降，由原来的 0.42 元/千瓦·时，调整到后来的 0.37 元/千瓦·时（分布式光伏扶贫项目保持不变）。除此之外，光伏发电消纳问题不容忽视。随着光伏发电的迅猛增长，一些地方也出现了较为严重的弃光限电问题。2015 年全国弃光率 12%，2016 年弃光率 11%，2017 年通过多方努力，弃光率下降至 6%，但个别地方仍然十分严重，甘肃、新疆弃光率分别达到 20% 和 22%。未来中国的光伏产业肯定不能长期靠补贴生存，并且光伏补贴必将会逐步下调，直到脱离光伏补贴。但成本的下降也不是一蹴而就的，短期看来光伏行业还是不能脱离国家的补贴。为了防止产能过剩，2018 年 5 月“光伏 531”政策明确指出“暂不安排 2018 年普通光伏电站建设规模。在国家未下发文件启动普通电站建设工作前，各地不得以任何形式安排需国家补贴的普通电站建设”给投资者带来了巨大的不确定性，由此可见将对光伏行业带来影响之大，“531 新政”出台，既是落实供给侧结构性改革、推动经济高质量发展的重要举措，也是缓解光伏行业当前面临的补贴缺口和弃光限电以及投资过度等突出矛盾和突出问题的重要举措。这是光伏产业发展进入新阶段的必然要求，对实现光伏产业持续健康发展具有重要作用。光伏“531 新政”的出台标志着我国光伏产业补贴力度的大幅减弱，我国光伏产业进入后补贴时代。

8.1.3 光伏产业补贴政策建议

根据近年来补贴政策以及光伏产业发展的状况，光伏产业现有的补贴模式显然难以为继，光伏产业已经具备了很大规模，到了调整产业结构的转折点，下调光伏补贴力度，优化补贴方法，是现在和未来阶段的必然选择，也就是后补贴时代的到来。政策的调整可能会导致短期内光伏产业的停滞甚至规模上的萎缩，在短期内会对光伏企业、装机量产生影响，一般称为“后补贴”时代的到来。但从光伏产业长远发展来看，只要企业积极寻求转型升级，做好应对断补的措施，对整个光伏行业来说，影响还是可以控制的。换而言之，光伏补贴下调给企业带来挑战也带来机遇，可以借此机会大力发展核心技术，进一步加强自身实力，为降低光伏发电成本而努力，优化业务模式。从政府部门来讲，应该发挥政策引导性作用，将政策重心转为支持光伏核心技术的研发，提高企业自主创新能力，将过度依赖补贴的企业淘汰，鼓励有实力的企业整合，从而提高国内光伏企业国际市场的竞争力。同时也应该从电力体制改革入手，进一步提高光伏企业活力。

(1) 光伏补贴退坡之后，光伏企业应制定好适合自我的发展规划。对于整个电力系统来说，光伏发电约占比 8%，在储能没有得到彻底解决之前，光伏发电只能是电力系统的配角。即使是完全平价了，光伏也暂时只能是工业化大生产的能源配角，但是过去的五年，光伏企业受到了过多的宣传与关注，这也许是我们光伏企业必须反省的问题，要以技术和成本来支持整个能源替代的刚需。就光伏行业内的大方向发展而言，下调财政补贴会倒逼光伏行业产业调整，促进市场良性发展，淘汰落后产能以及优化资源利用。

（2）权威机构确认补贴拖欠金额。作为国家信用，目前许多即使是进入了补贴目录的光伏电站项目，其被拖欠补贴也得不到背书。这使得大量光伏电站的应收账款得不到正常的融资和缓解。为解决光伏企业严重被拖欠补贴的问题，应该由财政部牵头的权威机构对已经进入补贴目录电站的拖欠补贴金额进行背书。同时也建议，把纳入补贴目录管理的其他光伏电站被拖欠补贴金额进行背书。以保证企业在 2019 年度过最艰难的时期。

（3）政策补贴可倾向发展分布式光伏电站。应对户用分布式光伏地域延伸性与投资性强的特点，国家层面应认可户用光伏指标单独管理，和工商业分布式区分开，并将进一步引导和支持户用分布式光伏的有序发展。目前，户用分布式光伏仅集中在江苏和浙江等地区，其他地区户用装机量仅为 2—3 吉瓦。未来户用装机还要继续往北走向山东、辽宁，往南走向福建和广东等省份，整体需求仍有很大空间。另外，在集中式光伏标杆电价下调的政策下，分布式光伏电价补贴依然年保持稳定，虽将在部分地区分布式光伏补贴下调了 0.1 元/千瓦·时，但下调幅度远低于标杆电价；在分布式补贴下调后的情况下，户用分布式的项目回报率依旧可高达 15%，其投资属性依旧很强。因此，在重点发展分布式光伏的大背景下，户用光伏项目若可在未来获得相关政策的支持，如给予户用光伏项目更多的规模指标或保持其补贴水平，“自发自用、余量上网”模式下的户用分布式毫无疑问将是未来的发展重点。

（4）给予光伏产业相应的金融政策支持。大力发展绿色金融创新模式，鼓励商业银行等金融机构主动走出去支持光伏企业。可逐步研究针对户用和工商业分布式光伏电站的光伏贷发展成为标准化的贷款品种的政策，如由银政企联合打造的小企业分布式光伏“阳光贷”项目，即由上海市政府为加快解决当前分布式光伏面临的融资难题而采取的政府引导、市场运作的项目平台。其中上海市节能减排中心牵头搭建的“阳光贷”项目管理和监测平台，对项目实施评估验收出具评估报告和后期监管，上海市中小微企业政策性融资担保基金管理中心与贷款银行联合承担风险的损失分担型项目贷款融资业务。“阳光贷”结合了中长期项目贷款、担保基金担保、未来收益权质押等多种金融产品的特点和要求，市场需求大，可操作性强，目前首笔“阳光贷”项目融资贷款已在兴业银行上海分行成功落地，其他地方政府可以学习和借鉴。

（5）根据各地资源情况已经市场消纳能力的不同，地方政府可以出台地方补贴支持。

光伏补贴退坡之后，浙江省发改委在 2018 年决定对省内的电站进行省内补贴。地方政府可根据自身状况出台相应的地方补贴政策。此外，商业银行等金融机构可根据不同地方政府的支持政策进行差异化授信机制的探索，助力光伏产业的发展。

8.2 风电产业价格补贴对投资结构的影响

8.2.1 风电产业投资结构分析

据中国风能协会数据，2017 年，全国风电新增装机容量 196.6 吉瓦，同比下降 15.9%；累计装机容量达到 1.88 亿千瓦，同比增长 11.7%，增速放缓。如表 8-5 所示，2017 年，中国六大区域的风电累计新增装机容量分别为西北（334.22 万千瓦）、西南（176.94 万千瓦）、华北（491.5 万千瓦）、中南（452.18 万千瓦）、华东（452.18 万千瓦）、东北（58.98 万千瓦）。与 2016 年相比，2017 年中国中南地区出现增长，同比增长 44%，新增装机容量占比增长至 23%。另外，西北、西南、东北、华北、华东装机容量同比均出现下降，西北、西南同比下降均超过 40%，东北同比下降 32%，华北同比下降 9%，华东同比下降 5%。

表 8-5　　2016—2017 年各地区光伏累计装机量①　　单位：万千瓦

地区	2017 年	2016 年
西北	334.22	607.62
西南	176.94	327.18
东北	58.98	70.11
华北	491.5	560.88
中南	452.18	303.81
华东	452.18	467.[illegible]4

从风电机组制造商装机情况来看，中国风电统计有新增装机的整机制造企业共 22 家，新增装机容量 1966 万千瓦，其中，市场份额排名前五家的企业市场份额合计达到 67%。近 5 年，风电整机制造企业的市场份额集中趋势明显。排名前五的风电机组制造企业新增装机市场份额由 2013 年的 54.1% 增长到 2017 年的 67.1%，增长了 13%。截至 2017 年底，全国累计装机容量达到 1.88 亿千瓦，有 7 家整机制造企业的累计装机容量超过 1000 万千瓦，7 家市场份额合计达到 67%；其中，金风科技累计装机容量超过 4000 万千瓦，占国内市场的 22.7%；这表明风电行业企业重组兼并增多，行业已经发展到一定的成熟度。

从风电机组机型来看，2017 年中国新增装机的风电机组平均

① 中国能源学会 http://www.zgny.org.cn/。

功率2.1兆瓦，同比增长8%；截至2017年底，累计装机的风电机组平均功率为1.7兆瓦，同比增长2.6%。中国新增风电机组中，2兆瓦以下（不含2兆瓦）新增装机容量市场占比达到7.3%，2兆瓦风电机组装机占全国新增装机容量的59%，2—3兆瓦（不包括3兆瓦）新增装机占比达到85%。3—4兆瓦（不包括4兆瓦）机组新增装机占比达到2.9%，4兆瓦及以上机组新增装机占比达到4.7%，集中式大型风电机组依然占据主要市场。

我国海上风电2017年新增装机319台，新增装机容量达到116吉瓦，同比增长97%；累计装机达到279吉瓦；其中共有8家制造企业有新增装机，上海电气新增装及容量最多，共58.8吉瓦，占全年新增的一半以上。截至2017年底，海上风电机组整机制造企业共11家，其中，上海电气、远景能源、金风科技、华锐风电这4家企业海上风电机组累计装机量占海上风电总装机容量的88%。

从图8－9中可以看出我国弃风量的变化是曲折波动的，弃风量最高在2016年底时达497亿千瓦·时；2017年全国总弃风电量422亿千瓦·时，同比减少78亿千瓦·时，弃风率12%，同比下降5.2个百分点。

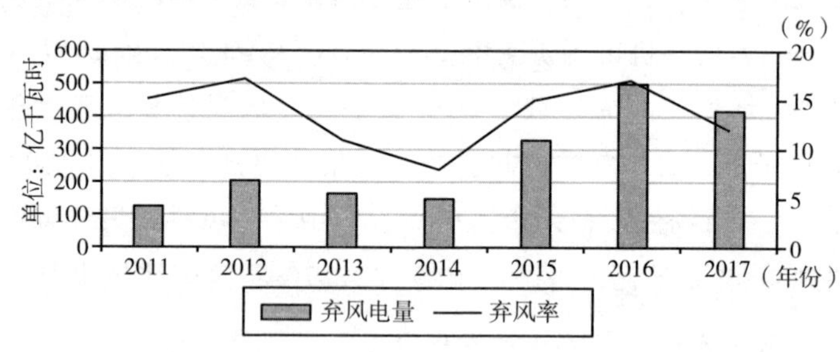

图8－9　2011—2017年全国风电弃风情况①

① 数据来源：《2018年中国可再生能源产业发展报告》。

分地区看，大部分弃风限电严重地区的形势均有所好转（表 8－6），其中甘肃弃风率下降超过 10 个百分点，吉林、新疆、宁夏、内蒙古、辽宁弃风率下降超过 5 个百分点，黑龙江弃风率下降接近 5 个百分点。新疆、内蒙古和甘肃弃风现象仍较为严重，弃风电量分别达到 133 亿千瓦·时、95 亿千瓦·时和 92 亿千瓦·时。相比于 2016 年我国弃风现象明显得到缓解，弃风率大幅降低。2017 年，弃风电量从 2016 年的 497 亿千瓦·时下降到 419 亿千瓦·时。其中，甘肃的弃风率从 2016 年的 43% 下降到 33%，下降 10 个百分点，但依然是全国最严重的弃风地区。

表 8－6　2016 年和 2017 年中国主要省（区）弃风情况①

省（区）	2016 年弃风电量（亿千瓦·时）	2017 年弃风电量（亿千瓦·时）	2016 年弃风率（%）	2017 年弃风率（%）
甘肃	104	91.8	43	33
新疆	137	132.5	38	29
吉林	29	22.6	30	21
内蒙古	124	95	21	15
黑龙江	20	17.5	19	14
辽宁	19	13.2	13	8
宁夏	19	7.7	13	5
山西	14	11	9	6
河北	22	20.3	9	7
陕西	2	2	7	4
云南	6	5.7	4	3
合计	497	419	17	12

① 数据来源：《2018 年中国可再生能源产业发展报告》。

8.2.2 风电产业补贴政策分析

（1）风电特许招标项目。2003年我国开始实行风电特许招标，通过所在风力资源区划地招标，在特许期间，政府承诺收购该项目风电，并由所在电网管理部门与开发商签署期限不短于项目经营期的购电合同，电价由投标报价确定。特许期一般为20—25年，期满后，风电项目的所有资产的所有权和使用权无偿移交给当地政府。在风电特许权招标中，上网电价一直是财政补贴重要的评判标准之一。通过风电特许权招标制度来确定风电上网电价，在风电领域引入市场运作机制，吸引投资资本，促进风电投资，增加国产风电设备的市场竞争力。

（2）风电设备支持。2006年国家发改委和财政部联合发布了《促进风电产业发展实施意见》，该意见明确提出，将重点培养一批风电机组制造业和零部件的龙头企业，给予兆瓦级以上风电企业且拥有自主知识产权的技术研发适当的资金支持。2008年国家发改委和科技部等部委将风电列入重点领域，支持研制兆瓦级以上风电机组及关键零部件。同年8月财政部采取“以奖代补”的方式对产业化研发成果得到市场认可的企业进行补助。相关文件规定产业化资金支持对象为中国境内从事风力发电设备（包括整机和叶片、齿轮箱、发电机、变流器和轴承等零部件）生产制造的中资及中资控股企业。在多年大力支持风电发展和积极研发重大装备等政策的推动下，我国的风电装机容量迅速增长。国家还采用了相关鼓励措施专门支持国内风电设备的技术研发。在国家“863计划”中，10兆瓦风机研发被列入重点项目，由华锐风电、金风科技和联合动力三家国内风电龙头企业竞争开发。

（3）风电电价补贴政策。《可再生能源发电价格和费用分摊管理试行办法》《可再生能源电价附加收入调配暂行办法》和《关于完善风力发电上网电价政策的通知》组成了我国风电最初的电价政策。我国风力发电上网电价补贴政策主要是根据《可再生能源电价附加收入调配暂行办法》制定的。可再生能源发电项目补贴额 =（可再生能源上网电价 - 当地省级电网脱硫燃煤机组标杆电价）×可再生能源发电上网电量。后来在 2009 年国家将风力资源划分为四类资源区，各资源区的标杆电价不一，相应的补贴数额也有差别。

（4）税收减免政策。税收优惠主要体现在增值税优惠、关税优惠、减免所得税。2007 年政府调减了 16 个重大技术装备的进口关税。2008 年财政部扩大了税收减免的范围，大功率风力发电机组、原材料进口等都有税收优惠政策。对国内企业为开发、制造大功率风力发电机组而进口的关键零部件、原材料所缴纳的进口关税和进口环节增值税实行先征后退，所退税款作为国家投资处理，转为国家资本金，主要用于企业新产品的研制生产以及自主创新能力建设。在促进新能源发展有关问题上，提出了风力发电的增值税率按照减半的标准来征收，风力发电零部件和整机的进口关税也暂时按照此规定征收。

（5）投资补贴政策贴息贷款。包括设立专项资金及研发投入政策，《关于促进可再生能源发展有关问题的通知》提出了促进可再生能源发电项目尤其是风电的优惠政策，包括由银行安排基建贷款、银行贷款的项目给予财政补贴、采用国产设备的风电项目给予投资利润率优惠等。此外还设立专项资金及研发投入政策，《风力发电设备产业化专项资金管理暂行办法》规定了中央财政安排风电设备产业化专项资金的补助标准和资金使用范围，同时也明确了产业化资金支持对象为中国境内从事风力发电设备制造的中资及中资控股企业，这一政策属于直接的财政补贴。

8.2.3 风电产业补贴政策建议

在经济新常态的背景下，随着风电成本的降低，在部分资源储备优良和经济发达的地区基本具备平价上网的能力。2019 年 1 月政府提出了尽快实现风电平价上网的指示，也表明新能源的发展已经到了平价上网的关键时间点。为提高风电的市场竞争力，解决风电产业所面临的问题，促进风电产业尽早去补贴、平价上网，提出以下几点政策完善的建议：

（1）考虑风光发电技术经济特点，因地制宜，科学规划产业发展。风光资源丰富的“三北”地区，尽管风光发电成本相对较低，但由于该地区煤炭资源丰富，煤电成本很低，这些地区的风光发电与传统煤电不仅处于成本竞争弱势，而且就地消纳能力有限，外送能力与市场接纳意愿不足，弃风和弃光问题严重。建议：第一，由国家能源主管部门与电网公司根据区域特点，统筹电网输送能力，做好大型风电和光伏电源点布局规划。第二，弃风弃光严重地区要先解决好已有项目的消纳问题后，才能核准新建项目。第三，风光发电项目建设要向中东部转移。这些地区风光发电项目与煤电相比，成本差距较小，而且市场需求高，有利于实现就近消纳。

（2）积极引入“多主体强制配额 + 可再生能源证书交易制度”。首先政府应该根据各电站实际情况规定最低的强制固定收购量，维持电站能够有稳定的成本回收期，要进行电网输送消纳的，尽可能以就近原则的方式消纳，并实施可再生能源绿色证书交易制度，逐渐提高人们对新能源发电的接纳意愿，完善配额交易平台，可强制规定企业消纳自身用电一定比例的新能源电力。

（3）制定明确的非技术性成本清单，规范操作，节约成本。严格控制非技术性成本是未来降低风电项目成本的重要方法。必须明确可再生能源非技术性成本的管理主体、职责分工和相关标准，为新能源发展提供法制化环境。对于风电项目所使用的土地，目前还没有统一的征地补偿标准，电站的配套电网建设往往在电站运营之后还未建成，应该对这部分环节加强监督与管理。

（4）推动分散式风电发展。风电产业发展的初期为大功率、大规模的发电机组，到了风电规模经济发展以及成熟的后期，分散式风电发展有望迎来换挡加速期。首先，建议各省级能源主管部门加快分散式风电建设规划编制工作。其次，由于分散式风电多为小规模电站，价格更适合普通民营资本的投入，且技术已经相对成熟，电力就近可以消纳，配套输电设施建设简单，政府部门应该鼓励有条件的地区建立分散式风电站，可以出台对分散式风电的补贴政策，建议精简项目审批过程中重复、烦冗的步骤，并统筹电网吸收多余的电力。

8.3　其他新能源产业价格补贴对投资结构的影响

8.3.1　其他新能源产业投资结构分析

（1）生物质能。我国生物质能产业主要分生物质能发电、生物质能供热、生物液体燃料三个方面。2017 年，我国生物质能产业规模继续稳步增长，生物质发电总装机容量约 1500

万千瓦，较上年增长约24%；2017年生物质发电领域最显著的变化是，垃圾发电装机容量首次超过农林生物质直燃发电。随着各地城镇化推进发展，县域垃圾快速增长，垃圾焚烧发电项目继续保持快速增长态势，上网装机容量约730万千瓦，较上年增长约25%；受原料供给能力和价格影响，农林生物质直燃发电项目的整体盈利能力减弱，并网装机容量增长速度有所放缓，2017年底的装机容量约720万千瓦，较上年增长约19%；此外，垃圾填埋气、沼气发电和工农业有机废弃物沼气发电也有近50万千瓦的规模，但生物质气化发电尚未规模化推广（见图8－10）。

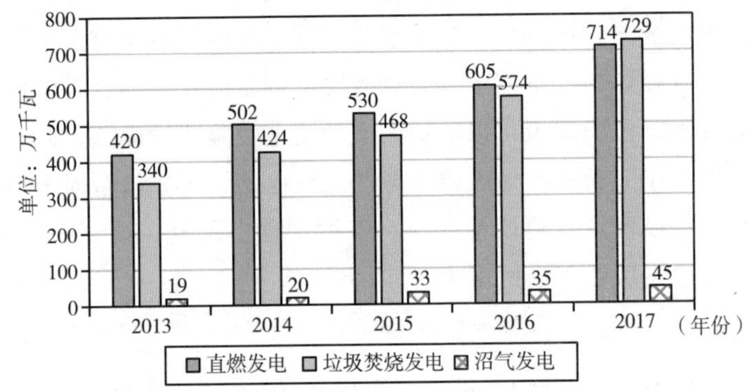

图8－10　2013—2017年全国生物质能发电并网装机容量[①]

除了生物质能发电外，生物质燃料是生物质能的又一大能源利用形式，2017年生物质成型燃料产量约1000万吨，较上年增长约17%；生物燃料乙醇产量约260万吨，与上年产量基本持平（见图8－11）。

① 数据来源：《2018年中国可再生能源产业发展报告》。

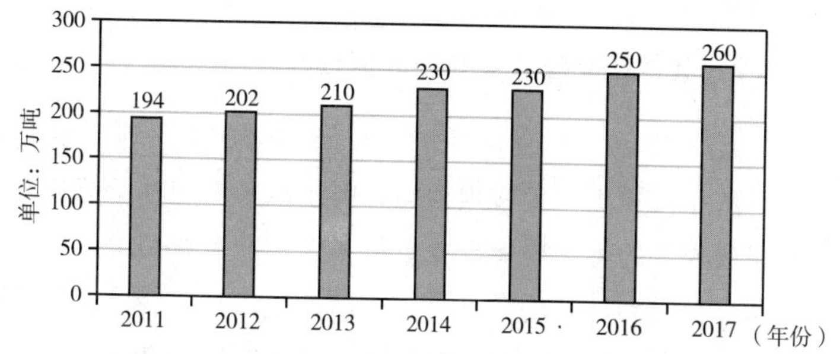

图 8－11　2011—2017 年全国生物燃料乙醇产量①

（2）地热能。我国地热能资源分布广泛、储量丰富，但总体利用率较低。近年来，地热发电领域一直保持着增长态势。我国地热能发电装机主要分布在西藏等地区，其中西藏羊八井高温地热电站装机容量 26.18 兆瓦，目前年发电量稳定在 1 亿千瓦·时左右，累计发电量已超过 24 亿千瓦·时，约占藏中电网的 10%。截至 2017 年底，中国地热能发电装机容量为 27.28 兆瓦，排名世界第 18 位。地热能热利用是地热能应用的主要方式，包括中低温地热水直接利用、地源热泵等。截至 2017 年底，全国水热型地热能供暖建筑面积超过 1.5 亿平方米。我国中低温地热直接利用领域主要包括地热供暖、医疗保健、洗浴、农业温室种植和灌溉等，其中全国现有温泉 2700 余处，已开发利用约 700 处；地热田 1048 处，已开发利用约 700 处。我国地源热泵自 2004 年以来发展迅速，年增长供暖（部分制冷）面积 1800 万—2300 万平方米，年增长率超过 10%；中国地源热泵装机容量达 2 万兆瓦，位居世界第一；另外年利用浅层地热能折合 1900 万吨标准煤，实现供暖（制冷）建筑面积超过 5 亿平方米。

①　数据来源：《2018 年中国可再生能源产业发展报告》。

8.3.2 其他新能源产业补贴政策分析

（1）生物质能补贴政策分析。我国生物质能产业发展的政策主要有法律法规类、发展规划类、财税政策类和补贴政策类四种。法律法规类的生物质能产业政策很少，除了在相关的产业或经济领域中被提到外，还没有形成专门针对生物质能产业发展的法律法规，如2005年发布的《中华人民共和国可再生能源法》和2008年发布的《中华人民共和国循环经济促进法》。在发展规划类政策方面，生物质能产业主要是在可再生能源产业发展规划中被提到。第一个专门针对生物质能产业的发展规划是农业部在2007年编制的《农业生物质能产业发展规划（2007—2015年）》。直到2012年，专门的生物质能发展规划（《生物质能发展“十二五”规划》）才出台。2016年，又相继出台了《生物质能发展“十三五”规划》。在财税政策类方面，我国主要是通过增值税优惠、企业所得税减免、财税扶持、投资抵免等方式进行政策支持，如《国家税务总局关于生物柴油征收消费税问题的批复》《中华人民共和国企业所得税法实施条例》等。在补贴政策类方面，我国主要是采用发展专项资金、对生物质能产品进行补贴、对生物质原料进行补贴的方法。如《可再生能源发电价格和费用分摊管理试行办法》《可再生能源发展专项资金管理暂行办法》《关于完善农林生物质发电价格政策的通知》等。总体来说，生物质能产业发展的政策环境呈现出如下特征：法律法规类没有专门针对生物质能发展的政策，生物质能发展只是在可再生能源的发展政策框架下被提到，且没有详细的条文规定；虽然已经有专门的生物质能发展规划类文件，但没有强制实行的效果，没有具体实施的细则，难以达到规划目标；生物质能财税政策由于缺少强制执行的发展目标，往往效果不佳；生物质能补贴政策只是针对生物质能产品和原料进行补贴，没有针对生物质能企业和生物质能设备制造企业进行补贴。

（2）地热能补贴政策分析。我国规范开发利用地热资源的政策法律依据是《矿产资源法》。2000 年之后《水法》《可再生能源法》等法规出台，对地热资源的开发利用作了进一步规范。除法规之外，政府还出台了一系列行政文件如规划、纲要和指导意见等，补贴程度涉及地热的发展问题，参见表 8－7，其中 2017 年，国家发展改革委、国家能源局、国土资源部印发《地热能开发利用“十三五”规划》，提出在“十三五”时期，新增地热能供暖（制冷）面积 11 亿平方米，新增地热发电装机容量 500 兆瓦；到 2020 年，地热供暖（制冷）面积累计达到 16 亿平方米，地热发电装机容量约 530 兆瓦，地热能年利用量 7000 万吨标准煤，地热能供暖年利用量 4000 万吨标准煤，京津冀地区地热能年利用量达到约 2000 万吨标准煤。该规划为“十三五”时期我国地热能的开发利用指明了方向。为促进地方地热资源开发利用，部分地方政府也出台了一系列政策，这些政策包括针对地热资源的管理办法、条例以及工程实施方案，部分地区出台了一些财税补贴政策，一般都针对城市地源热泵还有浅层地热能的利用，如北京市在 2014 年颁布《关于北京市进一步促进地热能开发及热泵系统利用的实施意见》等。

8.3.3　其他新能源产业补贴政策建议

生物质能、地热能等其他新能源产业普遍的问题是在新能源产业中所占比例很小，具体的补贴政策少，政策落实还不到位，几乎没有有效的监管部门。生物质能、地热能技术的发展滞后，

表 8-7　　国家关于发展地热能的相关政策

年份	部门	相关文件	主要内容
2006	财政部	《可再生能源发展专项资金管理暂行办法》	第二章有关“扶特重点”第七条中提出，“在建筑供热、采暖和制冷的可再生能源开发利用，重点支持太阳能、地热能在建筑物中的推广应用”
2010	国务院	《关于加快培育和发展战略性新兴产业的决定》	提出了要加快太阳能、空气能技术推广应用，这是国家首次对空气能明确而清晰的支持态度
2013	国家能源局、财政部、国土资源部和住建部	《促进地热能开发利用的指导意见》	意见提出，地热能是清洁环保的新型可再生能源，资源储量大、分布广，发展前景广阔，市场潜力巨大；积极开发利用地热能对缓解我国能源资源压力、实现非化石能源目标、推进能源生产和消费革命、促进生态文明建设具有重要的现实意义和长远的战略意义
2017	国家发改委、国家能源局、国土资源部	《地热能开发利用“十三五”规划》	地热能开发利用的指导方针和目标、重点任务、重大布局以及规划实施的保障措施

尤其地热能的开发需要大量的资金和技术，目前国家对这些能源的重视还不够，使得其发展远远落后于光伏、风电产业。

（1）加大财政补贴支持力度，出台更多优惠政策。在光伏、风电产业已经投资过度的情况下，国家应该重视其他新能源产业的发展，针对生物质能、地热能等颁布针对性的补贴政策，使其快速发展，形成完整的产业链和扩大产业规模，为以后走向市场化作准备。

（2）支持地热泵能利用、生物燃料等直接利用的新能源产业。光伏发电和风电消纳的难题很大一部分在于并网难、长距离电力输送难。而生物燃料如乙醇燃料等可以直接利用的能源不存在此类问题，相关的配套设施建设也比较简单，例如新能源生物燃料汽车等产业应该得到政策的大力支持。

（3）合理规划其他新能源产业的发展，制定行业市场准则、技术标准等，建立补贴政策的事后评价机制，及时调整补贴方法与力度，提高政府补贴的效率，防止出现类似光伏、风电投资潮涌现象及投资过度等问题。

第9章 研究结论及政策建议

9.1 主要研究结论

9.1.1 财务绩效评价相关结论

（1）评价方法的科学性和针对性。在评价方法的选择上，本书一改传统的单一评价方法，而是将原本可以完全单独使用的两种方法——因子分析法和熵值法相结合。用因子分析法对所选指标进行筛选，将12个指标精简为5个具有代表性的公因子，并对5个公因子进行解释和命名，计算公因子得分。然后采用熵值法确定指标权重，指标的信息熵值越大，差异系数就越小，计算出的权重也越小，对绩效评价结果的贡献就越小；反之，则对绩效评价结果贡献越大。两者结合使用，一方面使结果更加精确，另一方面避免单一方法造成的主观性，故该方法使结论更科学；所建立的财务绩效评价指标体系包含环境价值因素，体现新能源特色，同时兼顾财务指标与非财务指标，使评价结果更全面。

（2）环境效应对财务绩效影响显著。研究发现环保能力因子 X_2 在所有指标中占比最大。其中，中来股份、海润光伏、正泰电器、向日葵和科华恒盛的环保绩效表现最佳，而中材科技、天晟新材、旷达科技、福能股份和横店东磁则表现较差。环保能力表现最佳的5家企业在发展能力和营运能力方面也表现最佳，说明新能源企业的环保绩效与发展能力及营运能力存在显著的正相关关系，而环保能力表现较差的5家企业的现金流量能力和盈利能力也表现较差，说明这些企业的现金获取能力和价值创造能力之间也存在相关性。

（3）各新能源企业之间财务绩效水平差异显著。不仅环境效应对财务绩效影响显著，各企业之间绩效也存在显著差异，如正泰电器的环保能力几乎是华仪电气环保能力的2倍。同样，从综合排名看，正泰电器排名第3，而华仪电气位列第40。总体上，企业发展能力均较强，而现金获取能力和盈利能力较弱，说明环境效应指标的引入使新能源企业的绩效在原有基础上有所提升，但同时存在现金获取能力和盈利能力不足的问题，这也可以从侧面反映出我国新能源企业未来的发展潜力和提升空间较大。

（4）新能源企业总体现金流能力不足。新能源企业环境效应显著的事实已不证自明，但其存在的问题也不容忽视，由于新能源企业资金需求量较高，且其投资回报周期较一般企业长，致使其收入很难弥补因规模快速扩大而产生的巨大后续投入。尽管党的十八大、十九大以及“十二五”“十三五”规划明确指出，要将新能源等新兴产业放在战略发展的重要位置，但新能源企业整体现金流能力不足的现实问题成为制约企业整体绩效的重要因素。因此，新能源企业在关注自身资金获取能力的同时应努力改善流动资金不足的现状，坚决扫清限制企业整体绩效水平的拦路虎。

9.1.2 成本与价格补贴相关性结论

（1）新能源发电成本结构特点。在研究对象的选取上，本书选择了新能源发电和传统火电，其中新能源发电以风力发电和光伏发电为主，然后对新能源发电与传统火电之间的成本结构特点进行分析。通过对新能源发电在初始阶段的投资成本分析可知，以风力发电和光伏发电为主的新能源发电企业初始投资阶段设备购置费用占据主要地位，风电主要是风机及相关设备的需求，光伏发电主要是光伏组件及相关设备的需求，同时设备的安装费用受发电厂规模和设备数量的需求量影响，在企业初始投资费用中占据一定比例。不同型号的发电设备不仅影响购置成本，也将影响到运营期间的发电效率。

通过对新能源发电在运营阶段的生产成本分析可知，新能源发电是将诸如风能、太阳能等自然界的可再生资源通过机械设备转化为电能，在主营业务成本中折旧与摊销费用占主要地位，折旧费用受新增设备投入与报废设备等因素影响，实质上反映了生产能力成本。在初始投资中没有煤等传统化石能源的投入，在生产环节成本的分析中不存在消耗传统化石能源，没有燃料成本费用，在随后的费用支出中也不会有环境治理成本的支出。

（2）新能源发电成本水平特点。本书首先对新能源发电与传统火电之间的成本水平差异进行时间序列分析，认为新能源发电成本明显高于传统火电，缺乏市场竞争能力。其中，不同新能源发电方式之间成本水平也存在差异，光伏发电度电成本水平较高，目前处于0.5—0.8元/千瓦·时，风力发电经过发展成本水平已逐渐接近传统火电，目前处于 0.2—0.3 元/千瓦·时，得出新能源发电项目与传统火电项目相比具有明显成本差异的结论；不同新能源发电企业间也存在成本差异，发电市场集中在大型发电企业，规模化效应明显。其次以风力发电产业为例，建立发电成本的学习曲线模型，描述了在装机容量与技术的共同作用下风力发电成本逐渐下降的变化趋势。

（3）成本对价格补贴的影响。本书对 22 家新能源发电企业 2014—2017 年面板数据进行了实证分析。研究发现，新能源发电与传统火电之间的成本差异导致上网电价之间的差异，并产生了政府对新能源发电产业发展的补贴需求，而成本和电价之间的差异决定着补贴的额度和比例。面板数据回归结果显示，成本与价格补贴之间存在显著的正相关，前期成本的逐渐下降需要较强额度的补贴支持，从而迅速扩大新能源发电产业市场，减轻资金和运营过程中的困难。因此在有效使用补贴资金的情况下，补贴给政府扶持的企业，企业反过来也会致力于成本水平的下降，提升新能源发电产业的技术水平，创造更多政府所期望的收益。补贴作为政府干预市场的一种直接手段，在推动新能源发电产业的发展方面起着很大的作用。

9.1.3　价格补贴对投资结构影响相关结论

在应用 Richardson 投资效率模型基础上，加入新能源产业政府价格补贴指标，建立新的新能源企业投资效率评价模型。利用 Richardson 投资效率模型对选取的新能源上市公司样本进行多元回归分析，得出了新能源企业存在过度投资的结论，然后在 Richardson 模型中将价格补贴作为影响因子加入，得到新的投资效率模型并进行回归，对比两次回归的残差得出了价格补贴与投资行为的强相关性结论。

9.2 主要政策建议

9.2.1 财务绩效评价相关建议

针对以上问题，本书从企业和政府两个角度给出如下建议：

(1) 企业视角。

①抓住机遇，迎接挑战，适时扩大企业生产规模。新能源产业作为我国“十二五”和“十三五”规划当中重点发展的战略新兴产业，具有传统能源所不具备的清洁、无污染等显著的环境效应价值，是当代以及今后很长一段时期内全球能源发展的重要方向，据此可以推测，在未来很长一段时间内新能源产品的需求将呈现急剧增长的发展态势，其利润空间可想而知，因此，站在新能源企业的立场来分析，针对那些正处在发展初期的新能源企业来讲，首先要准确定位自己，其次要抓住每一次发展机遇，利用战略性新兴产业这一特殊身份充分享受政府所给予的各种优惠补贴，在确保持续经营的前提下适度扩大企业的生产规模，提高市场占有率是其目前发展战略的重中之重。

②以主营业务为核心，发展多元化战略。近几年我国新能源产业发展势头高涨，发展速度突飞猛进，但其起步晚以及相关技术水平欠缺也是不争的事实，尤其对于处于起步阶段的新能源企业，外界的经济环境和行业环境极易对其产生不利影响。因此，要想使新能源产业维持稳定的现金流和利润，保持良好的发展状态，建议其可以在发展主营业务的同时适度实施相关多元化发展战略，为主营业务发展提供必要的保障，同时也可以实施非相关多元化发展战略，扩大和延伸业务范围，避免“将所有鸡蛋放

在一个篮子”带来的风险，从而实现新能源的多样化，达到相辅相成的效果。

③进一步强化新能源企业的现金流管理。通过分析发现，2015 年 83.33% 的样本企业现金流小于零，这成为新能源企业可持续发展道路上的巨大障碍。据此，建议新能源企业可以采取如下措施：首先准确定位自身所处的发展阶段和发展水平；其次，在对市场需求进行科学预判的基础上合理安排生产日程，同时，最大限度地降低各个生产环节的成本；最后，加强企业的信贷管理、缩短应收账款回收期以及提高资金利用效率等都是强化新能源企业现金流管理的重要手段，与此同时也要重点投资高效率、高回报的项目，从而提高整体的资金利用率。

④注重企业技术研发，形成企业核心竞争力。新能源产业属于技术密集型产业，我国新能源企业虽然起步较晚，且各项技术水平有待提高，但也正是这一点足以说明我国新能源未来的发展空间很大，发展潜力可观。纵观我国新能源发展现状可知，目前新能源多集中在太阳能、风能和生物质能领域，大多数新能源企业的主营业务是新能源相关产品的制造，且大多属于同质产品，产品之间存在较大的替代性。鉴于此，建议企业还应该进一步加大对新能源相关技术的研发投入力度，提高技术攻关水平，要积极主动实施“引进来，走出去”战略，实施标杆管理，多向标杆企业学习，做到以我为主，为我所用，从而形成自己的核心竞争力，创造不可替代的优势。

（2）政府视角。

①制定和完善相关配套政策，健全社会化服务机制。由于我国新能源产业成长时间较短，无论是资金方面还是市场竞争方面都存在较大的不稳定性，为扶持这一战略新兴产业健康成长，政府的政策引导起着重要的作用。因此，从政府的角度出发设计并

出台一些政策可以有效帮助企业健康成长，首先，可以通过开发与“低碳”相关的金融工具来帮助新能源企业缓解资金压力，这就需要众多金融机构的参与，同时，这种方法可以使新能源企业的贷款标准降低，从而加大新能源企业在环保方面的资金投入，创造更大的环境效益价值；其次，直接给予资金补贴可能是新能源企业最乐意接受的，同时注重加大新技术的研发投入力度以及加强对专利技术的保护和推广工作也是促进新能源产业发展的重要方式；最后，政府及相关部门应该持续不断地建立健全新能源企业的社会服务机制体制，为新能源企业的可持续发展提供必要的行动指南。

②合理配置有限资源，提高建设项目投资回报率。资源的有限性与人类需求的无限性这一矛盾始终存在，鉴于此，政府应该根据新能源企业当前发展状况和未来发展潜力配置有限的资源，避免由于恶性竞争导致的资源浪费和低效率。因此，相关部门在进行政策制定时，要充分考虑新能源的价值创造能力和未来发展潜力，将更多的资源分配给价值创造能力强、未来发展潜力大的企业，从而提高资源的利用效率；同时也要不断加大新能源的基础性研发经费，保证新能源在研发过程中不至于因经费问题而停滞，为新能源的技术研发和产品推广提供必要的物质保障，重点投资于回报率高的建设项目，淘汰那些价值创造能力小、资源浪费严重的建设项目，优胜劣汰，从而形成规模效应。

③提高技术研发水平，引进先进管理经验。新能源属于技术密集型和资金密集型产业，因此，不断提高新能源企业的研发投资以及技术创新能力和水平是新能源企业核心竞争能力得以有效维持的关键。首先，应该进行标杆管理，选择经营表现良好的标杆企业，以此为参照，先通过分析本企业的经营状况，然后再将其与标杆企业进行比较，找出差距并分析差距产生的原因；其次

就是设计有效的方法缩小和消除这种差距，从而达到与标杆企业相同或相似的业绩状况。因此，通过提高技术研发水平与引进先进管理经验来扭转这种局面可起到相辅相成的效果，技术研发水平是从企业内部突破，而引进先进的管理经验是从外部提高强化，技术与管理相结合，内外部双管齐下，为新能源的可持续发展打下坚实的基础。

综上所述，基于环保能力在所有指标中所占比重最大这一结论，以及环保能力与发展能力、营运能力之间存在显著正相关性的事实，建议企业应该进一步加强自身发展，以发展促进环境效应价值的创造，以发展促增长，实现良性循环。另外，企业应注重整体的协调发展，顾全大局，统筹兼顾，重点关注发展劣势，补齐短板，形成各方面协调发展、齐头并进的良好态势，同时建议政府部门继续加大对新能源企业的政策倾斜力度，给予新能源企业引导和激励，创造更大的环境效应，带来更大的社会价值。

9.2.2　成本与价格补贴相关性建议

（1）积极促进新能源发电产业成本的降低。对于风力发电产业成本已经接近传统火电成本水平，在规模化发展的将来，给予发电企业的上网电价补贴政策即将调整，全国范围内已经开始逐渐试行推广无补贴政策，这就要求发电企业在现有补贴的情况下，积极促进新能源发电产业技术的发展和成本的降低，从而从根本上形成自己的竞争优势。长期来看，新能源发电在成本及社会环境效益等方面都优于传统煤电，积极降低新能源发电产业的成本水平，不仅包括生产环节的度电成本，还包括其他与生产经营相关的因素，如电网建设。新能源发电地远离用户集中地，这带来了不同程度的消纳困难，导致发电量不能有效上网，造成成本浪费。因此，积极完善相关政策，降低土地费用、开发费用等非技术成本，积极建设智能电网，完善发电厂电网建设，引领技术进步和产业升级，降低新能源发电成本；积极推进新能源发电产业的市场化，鼓励以竞价方式获得发电项目，倒逼成本的降低，促进新能源的消纳。

（2）积极实施有效的补贴政策。政府补贴属于转移支付的一种，是政策用于干预市场、扩大需求的政策工具，应该根据市场走向和产业发展水平灵活调整补贴方式、补贴水平及补贴范围等，提高补贴的有效性，促进产业的良性发展，带动技术提升和成本降低，直至补贴退出市场。新能源发电产业价格补贴政策只是政府扶持新能源发展的众多政策之一，主要是为了扩大新能源发电市场，而丰富新能源发电补贴政策也是促进产业发展的重要措施。首先，新能源发电补贴前期可以吸引企业投资和促进技术的进步，因此对于企业生产过程中发生的研发补贴是促进企业技术进步的关键。其次，因地制宜发展新能源发电产业，选择合适的新能源发电方式，能够有效提高上网电量，降低各地的“弃风率”和“弃光率”，从而降低成本。对于发电规模较小、地域分散、用户分散等分布式发电应采取消费侧补贴，提高用户对于新能源发电的认可，从而扩大发电市场。最后，竞争性定价机制是促进市场资源优化配置的有效途径，长期依靠补贴将会降低企业提升根本实力的积极性，影响产业的良性发展。因此，提升补贴政策的有效性，积极促进可再生能源利用，减少对于传统化石能源的消耗，鼓励企业运营新能源发电业务，完善政府的社会职能，建立动态补贴机制，优化补贴政策，不断提升新能源发电产业的发展质量。

（3）积极推进新能源发电产业的发展。积极有序发展风电、光伏发电等新能源发电。按照集中开发与分散开发相结合的原则，因地制宜开展新能源发电项目，提升发电质量，综合考虑发电成本、国家财政支撑力度、社会电价平均水平、电力市场消纳能力等因素，合理确定开发程度，实现就近消纳，降低新能源开发成本，提升新能源开发利用程度，有效减少国家财政补贴等效果。

本书研究是针对我国新能源发电产业成本水平较高，在发电市场中竞争力较弱的情况下引发的学术研究。新能源发电产业具有很大的正外部性，长期来看成本优势更加明显。政府补贴能够促使其迅速发展，应积极承担企业经营过程中的成本和风险。

9.2.3　主要新能源行业价格补贴政策相关建议

光伏补贴下调给企业带来挑战也带来机遇，可以借此机会大力发展核心技术，进一步加强自身实力，为降低光伏发电成本而努力，优化业务模式。从政府部门来讲，应该发挥政策引导作用，将政策重心转为支持光伏核心技术的研发，提高企业自主创新能力，将过度依赖补贴的企业淘汰，鼓励有实力的企业整合，从而提高国内光伏企业国际市场的竞争力。同时也应该从电力体制改革入手，进一步提高光伏企业活力。

考虑风力发电和光伏发电技术的经济特点，因地制宜，科学规划产业发展。积极引入“多主体强制配额 + 可再生能源证书交易制度”。政府应该根据各电站实际情况规定最低的强制固定收购量，维持电站能够有稳定的成本回收期，要进行电网输送消纳的，尽可能以就近原则的方式消纳，并实施可再生能源绿色证书交易制度，逐渐提高人们对新能源发电的接纳意愿，完善配额交易平台，可强制规定企业消纳自身用电一定比例的新能源电力。制定明确的非技术性成本清单，规范操作，节约成本。

生物质能、地热能技术的发展滞后，尤其地热能的开发需要大量的资金和技术，目前国家对这些能源的重视还不够，使得其发展远远落后于光伏、风电产业。合理规划其他新能源产业的发展，制定行业市场准则、技术标准等，建立补贴政策的事后评价机制，及时调整补贴方法与力度，提高政府补贴的效率，防止出现类似光伏、风电投资潮涌现象及投资过度等问题。

9.2.4 完善我国新能源价格补贴政策的途径

（1）完善新能源电价定价机制。国际经验表明，不同国家在制定本国的价格补贴机制时均进行了本土化改造，所以在具体的电价补贴机制设计内容上都有所差异。目前，我国新能源电价定价主要为政府定价，在市场经济为主导的今天这显然不是最终的定价方式，所以应该根据我国新能源发展的实际情况，努力寻求居民消费水平与新能源电价之间的平衡点。一方面，要使新能源产品定价机制随着新能源产业实际及时更新，国家新能源政策也需要及时调整，充分考虑到随着技术的进步、产业规模的集聚导致新能源发电成本下降的各种因素，实时降低补贴；另一方面，相比欧盟等地域差异较小的情况，我国新能源资源产品定价机制应该充分考虑到区域经济发展不平衡与新能源资源不平衡等实际问题，例如目前我国风电上网电价补贴的地区专项性，按照资源状况和经济发展水平分为四类资源地区，各地区上网电价补贴各不相同，避免“一刀切”的做法。我国目前采取的以传统能源发电成本为参照的定价方法不是最终、最好的定价方法，最终定价机制一定是逐渐走向市场化的过程，对于有条件的地区项目可以试点实行电价平价上网的推广，也可以试点建立一套新的完全按照新能源发电系统的计价方法。

（2）加快体制改革，缓解新能源发电上网难问题。我国新能源发电上网难根本原因还是管理体制问题，电网一家独大，输、配电和电力调度权集于一身，加上新能源上网要增加额外成本，法律上强制性的全额收购规定缺少内在执行的激励，导致电网缺乏积极性去解决与新能源规划脱节的问题，不愿意消纳新能源发电。解决这些问题还是要从体制改革和政策调整入手。为了实现电力调度、规划、交易、结算等电力公权机构独立运行，首先要加快电力管理体制改革，把电力调度从电网运营分离出来；改善电力的调度和管理办法，实现调度制度公开化，推广节能发电调度，保证和落实新能源发电优先收购。其次要加大对电网公平接入的监管，切实执行《可再生能源法》的相关规定，保证各类投资者无歧视地使用电网设施，积极引导市场机制，向有利于新能源发展的方向。再次要重视新能源发展与电网发展的配套规划，有重点、分步骤地推进驻点网、智能化配网和储能建设。具体措施包括放宽电网建设市场准入标准，拓宽电网融资渠道，吸收更多的资金，尤其是新能源资源丰富的地区电网建设不能滞后；加快输电通道和新能源项目入网线路的建设，特别是加快已建成新能源项目的接入线路建设，解决设备撂荒问题。同时可探索通过上网电价补贴政策的调整，调动电网的积极性。最后可以在《可再生能源法》管制规定的基础上，给电网额外的激励，既弥补其一部分消纳新能源发电的成本，从长期看还将促进电网加快智能电网研发、建设的力度，增强其整合新能源发电的努力。

（3）提高新能源补贴效率，确保补贴需求与来源平衡。在市场经济中，成本—收益关系是所有经济政策制定的基本依据，解决补贴资金缺口的问题要从开源和节流两方面抓。我国的新能源价格补贴目前采用的是类似于传统能源“输血式”的补贴，可以提高产能规模，但也导致了资金缺口大的问题。首先应该确定的是以我国目前的经济发展水平到底应该投入多少资金用在新能源价格补贴上，从补贴资金总额来进行限制，具体总额的确定可以参考欧美等发达国家新能源补贴的金额，结合我国经济水平与欧美发达国家经济水平的差距对比，确定最优的补贴限额；其次是价格补贴资金使用的结构优化，加强价格补贴监管力度，严控项目审核，实施项目竞争补贴的机制倒逼技术的发展。近年来，西北部的光伏、风电发电基地因为远离用电负荷区，市场需求和发电输送等困难的存在，导致限电比例较高，资源浪费现象严重，价格补贴支持的重点可以由集中式发电项目转向“就近利用”的分布式发电，尤其适用于偏远的农村地区。

价格补贴资金来源主要有财政资金、碳税和电力消费附加三种。目前我国尚未开征碳税，可以有两种方式来缓解补贴资金压力：一是提高电价附加额；二是从财政中支付一定金额。从现实看，这两种方式都是可行的，但考虑到不同资金的福利影响和社会公平问题，在制定合理电价附加的基础上，从个别的税源中抽取一定资金来支持新能源产业的发展，如企业所得税、环保税等，也可以作为可能的政策选择。

（4）在 WTO 框架下进行合理规避。首先要避免使用禁止性补贴。从最早的美国 301 调查，以及 2018 年欧盟对华光伏“双反”案中可以看出我国新能源补贴政策中还存在着禁止性补贴，特别是地方政府滥用补贴政策的现象比较普遍，要有针对性地取消各级地方政府给予 SCM 协定中禁止性补贴的权利，尽量将补贴投入研发过程，将直接补贴变为间接补贴，避免在贸易环节补贴。其次要尽量避免补贴的专向性，一项补贴只有具有专向性才会受到 SCM 协定的约束。因此，政府的补贴应当将对象泛化，尽量避免特定企业或者特定产业，尤其不能触碰 SCM 中明文规定的，具体措施可以实施竞争性补贴，所有要获得补贴的企业必须通过一定的竞争性程序，这样可以极大地规避 SCM 协定专向补贴的嫌疑。如果专向性补贴不可避免，可以从补贴的方法和补贴幅度这两方面合理利用规则，避免成为外国政府的诉讼目标。比如政府最好在允许的幅度内给予可诉性补贴，包括对某一产品从价格补贴不超过从价总额的 5% 以及补贴少于商品价值 1% 的微量补贴等。

9.3　总结与展望

本书一改传统成本视角，而是站在社会价值贡献的角度，关注新能源产业的正外部性，以环境效应价值为切入点，建立包含环境效应价值指标的新能源企业财务绩效评价指标体系，综合运用因子分析法和熵值法对所选取的 48 家新能源样本企业财务绩效进行评价，通过实证研究得出结论，进一步发现环境价值因素对新能源企业财务绩效的重要影响，同时发现新能源企业发展过程中存在的一些问题，并据此提出相应的对策建议。具体过程为：首先，通过对新能源上市企业的信息进行收集、汇总、整理，测算了新能源企业的环境效应价值，包含资源节约价值和环境改良价值两个方面；其次，构建了包含环境价值指标和财务指标两个维度的新能源企业财务绩效评价指标体系；最后，综合运用因子分析法和熵值法对所选样本企业进行评价，得出综合得分与排名，并全方位、多角度分析环境效应价值对新能源企业的重要影响。

另外，以新能源发电成本和投资为切入点，系统分析不同阶段新能源发电成本特征及发电成本水平，建立新能源发电成本学习曲线模型，对所选取的新能源发电样本企业的成本与价格补贴之间的关系进行分析，并对新能源产业投资效率进行实证分析，分类型讨论不同新能源行业投资结构和补贴政策的选择。通过对面板数据实证研究得出结论，并提出相应的建议。

由于研究能力和研究时间的有限性以及指标体系构建的复杂性，本书的研究尚存在很多不足之处，主要表现在以下几个方面：

（1）由于我国新能源行业整体发展历史较短，企业数量不多，在证监会的行业划分中并没有单独的新能源行业板块，同时很多新能源企业除主业外还有其他副业，因此，按所选指标2015年数据完整性，再剔除不符合选样要求的样本后仅剩下48家上市企业，样本容量有限，且所得数据并非第一手资料，因此，数据质量有待进一步提高。

（2）企业绩效受众多因素的影响，新能源企业带来的社会价值是多方面的，本书在重建指标体系时，仅选择最能代表新能源特点的资源节约价值和环境改良价值，而新能源企业创造的环境效应价值应不限于以上两种，还有诸如土地资源、水资源等的节约，可进一步细化，本书并未涉及。同时资源节约价值和环境改良价值也是根据历史发电量数据推算出来的，其准确性和科学性有待进一步商榷。

（3）未区分各新能源上市企业所处的生命周期，在对新能源上市企业进行财务绩效评价时并没有将企业的上市年限考虑在内，这就使得一些经营状况良好、财务水平突出但上市时间较短的新能源企业没有突显出来，使整体绩效评价结果缺乏代表性。

（4）在政策建议方面，本书仅概括性提出应对新能源企业实施补贴，但并未给出具体的价格补贴措施。由于不同类型的新能源企业情况存在差异性，所以相应的政策也应进一步细化到各类型的新能源企业，因此，这也成为未来进一步研究的重要方向。

（5）由于我国不同新能源电力发展水平存在差异，规模化效应不同，本书在成本对价格补贴相关性研究中选择发展相对成熟的风电为例，没有对光伏发电等其他新能源发电产业的补贴进行论证。在进一步研究过程中，应该扩大研究的样本类型，充分考虑到其他电力形式。

（6）由于我国新能源发电产业发展历程较短，巨潮资讯网数据库中关于新能源发电业务的企业数量较少。因此，在保证 2014—2017 年的数据完整性及良好财务状况的要求下仅剩下 22 家经营新能源发电的企业，样本容量有限，且财务数据完全从企业年报中获得。因此，数据质量还有待进一步提升。

（7）本书的成本数据来源于巨潮资讯网中相关企业的年报，发电成本分析表等信息从 2015 年度开始在年报中体现，导致本书选取的企业成本年度信息有限。因此，数据深度有待进一步增加。

针对以上研究的不足之处，今后可以尝试从以下几个方面完善：

（1）今后可进一步扩大研究样本的范围，从横向的新能源企业种类和纵向的样本年限跨度两个方面扩充样本研究范围，使样本的覆盖面更广，研究结论更具有普遍性和代表性。同时，由于现有研究所获取的资料并非第一手资料，今后可争取与新能源企业建立合作关系，深入了解新能源企业发展动向，获取第一手资料，提高研究结论的准确性。

（2）针对环境效应价值指标测算准确性以及环保指标较少的问题，其与样本容量较少的问题具有共性，可以与新能源企业建立合作伙伴关系，一方面，可使研究更具有微观价值和操作性，能反映企业的真实情况，同时，获取的第一手资料也为研究提供坚实的保障，为政策建议的制定提供可靠数据；另一方面，在今后的研究中可进一步扩大环境效应价值的范围，充分挖掘新能源企业的社会价值，使研究结论更加全面。

（3）企业所处生命周期不同，其发展经营状况也存在差异，区分企业发展的生命周期对于提高研究结论的准确性和政策制定的针对性具有重要的参考意义。因此，在今后的研究中应将企业所处的生命周期考虑在内，区分不同企业的不同成长阶段，使研究角度更加全面，研究结论更加可靠，所提出的政策建议更具有针对性和实效性。

（4）由于本书只是建议在给予新能源企业补贴时，将其所创造的环境效应价值作为参考依据，但并未给出具体的实施措施。因此，后续研究可进一步细化，区别对待新能源企业价格补贴，对环境效应价值量创造大的企业可适当加大补贴力度，对环境效应价值量创造小的企业应适度缩减补贴额度，这样既可以引导和激励新能源企业提高资产利用率，积极创造社会环境价值，又可以使补贴资金物尽其用，避免浪费，提高资金利用率，充分发挥财政资金的作用。

（5）下一步研究应扩大研究样本的内容，充分考虑到不同电力形式下成本与补贴政策的特点。今后将对不同新能源发电的成本进行研究，建立其成本变动规律模型，深入分析新能源发电产业的成本特点。

附录（本书相关数据节选）

附录 1

2015 年新能源上市企业指标原始数据

序号	企业名称	C_{11}	C_{12}	C_{21}	C_{22}	C_{31}	C_{32}	C_{41}	C_{42}	C_{51}	C_{52}	C_{61}	C_{62}
1	甘肃电投	4.08	38.8961	22.19	0.10	71.86	1.12	-9.66	-0.20	48.3277	0.0912	1975326885	2179163047
2	鑫茂科技	8.02	6.7185	8.09	0.57	44.21	3.91	59.72	165.26	23.7299	0.2205	110984682.9	122437314.9
3	银星能源	3.09	31.3213	3.19	0.13	81.57	0.70	-16.22	-6.93	52.7213	0.0931	211531068	233359192.4
4	中材科技	6.15	21.6172	3.79	0.73	61.40	8.11	31.71	12.01	18.976	0.1676	75798632.7	83620377.29
5	九鼎新材	3.02	25.8014	3.02	0.36	58.78	1.48	-7.51	105.68	8.993	0.0582	233306325	257381462.3
6	金风科技	7.47	26.5087	2.47	0.61	66.92	7.10	69.80	13.50	22.7881	0.1358	2077981668	2292410890
7	大连重工	0.18	17.2934	1.12	0.40	61.87	2.12	-13.25	0.51	0.3972	0.0036	104624925.3	115421286.8
8	通裕重工	4.24	23.0659	2.50	0.32	51.02	1.56	13.96	1.65	5.9073	0.0416	177312807	195609911.3
9	中闽能源	5.52	34.5507	8.07	0.26	48.02	1.50	-52.72	51.13	100.9468	0.2303	173303394.6	191186763.2
10	长城电工	2.55	26.11	1.19	0.41	58.12	2.02	-12.29	1.75	0.2029	0.0016	174547695	192559464.4
11	华仪电气	2.62	24.0008	0.97	0.34	42.38	2.70	17.77	109.40	2.7799	0.0221	115443426	127356160.6
12	湘电股份	2.46	14.7796	1.50	0.54	78.51	1.18	22.59	80.25	2.1646	0.0209	208223302.8	229710095.3
13	时代新材	3.05	17.0422	5.26	0.93	63.78	4.08	80.18	57.51	5.4906	0.0325	173856417	191796852.6
14	福能股份	12.14	27.5015	9.54	0.49	52.72	5.25	23.21	14.12	139.4526	0.3201	69784514.1	76985655.15
15	节能风电	4.45	48.0968	2.78	0.09	61.26	1.76	14.88	96.08	38.9428	0.1236	1230613096	1357601420
16	吉鑫科技	4.55	22.0609	2.15	0.45	36.66	6.37	8.03	4.21	19.8873	0.1782	2261515977	2494884307

附录 2

因子分析的 Z - score 标准化处理结果

企业名称	C_{11}	C_{12}	C_{21}	C_{22}	C_{31}	C_{32}	C_{41}	C_{42}	C_{51}	C_{52}	C_{61}	C_{62}
甘肃电投	0.05324	1.44497	2.60426	1.46411	1.10534	0.19914	0.7866	0.36613	0.9337	0.23662	1.03663	1.03663
鑫茂科技	0.41209	2.03573	0.49616	0.33707	0.60131	0.16543	0.79548	0.729	0.08537	0.58202	0.95143	0.95143
银星能源	0.17017	0.62559	0.23644	1.34915	1.70468	0.20421	0.93619	0.41067	1.08523	0.22459	0.84421	0.84421
中材科技	0.19123	0.42411	0.14673	0.95023	0.45972	0.11469	0.15677	0.28531	0.07858	0.24709	0.98895	0.98895
九鼎新材	0.17843	0.0285	0.26185	0.46772	0.298	0.19479	0.73757	0.33466	0.42287	0.44556	0.82099	0.82099
金风科技	0.34713	0.10501	0.34408	0.49036	0.80043	0.12689	1.02534	0.27545	0.05289	0.04576	1.1461	1.1461
大连重工	0.51385	0.89183	0.54592	0.31442	0.48873	0.18706	0.86846	0.36143	0.71933	0.79125	0.95821	0.95821
通裕重工	0.03435	0.26741	0.3396	0.62101	0.18097	0.19382	0.24799	0.35388	0.52929	0.55066	0.8807	0.8807
中闽能源	0.11683	0.97492	0.49317	0.85095	0.36614	0.19455	1.7685	0.02639	2.74844	0.64407	0.88498	0.88498
长城电工	0.23394	0.06188	0.53546	0.2761	0.25726	0.18826	0.84657	0.35322	0.72603	0.80391	0.88365	0.88365
华仪电气	0.22568	0.16628	0.56835	0.54436	0.71426	0.18005	0.16111	0.35928	0.63715	0.67412	0.94668	0.94668
湘电股份	0.24457	1.16375	0.48911	0.2221	1.5158	0.19841	0.0512	0.16635	0.65837	0.68172	0.84774	0.84774
时代新材	0.17489	0.919	0.07305	1.71669	0.60662	0.16338	1.26203	0.01584	0.54366	0.60827	0.88439	0.88439
福能股份	0.89868	0.2124	0.71295	0.03048	0.07604	0.14924	0.03706	0.27135	4.07643	1.21263	0.99536	0.99536
节能风电	0.00954	2.44023	0.29774	1.50244	0.45108	0.1914	0.22701	0.27112	0.61004	0.03149	0.2425	0.2425
吉鑫科技	0.00227	0.37612	0.39193	0.12281	1.06732	0.13571	0.38321	0.33694	0.04715	0.31421	1.34181	1.34181

附录 3

第 j 项指标下第 i 家企业所占的比重 P_{ij}

	P_{ij}				
企业名称	X_1	X_2	X_3	X_4	X_5
甘肃电投	0. 003651592	0. 004842633	0. 004842633	0. 003651592	0. 004842633
鑫茂科技	0. 005565082	0. 002929142	0. 002929143	0. 005565083	0. 002929142
银星能源	0. 005461885	0. 003032339	0. 003032339	0. 005461886	0. 003032339
中材科技	0. 005601196	0. 002893029	0. 002893029	0. 005601196	0. 002893029
九鼎新材	0. 005439535	0. 003054688	0. 003054689	0. 005439536	0. 003054688
金风科技	0. 00354623	0. 004947994	0. 004947994	0. 003546231	0. 004947994
大连重工	0. 005571609	0. 002922615	0. 002922615	0. 00557161	0. 002922615
通裕重工	0. 005497005	0. 002997219	0. 002997219	0. 005497006	0. 002997219
中闽能源	0. 005501122	0. 002993104	0. 002993104	0. 005501121	0. 002993104
长城电工	0. 005499843	0. 002994381	0. 002994381	0. 005499844	0. 002994381
华仪电气	0. 005560506	0. 002933718	0. 002933719	0. 005560506	0. 002933718
湘电股份	0. 005465279	0. 003028944	0. 003028944	0. 005465281	0. 003028944
时代新材	0. 005500552	0. 002993671	0. 002993672	0. 005500554	0. 002993671
福能股份	0. 00560737	0. 002886856	0. 002886856	0. 005607369	0. 002886856
节能风电	0. 004415938	0. 004078287	0. 004078287	0. 004415938	0. 004078287

附录 4

对 P_{ij} 取对数

	Ln（Pij）				
企业名称	X_1	X_2	X_3	X_4	X_5
甘肃电投	-5.612592166	-5.330296768	-5.330296791	-5.612591978	-5.330296758
鑫茂科技	-5.191243538	-5.83304568	-5.83304555	-5.191243426	-5.833045678
银星能源	-5.209961284	-5.798420957	-5.79842097	-5.209961176	-5.798420946
中材科技	-5.184775168	-5.845451396	-5.845451364	-5.184775067	-5.845451392
九鼎新材	-5.214061626	-5.791077665	-5.79107761	-5.214061434	-5.791077667
金风科技	-5.641870101	-5.308773106	-5.308773095	-5.64186987	-5.308773102
大连重工	-5.190071359	-5.835276606	-5.835276609	-5.190071194	-5.835276607
通裕重工	-5.203551808	-5.810070475	-5.810070464	-5.203551691	-5.810070475
中闽能源	-5.202803238	-5.811444399	-5.811444412	-5.202803352	-5.811444385
长城电工	-5.203035696	-5.811017804	-5.811017806	-5.203035541	-5.811017805
华仪电气	-5.192066228	-5.831484569	-5.831484495	-5.192066084	-5.831484574
湘电股份	-5.209340063	-5.799541168	-5.799541105	-5.209339798	-5.799541167
时代新材	-5.202906739	-5.811254775	-5.811254693	-5.202906547	-5.811254771
福能股份	-5.183673415	-5.847587315	-5.847587305	-5.183673643	-5.847587288

附录 5

计算各公因子 $P_{ij} \times Ln(P_{ij})$ 的值

	$P_{ij} \times Ln(P_{ij})$				
企业名称	X_1	X_2	X_3	X_4	X_5
甘肃电投	-0.020494894	-0.025812669	-0.025812669	-0.020494897	-0.025812669
鑫茂科技	-0.028889697	-0.01708582	-0.017085822	-0.028889699	-0.01708582
银星能源	-0.02845621	-0.017582779	-0.017582779	-0.028456213	-0.017582779
中材科技	-0.029040941	-0.016911058	-0.016911058	-0.029040943	-0.016911058
九鼎新材	-0.028362073	-0.017689938	-0.017689939	-0.028362077	-0.017689938
金风科技	-0.020007371	-0.026267776	-0.026267776	-0.020007375	-0.026267776
大连重工	-0.028917049	-0.017054265	-0.017054265	-0.028917053	-0.017054265
通裕重工	-0.028603952	-0.017414053	-0.017414053	-0.028603955	-0.017414053
中闽能源	-0.028621254	-0.017394256	-0.017394256	-0.028621252	-0.017394256
长城电工	-0.02861588	-0.0174004	-0.0174004	-0.028615884	-0.0174004
华仪电气	-0.028870514	-0.017107934	-0.017107935	-0.028870517	-0.017107934
湘电股份	-0.028470498	-0.017566487	-0.017566488	-0.028470504	-0.017566487
时代新材	-0.028618862	-0.017396987	-0.017396988	-0.028618866	-0.017396987
福能股份	-0.029066777	-0.016881142	-0.016881142	-0.029066771	-0.016881142

附录 6

新能源企业绩效综合得分汇总

	$z_j = w_j \times p_{ij}$				
企业名称	X_1	X_2	X_3	X_4	X_5
甘肃电投	0.000703071	0.000992617	0.000992617	0.000703071	0.000992617
鑫茂科技	0.00107149	0.0006004	0.0006004	0.00107149	0.0006004
银星能源	0.001051621	0.000621553	0.000621552	0.001051621	0.000621553
中材科技	0.001078444	0.000592997	0.000592997	0.001078444	0.000592997
九鼎新材	0.001047318	0.000626134	0.000626134	0.001047318	0.000626134
金风科技	0.000682784	0.001014213	0.001014213	0.000682785	0.001014213
大连重工	0.001072747	0.000599062	0.000599062	0.001072747	0.000599062
通裕重工	0.001058383	0.000614354	0.000614354	0.001058383	0.000614354
中闽能源	0.001059176	0.00061351	0.00061351	0.001059175	0.00061351
长城电工	0.001058929	0.000613772	0.000613772	0.00105893	0.000613772
华仪电气	0.001070609	0.000601338	0.000601338	0.001070609	0.000601338
湘电股份	0.001052274	0.000620857	0.000620857	0.001052275	0.000620857
时代新材	0.001059066	0.000613627	0.000613627	0.001059066	0.000613627
福能股份	0.001079632	0.000591732	0.000591732	0.001079632	0.000591732

附录 7

2014—2017 年新能源发电企业数据

企业	年份	成本总额（亿元）	发电量（亿千瓦时）	风电销售收入（亿元）	风电售电量（亿千瓦时）	火电销售收入（亿元）	火电售电量（亿千瓦时）	总资产增长率（%）
华能国际	2014	4.99	19.4	8.98	18.37	1209.47	2753.19	4.5683
	2015	7.2	28.26	12.67	27.18	1132.1	2984.86	-0.3826
	2016	14.44	38.68	24.8	37.16	1185.02	2910.74	3.2322
	2017	16.77	75.93	35.51	73.22	1271.49	3625.92	-0.2806
国电电力	2014	11.26	63.83	31.37	62.78	421.76	1297.95	0.5508
	2015	13.59	72.27	34.92	69.49	364.65	1162.553	1.5529
	2016	15.97	88.96	41.41	85.64	374.25	1333.752	4.7490
	2017	17.9	112.60	50.31	108.67	375.06	1300.187	1.0554
国投电力	2014	2.08	9.259	4.27	9.030	138.83	393.858	8.1842
	2015	2.19	7.621	3.45	7.406	120.47	360.665	5.6361
	2016	2.49	8.881	3.54	8.642	104.86	362.338	10.7583
	2017	3.09	15.237	5.53	14.822	126.66	412.590	2.4580
节能风电	2014	5.66	27	11.68	26	—	—	7.9672
	2015	6.92	32	13.46	31	—	—	35.7643
	2016	7.7	37	14.12	35	—	—	0.7030
	2017	9.07	49	18.61	47	—	—	11.2031

附录 8　　新能源企业投资与财政补贴信息

单位：万元

公司简称	新增投资（2017 年）	Tobin Q 值	资产负债率	现金持有量	上市年限	企业规模	每股收益	新增投资（2016 年）	财政补贴
川投能源	10556019. 88	1. 33	0. 2109	0. 0102	23	24. 0125	0. 7988	25960360. 34	15091685. 92
保变电气	111307726. 81	0. 94	0. 9219	0. 2439	15	22. 9905	0. 071	111729694. 39	29871530. 08
乐山电力	333891086. 15	0. 98	0. 5047	0. 0784	23	21. 6553	0. 3928	139344465. 02	6989814. 60
南玻 A	1207801553. 00	0. 9	0. 5506	0. 0342	24	23. 5651	0. 38	1280689381. 00	91627439. 00
通威股份	4307054711. 05	1. 84	0. 4636	0. 1707	12	23. 7866	0. 3218	3508061246. 59	105081328. 37
中环股份	3884094840. 28	0. 97	0. 5808	0. 2074	9	23. 8585	0. 152	2092581849. 96	81656323. 78
有研新材	141437883. 22	2. 7	0. 0943	0. 0917	17	21. 8986	0. 06	94805053. 00	11253495. 26
拓日新能	257894198. 32	0. 81	0. 5072	0. 0578	8	22. 2927	0. 21	287104101. 17	21801950. 60
孚日股份	639750539. 67	0. 67	0. 5508	0. 0678	10	22. 6868	0. 42	118806082. 55	7803164. 87
航天机电	1301409376. 04	0. 62	0. 5534	0. 1923	18	23. 348	0. 1523	1305144238. 27	22419623. 57
特变电工	3795169951. 60	0. 36	0. 5931	0. 2109	19	25. 0407	0. 6785	4795612010. 90	218005094. 33
金晶科技	511720364. 20	0. 59	0. 5538	0. 1393	14	22. 9755	0. 0266	282894643. 69	6722709. 23
东华科技	690373145. 28	0. 66	0. 6786	0. 2889	9	22. 489	0. 18	5737098. 19	5996602. 77
宏发股份	667279961. 50	2. 85	0. 3099	0. 0982	20	22. 5947	1. 09	528959922. 29	38060384. 98
乐凯胶片	67787831. 67	1. 45	0. 2794	0. 2263	18	21. 445	0. 1103	59574466. 74	5004246. 00
鄂尔多斯	598537801. 11	0. 23	0. 6998	0. 0931	15	24. 5358	0. 26	735222789. 61	231018307. 99
中科三环	192095452. 22	0. 19	0. 1781	0. 2891	16	22. 4442	0. 3	112743049. 35	20576102. 13
中材科技	1546856453. 03	0. 62	0. 5897	0. 1084	10	23. 7474	0. 5276	1301981310. 72	211747081. 27
天奇股份	103715565. 25	1. 07	0. 5827	0. 241	12	22. 2956	0. 28	125557575. 38	50653916. 37

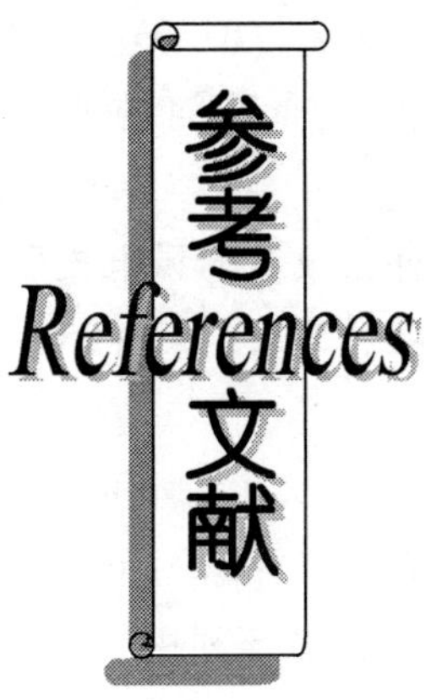

[1]《中国电力年鉴》编辑委员会. 2015 中国电力年鉴［M］. 北京：中国电力出版社，2015.

[2] 巴音虎，王鹏程，董学晨. 新能源电价形成机制的研究［J］. 现代商业，2009（15）：47－48.

[3] 白丽飞. 基于环境溢出效应视角的风电产业环境价值测度——以甘肃风电产业发展为例［J］. 干旱区资源与环境，2016，30（02）：38－44.

[4] 白雪洁，李媛. 我国战略性新兴产业发展如何避免低端锁定——以风电设备制造业为例［J］. 中国科技论坛，2012（03）：50－55.

[5] 蔡杰. 供给侧改革背景下发电行业成本控制与优化研究［D］. 安徽财经大学，2018.

[6] 蔡旺春，吴福象. 托宾 Q 的行业阈值效应与企业投资理性——基于我国上市公司行业面板数据的实证分析［J］. 湘

潭大学学报（哲学社会科学版），2017，41（06）：88－93.

［7］曹新，陈剑，刘永生. 可再生能源补贴问题研究［M］. 北京：中国社会科学出版社，2016.

［8］曾鸣，李晨，刘超等. 考虑电价补贴政策的风电投资决策模型与分析［J］. 电力系统保护与控制，2012，40（23）：17－23＋86.

［9］曾鸣，鹿伟，段金辉，李娜. 太阳能光伏发电成本的双因素学习曲线模型研究［J］. 现代电力，2012，29（05）：72－76.

［10］陈德敏. 循环经济的核心内涵是资源循环利用——兼论循环经济概念的科学运用［J］. 中国人口·资源与环境，2004（02）：13－16.

［11］陈雷，邢作霞，李楠. 风力发电的环境价值［J］. 可再生能源，2005（05）：50－52.

［12］陈龙珠，王军. 新能源光伏产业的示范效应分析与对策［J］. 中国人口·资源与环境，2010，20（S1）：395－397.

［13］陈敏慧，封学军，王伟. 基于多属性综合评价法的港口节能减排水平评价［J］. 水运工程，2012（04）：75－79.

［14］陈胜可，刘荣. SPSS 统计分析从入门到精通［M］. 北京：清华大学出版社，2010，344－358.

［15］陈晓川，方明伦. 制造业中产品全生命周期成本的研究概况综述［J］. 机械工程学报，2002，（11）；17－25.

［16］陈璇，淳伟德. 环境绩效、环境信息披露与经济绩效相关性研究综述［J］. 软科学，2010，24（06）：137－140.

［17］陈媛. 我国可再生能源补贴政策的有效性研究［D］. 青岛大学，2013.

［18］陈招娣. 中国资源税政策的演进路径与发展方向——基于 1982—2016 年国家层面政策文本的研究［J］. 经济社会体

制比较，2018（01）：63－69.

［19］陈志祥. 学习曲线及在工业生产运作研究中的应用综述［J］. 中国工程科学，2007（07）：82－88＋94.

［20］成艾华. 技术进步、结构调整与中国工业减排——基于环境效应分解模型的分析［J］. 中国人口·资源与环境，2011，21（03）：41－47.

［21］迟春洁，麻易帆. 基于改进型学习曲线理论的风电产业学习率估计［J］. 经济与管理研究，2018，39（05）：69－77.

［22］代金辉，马树才，刘宏岩. 社会发展水平统计指标体系的构建与评价［J］. 统计与决策，2018，34（01）：30－33.

［23］邓丽. 环境信息披露、环境绩效与经济绩效相关性的研究［D］. 重庆大学，2007.

［24］邓宗豪. 基于两种产权观的我国自然资源与环境产权制度构建［J］. 求索，2013（10）：235－237＋66.

［25］丁芸，何辉. 新能源上网电价补贴的大气环境福利效应［J］. 财政研究，2015（06）：85－89.

［26］董玉荣. 主体功能区生态补偿的利益博弈与创新机制［J］. 前沿，2017（11）：77－80.

［27］冯茜. 21世纪以来国内马克思劳动价值论研究述评［J］. 经济问题，2018（02）：23－29.

［28］冯之浚. 论循环经济［J］. 中国软科学，2004（10）：1－9.

［29］高微，张鹏林，杨金明等. 甘肃风电产业成本收益分析［J］. 财会研究，2011（14）：53－55.

［30］高薇. 基于循环经济的辽宁新能源开发利用路径探讨［J］. 商业经济研究，2017（10）：214－215.

［31］葛家澍，余绪缨. 会计大典（第四卷）［M］. 北京：

中国财政经济出版社，1999.

[32] 郭立伟，沈满洪. 新能源产业发展文献述评 [J]. 经济问题探索，2012 (07)：123 - 130.

[33] 郭珊珊. 创业板企业的财务绩效评价体系研究 [J]. 现代商业，2011 (08)：190.

[34] 国网能源研究院. 2012 世界能源与电力发展状况分析报告 [M]. 北京：中国电力出版社，2012.

[35] 何代欣. 促进新能源产业发展的财税政策：评估与调适 [J]. 税务研究，2014 (09)：6 - 10.

[36] 何钟. 我国风电产业发展和投资风险研究 [J]. 西安建筑科技大学学报 (社会科学版)，2011，30 (06)：55 - 59.

[37] 胡超. 京沪汉地区光伏资源分析建模与评估 [D]. 上海电力学院，2017.

[38] 黄中翔. 能源补贴对能源消费结构的优化效应研究 [D]. 湖南大学，2014.

[39] 江飞涛，耿强，吕大国等. 地区竞争、体制扭曲与产能过剩的形成机理 [J]. 中国工业经济，2012 (06)：44 - 56.

[40] 蒋葵，雷宇羚. 自然资源资产负债表下自然资源资产价值的确定 [J]. 财会月刊，2015 (34)：31 - 33.

[41] 金玉娜. 基于自由现金流量的上市公司的过度投资问题研究 [D]. 沈阳：东北大学，2008.

[42] 蓝澜，刘强，陈梓等. 新能源比传统能源成本更高吗？——基于 LCOE 方法的中国风电与火电成本比较 [J]. 西部论坛，2013，23 (03)：66 - 72.

[43] 雷海兰. 税收推进供给侧结构性改革的实践与探索 [J]. 中国税务，2017 (03)：60 - 61.

[44] 李光义. 基于自由现金流的上市公司的过度投资行为

[D]. 重庆：重庆大学，2010.

[45] 李国敏，卢珂，黄烈佳. 主体权益下耕地非农化价值损失补偿的反思与重构 [J]. 中国人口·资源与环境，2017，27 (12)：137 - 145.

[46] 李泓泽，郭森，王宝. 我国风力发电的环境价值分析 [J]. 能源技术经济，2011，23 (07)：35 - 39.

[47] 李慧. 国际可再生能源署：可再生能源就业正持续上升 [N]. 中国能源报，2016 - 05 - 30 (009).

[48] 李景文，厉一梅，杨凡，吴圣友，张戈. 风电企业全寿命周期成本研究 [J]. 山东电力技术，2012 (02)：25 - 29.

[49] 李楠. 基于环境会计的企业综合绩效评价体系研究 [J]. 财会通讯，2013 (13)：21 - 24.

[50] 李鹏雁，孙硕. 基于学习曲线的西北地区光伏发电成本分析 [J]. 节能技术，2017，35 (05)：469 - 474.

[51] 李庆. 新能源消费补贴的微观分析 [J]. 财贸经济，2012，(12)：134 - 139.

[52] 李爽. 基于 SFCM 模型的我国新能源企业成本效率分析 [J]. 中国物价，2015，(10)：73 - 75.

[53] 李晓燕. 基于熵值法的上市商业银行绩效评价分析 [J]. 财会通讯，2014 (17)：21 - 22.

[54] 李扬. 企业补贴经济分析 [J]. 经济研究，1990 (01)：72 - 78.

[55] 李英伟. 资源税与环境税功能定位辨析——马克思产权理论的分析视角 [J]. 经济学家，2017 (03)：18 - 23.

[56] 李兆前，齐建国. 循环经济理论与实践综述 [J]. 数量经济技术经济研究，2004 (09)：145 - 154.

[57] 李志学，崔瑜，张侃. 西北地区风电产业正向环境效

应价值测算研究［J］. 干旱区资源与环境，2017，31（05）：100－106.

［58］梁鑫. 新能源产业可持续发展的战略思考［J］. 山东工业技术，2017（04）：71.

［59］林伯强，蒋竺均，林静. 有目标的电价补贴有助于能源公平和效率［J］. 金融研究，2009，（11）：1－18.

［60］林毅夫，巫和懋，邢亦青. “潮涌现象”与产能过剩的形成机制［J］. 经济研究，2010，45（10）：4－19.

［61］凌峰，汤昶烽，卫志农. 全寿命周期成本在海上风电输电方式经济性评估中的应用［J］. 江苏电机工程，2013，32（05）：5－9＋12.

［62］刘晶，黄涛，张楚. 从产业主导权审视战略性新兴产业的发展路径——以光伏产业的双反争端为例［J］. 科学管理研究，2015，33（05）：51－54.

［63］刘满平. 我国新能源价格扶持政策急需改革［J］. 中国石化，2017（1）：56－60.

［64］刘树杰，杨娟，刘晓君. 提高可再生能源补贴效率的政策建议［J］. 中国物价，2017（5）：35－39.

［65］刘喜梅，白恺，邓春等. 大型风电项目平准化成本模型研究［J］. 可再生能源，2016，34（12）：1853－1858.

［66］柳剑平，郑绪涛，喻美辞. 税收、补贴与 R&D 溢出效应分析［J］. 数量经济技术经济研究，2005（12）：81－90.

［67］罗超. 《事业单位会计准则（征求意见稿）》与《企业会计准则——基本准则》之异同比较［J］. 湖南税务高等专科学校学报，2012（03）：42－44＋48.

［68］希尔顿. 管理会计学［M］. 阎达五主译. 北京：机械工业出版社，2003.

[69] 吕俊，孔昭国. 浅谈企业财务会计信息化建设的对策[J]. 科技资讯，2011 (16)：176.

[70] 斯特恩. 发展低碳经济有助于中国未来发展 [J]. 金融博览，2016 (05)：38－39.

[71] 牛学杰，李常洪. 中国新能源产业发展战略定位、政策框架与政府角色 [J]. 中国行政管理，2014 (03)：100－103.

[72] 裴小革. 劳动价值论及相关理论的演变和比较 [J]. 劳动经济研究，2016，4 (02)：3－27.

[73] 彭澄瑶. 2025 中国风电度电成本白皮书 [R]. 2017.

[74] 邱国栋，白景坤. 价值生成分析：一个协同效应的理论框架 [J]. 中国工业经济，2007 (06)：88－95.

[75] 邵铁柱，郑伟. 光伏行业上市公司环境绩效对财务绩效的影响 [J]. 北方经贸，2015 (01)：90－92.

[76] 沈又幸，范艳霞. 基于动态成本模型的风电成本敏感性分析 [J]. 电力需求侧管理，2009，11 (02)：15－17＋20.

[77] 盛国敏. 新能源行业上市公司经营绩效评价体系研究[D]. 安徽大学，2015.

[78] 石如玉. WTO 框架下新能源补贴法律问题研究 [D]. 西北大学，2018.

[79] 史丹. 中国可再生能源发展目标及实施效果分析[J]. 南京大学学报（哲学·人文科学·社会科学版），2009，46 (03)：29－36＋142.

[80] 史丹. 新能源产业发展与政策研究 [M]. 北京：中国社会科学出版社，2015.

[81] 史丹. 新能源定价机制、补贴与成本研究 [M]. 北京：经济管理出版社，2015.

[82] 宋栋，何永秀. 基于双因素学习曲线的风力发电成本

研究［J］. 东北电力技术，2017，38（09）：1－3.

［83］孙林.《联合国气候变化框架公约》中的重要原则——一个参加《公约》谈判的老外交官的回忆［J］. 世界知识，2017（23）：56－58.

［84］孙涛，越海翔，申洪等. 全国风电场建设投资构成与分析［J］. 中国电力，2003（04）：68－71.

［85］唐清泉，罗党论. 政府补贴动机及其效果的实证研究——来自中国上市公司的经验证据［J］. 金融研究，2007（06）：149－163.

［86］涂坦. 国际新创企业绩效的理论与实证研究［D］. 安徽大学，2010.

［87］汪劲. 中国生态补偿制度建设历程及展望［J］. 环境保护，2014，42（05）：18－22.

［88］汪克亮，杨宝臣，杨力. 基于环境效应的中国能源效率与节能减排潜力分析［J］. 管理评论，2012，24（08）：40－50.

［89］王玫，赵晓丽. 我国风电发展经济政策回顾与分析［J］. 中国能源，2011（10）.

［90］王欣，徐岩. 论北京地区上市公司环境绩效对经济绩效的影响［J］. 现代商贸工业，2010，22（23）：110－111.

［91］王艳芬. 气候变化背景下的中国可再生能源法制［J］. 政治与法律，2010（03）.

［92］王正明，路正南. 风电成本构成与运行价值的技术经济分析［J］. 科学管理研究，2009，27（02）：51－54.

［93］王正明，路正南. 风电项目投资及其运行的经济性分析［J］. 可再生能源，2008，26（06）：21－24.

［94］魏敏燕. 新能源补贴与 WTO 规则的关系研究［D］. 复旦大学，2011.

[95] 魏学好，周浩．中国火力发电行业减排污染物的环境价值标准估算 [J]．环境科学研究，2003 (01)：53 - 56.

[96] 魏政，于冰清．我国光伏产业发展现状与对策探讨 [J]．中外能源，2013，18 (06)：15 - 25.

[97] 邬国梅．上市公司过度投资行为及其治理机制的实证研究 [N]．广东商学院学报，2009 - 1：72 - 78.

[98] 吴春雅，吴照云．政府补贴、过度投资与新能源产能过剩——以光伏和风能上市企业为例 [J]．云南社会科学，2015，(02)：59 - 63.

[99] 武瑞娟，李伟鹏，逯曙光．新能源产业投资分析北京 [J] 中国内部审计，2011 (11).

[100] 谢建民，曾建成，邱毓昌．风力发电成本主要影响因素分析与计算 [J]．华东电力，2003 (01)：6 - 8 + 68.

[101] 徐丽萍，林俐．基于学习曲线的中国风力发电成本发展趋势分析 [J]．电力科学与工程，2008 (03)：1 - 4.

[102] 徐胜男，梅强，陈燕等．基于 LMBP 神经网络的创业板企业财务绩效评价研究 [J]．科技管理研究，2011，31 (02)：88 - 90 + 94.

[103] 薛蕴青．火力发电企业成本管理 [J]．会计之友，2013 (06)：60 - 61.

[104] 严丹霖，杨树旺．中国风力发电产业区域分布情况及成因分析 [J]．理论月刊，2015，(05)：125 - 129 + 140.

[105] 严静，张群洪．中国可再生能源电价补贴及对宏观经济的影响 [J]．统计与信息论坛，2014，29 (10)：46 - 51.

[106] 杨东宁，周长辉．企业环境绩效与经济绩效的动态关系模型 [J]．中国工业经济，2004 (04)：43 - 50.

[107] 杨昇．WTO 规则下我国可再生能源补贴政策的困境

与应对策略 [J]. 南海法学，2018，2 (02)：98 - 105.

[108] 杨帅. 我国可再生能源补贴政策的经济影响与改进方向——以风电为例 [J]. 云南财经大学学报，2013，29 (02)：64 - 74.

[109] 杨雯睿，刘欢. 关于灰色关联度模型在企业财务绩效评价中的应用——以伊利集团为例 [J]. 商，2015 (10)：29 - 30.

[110] 杨小力. 西北地区风力发电的环境价值研究 [J]. 生态经济，2010 (07)：143 - 145.

[111] 姚蕾，荀守奎. 基于 DEA 模型的光伏上市公司财务绩效评价分析 [J]. 滁州学院学报，2016，18 (01)：34 - 37 + 50.

[112] 叶雪强，桂预风. 基于 Markov 链修正的改进熵值法组合模型及应用 [J]. 统计与决策，2018，34 (02)：69 - 72.

[113] 尹祥，陈文颖. 基于学习曲线的 CO_2 捕集和可再生能源发电成本 [J]. 清华大学学报 (自然科学版)，2012，52 (02)：243 - 248.

[114] 于连生. 自然资源价值论及其应用 [M]. 北京：化学工业出版社，2004.

[115] 于伟. 基于企业预算管理的会计核算体系的研究 [J]. 财经界 (学术版)，2015 (17)：215 + 315.

[116] 张丹杰. 我国商业银行绩效评价研究——基于价值驱动的 EVA 平衡记分卡 [J]. 特区经济，2015 (08)：64 - 65.

[117] 张广宇. 关于光伏和风电项目度电成本的分析 [J]. 中国电业 (技术版)，2016 (06)：69 - 73.

[118] 张晖. 中国新能源产业潮涌现象和产能过剩形成研究 [J]. 现代产业经济，2013 (12)：7 - 15.

[119] 张京，赵龙兴，易国志. 低碳视角下的能源企业财

务绩效评价［J］. 财会月刊，2013（04）：82－84.

［120］张明明. 基于实物期权的新能源发电项目投资评价研究［D］. 南京航空航天大学，2016.

［121］张朋宇. 我国新能源产业发展的 SWOT 分析——以太阳能产业为例［J］. 华北电力大学学报（社会科学版），2014（05）：17－21.

［122］张希良，陈荣，何建坤. 户用可再生能源发电系统成本效益研究［J］. 可再生能源，2005（01）：12－15.

［123］张晓玲. 可持续发展理论：概念演变、维度与展望［J］. 中国科学院院刊，2018，33（01）：10－19.

［124］张翼鹏. 风电开发企业投资风险分析与控制措施探讨［J］. 当代会计，2014（08）：23－24.

［125］张运洲，黄碧斌. 中国新能源发展成本分析和政策建议［J］. 中国电力，2018，51（01）：10－15.

［126］张昭丞，郭佳田，诸浩君等. 基于全生命周期成本的海上风电并网方案优选分析［J］. 电力系统保护与控制，2017，45（21）：51－57.

［127］章金龙. 企业内部绩效评价研究［J］. 中国集体经济，2012（30）：154－155.

［128］赵天宇. 新能源过度投资现象及治理建议［J］. 企业改革与管理，2016（8）：173.

［129］甄国红，睢忠林. 创业板上市公司财务业绩分析与评价［J］. 财会通讯，2012（06）：83－86＋161.

［130］中共中央马克思恩格斯列宁斯大林著作编译局. 马克思恩格斯全集［M］. 北京：人民出版社，2006.

［131］仲伟周，益炜，郭大为等. 生态环境补偿费对区域可持续发展影响的分析［J］. 西北大学学报（哲学社会科学

版），2017，47（01）：114－122.

［132］周勤，赵静，盛巧燕．中国能源补贴政策形成和出口产品竞争优势的关系研究［J］．中国工业经济，2011（03）：47－56.

［133］朱海宁．低碳经济视角下新能源企业绩效评价体系的构建与完善［J］．现代国企研究，2016（16）：39.

［134］朱贺．中国光伏产业政策效果的研究［D］．天津商业大学，2018.

［135］朱敏，高辉清．欧洲新能源补贴机制调整及对我国的启示［J］．发展研究，2014（09）：47－49.

［136］朱雨晨，林俐，许佳佳等．基于学习曲线法的风电成本研究［J］．电力需求侧管理，2012，14（04）：11－13＋31.

［137］诸大建．从可持续发展到循环型经济［J］．世界环境，2000（03）：6－12.

［138］庄贵阳．能源补贴政策及其改革——为减排提供经济激励［J］．气候变化研究进展，2006（02）：78－81.

［139］Andor M, Voss A. Optimal Renewable－energy Promotion: Capacity Subsidies vs. Generation subsidies［J］. Resource and energy economics, 2016, 45: 144－158.

［140］Badcock J, Lenzen M. Subsidies for electricity－generating technologies: a review［J］. Energy policy, 2010, 38（9）: 5038－5047.

［141］Barrett, John A. The Global Environment and Free Trade: A vexing problem and a Taxing Solution［J］. Indiana law journal, 2001（76）: 829.

［142］Batlle C. A Method for Allocating Renewable Energy Source Subsidies Among Final Energy Consumers［J］. Energy policy, 2011 (39): 2586 - 2595.

[143] Bergmann A, Hanley N, Wright R. Valuing the at Tributes of Renewable Energy Investments [J]. Ener gy policy, 2006, 34 (9): 1004 - 1014.

[144] Briggs R J, Kleit A. Resource adequacy reliability and the impacts of capacity subsidies in competitive electricity markets [J]. Energy economics, 2013, 40: 297 - 305.

[145] Carley S, Browne T R. Innovative US energy policy: a review of states' policy experiences [J]. Wiley interdisciplinary reviews: energy and environment, 2013, 2 (5): 488 - 506.

[146] Castrillo A, Casa G, Merlone A, et al. On the determination of the Boltzmann constant by means of precision molecular spectroscopy in the near - infrared [J]. Comptes rendus - physique, 2009, 10 (9): 134 - 145.

[147] Copeland. Take Some Time to Feel This Over: Relations Between Mood Responses, Indecision, and Creativity [J]. Creativity research journal, 2016, 28 (1): 13 - 21.

[148] Dean J. Pricing policies for new products [N]. Harvard business review. 1950, 28 (6): 45 - 53.

[149] Ding X Q, Han M M, Zhang S N. The role of provenance in the diagenesis of siliciclastic reservoirs in the Upper Triassic Yanchang Formation, Ordos Basin, China [J]. Petroleum science, 2006, 10 (02): 149 - 160.

[150] Du B, Li Z G, Yuan J. Visibility has more to say about the pollution - income link [J]. Ecological economics, 2003, 25 (38): 81 - 89.

[151] Ealconett, Nagasak. Dynamic life cycle assessment

(LCA) of renewable energy technologies. Renew energy [J], 2010, 31: 55-71.

[152] Eric M, Olson, Orville C, et al. Patterns of cooperation during new product development among marketing, operations and R&D: Implications for project performance [J]. The journal of product innovation management, 2001, 18 (4): 134-145.

[153] Evans A. Energy policy planning near grid parity using a price-driven technology penetration model [J]. Technological forecasting & social change, 2009, 31 (06): 347-352.

[154] Feldman. Studying the mechanisms of language learning by varying the learning environment and the learner [J]. Language, cognition and neuroscience, 2015, 30 (8): 134-145.

[155] Finon D. The social efficiency of instruments for the promotion of renewable energies in the liberalised power industry [J]. Annals of public and cooperative economics, 2006, 77 (3): 309-343.

[156] Fokaides P A, Miltiadous I C, Neophytou M K A, et al. Promotion of wind energy in isolated energy systems: the case of the Orites wind farm [J]. Clean technologies and environmental policy, 2014, 16 (3): 477-488.

[157] Françoise N, Andreas U, Cecilia M C, et al. Options to reduce the environmental impacts of residential buildings in the European Union - Potential and costs [J]. Energy& buildings, 2010, 42 (7): 1123-1134.

[158] Geller H, Harrington P, Rosenfeld A H, et al. Polices for increasing energy efficiency: Thirty years of experience in OECD countries [J]. Energy policy, 2006, 34 (5): 556-573.

[159] Govinda R, Patrick A. Narbel. Solar energy: Markets, economics and polices [J]. Renewable and sustainable energy reviews, 2012, 16 (1): 449 -465.

[160] Hillebrand. The expansion of renewable of renewable energies and employment effect in Gremany. [J] Energy policy, (2006): 3484 -3494.

[161] Howard R, Joanne R. Legislated Ethics: From Enron to Sarbanes - Oxley, the Impact on Corporate America [J]. Journal of business ethics, 2010, 57 (1): 134 -138.

[162] Hu J L, Wang S C. Total - factor Energy Efficiency of Regions in China [J]. Energy policy, 2006, 34 (17): 3206 -3217.

[163] Hua Y, Oliphant M, Hu E J. Development of renewable energy in Australia and China: A comparison of policies and status [J]. Renewable energy, 2016, 85: 1044 -1051.

[164] Hugo M, Duncan W, Derek M Robinson. Emerging Threts to Energy Security and Stability [M]. New York: Spinger, 2005.

[165] Isoard S, Soria A. Technical Change Dynamics: Evidence from the Emerging Renewable Energy Technologies [J]. Energyeconomics, 2001, 23 (6): 619 -636.

[166] Johnson C. Void fill and support techniques to stabilize drift excavated through a transition zone mined by a TBM at the Stillwater mine [J]. International journal of mining science and technology, 2017, 27 (01): 71 -76.

[167] Keyuraphan S, Thanarak P, Ketjoy N, et al. Subsidy Schemes of Renewable Energy Policy for Electricity Generation in Thailand [J]. Procedia engineering, 2012, (32): 440 -448.

[168] Koseoglu N, Bergh J, Lacerda J. Allocating Subsidies to

R&D or to Market Applica - tions of Renewable Energy? Balance and Geographical Relevance [J]. Energy for sustainable development, 2013, (17): 536 -545.

[169] Kozue Y, Mitsumasa A, Satyanto K, et al. Evaluation ofthe effect of paddy irrigation on the groundwater quality [J]. Kyushu university. 2008, 53 (1): 209 -214.

[170] Lan C W. Effects of axial vibration on vertical zone - melting processing [J]. International journal of heat and mass transfer, 2011, 43 (11): 1001 -1012.

[171] Lebas. Transformational Leadership, Creativity, and Organizational Innovation [J]. Journal of business research, 2009, 10 (62): 461 -473.

[172] Lee M, James P, Andrew J , et al. High protein diets do not attenuate decrements in testosterone and IGF - I during energy deficit [J]. Metabolism, 2014, 63 (5): 215 -236.

[173] Levirt T. Expioit the produce life cycle [N]. Harvard business review. 1965, 43 (6): 81 -94.

[174] Levitt A C, Kempton W. Pricing offshore wind power [J]. Energy police, 2011, 39 (10): 6408 -6421.

[175] Lin B Q, Jiang Z J. Estimates of energy subsidies in China and impact of energy subsidy reform [J]. Energy economics, 2011, 33 (2): 273 -283.

[176] Lindman A, Derholm P. Wind power learning rates: a conceptual view and meta - analysis [J]. Energy economics, 2012, 34 (3): 754 -761.

[177] Lund P D. Effects of energy policies on industry expansion in renewable energy [J]. Renewable energy, 2009, 34 (1):

53 - 64.

[178] Manoliadis, Vatalis K I. An environmental impact assessment decision analysis system for irrigation systems [C]. The 8th international conference on environmental science and technology, 2001, 9 (12): 8 - 10.

[179] Marousek J, Kova H, Zeman R, et al. Assessing the Implications of EU Subsidy Policy on Renewable Energy in Czech Republic [J]. Clean technologies and environmental policy, 2014 (6): 370 - 375.

[180] Menanteau P, Finon D, Lamy M. Prices versus quantities: choosing policies for promoting the development of renewable energy [J]. Energypolicy, 2003, 31 (8): 799 - 812.

[181] Mizuno E. Overview of wind energy policy and development in Japan [J]. Renewable and sustainable energy reviews, 2014, 40: 999 - 1018.

[182] Moltke A, Mckee C, Morgan T, et al. Energy Subsidies: lessons learned in assessing their impact and designing policy reforms [M]. New York: Greenleaf Publishing, 2004.

[183] Moore C, Carol W. A Learning Commons: Collaboration with Academic Support [J]. Journal of College and University Libraries, 2012, 83 (10): 1112 - 1134.

[184] Oswald D, Anna Felnhofer. Salivary cortisol and cardiovascular reactivity to a public speaking task in a virtual and real - life environment [J]. Computer Human Behavior, 2005, 62 (10): 1134 - 1145.

[185] Philippe M, Dominique Finon & Marie Laure. Prices versus quantities: choosing policies for promoting the development of

renewable energy. Energy Policy, 2003, 10 (31): 799 - 812.

[186] Richardson S. Over - investment of Free Cash Flow [J]. Review of Accounting Studies, 2006 (11).

[187] Roth I. Incorporation externalities into a full cost approach to electric power generation life - cycle costing [J]. Energy, 2014, 29 (12 - 15): 2125 - 2144.

[188] Shahverdi M, Moghaddas - Tafreshi S, Mazzola M S, et al. Impacts of reforming energy subsidies on small scale generator business in Iran [J]. Renewable Energy, 2014, 71: 679 - 689.

[189] Snorre K, Knut E R. Climate policies and learning by doing: Impacts and timing of technology subsidies [J]. Resource and Energy Economics, 2006, 29 (1).

[190] Söderholm P, Klaassen G. Wind Power in Europe: A Simultaneous Innovation - Diffusion Model [J]. Environmental & Resource Economics, 2007, 36 (2): 163 - 190.

[191] Taylor M. Heterotrophic ammonium removal characteristics of an aerobic heterotrophic nitrifying - denitrifying bacterium, Providencia rettgeri YL [J]. Journal of Environmental Sciences, 2003, 21 (10): 1336 - 1341.

[192] Tobin J. A general Equilibrium approach tomonetary theory [J]. Journal of Money Credit and Banking, 1969 (1).

[193] Toshiya J, Akihiro N. Measuring DEA efficiency in cable television network facilities: what are appropriate criteria for determining the amounts of governmental subsidies? [J]. Socio - Economic Planning Sciences, 2013, 37 (1): 134 - 145.

[194] Treffers, Faaij, Spakman, et al. Exploring the possibilities for setting up sustainable energy systems for the long term: two vi-

sions for the Dutch energy system in 2050 [J]. Energy Policy, 2004, 33 (13): 134 - 145.

[195] Wright T. Factors affecting the costs of airplanes [J]. J of Aeronautical Sci, 1936, 3 (4): 122 - 128.

[196] Yang H, Li Q F, Yu J Z. Comparison of two methods for the determination of water - soluble organic carbon in atmospheric particles [J]. Atmospheric Environment, 2003, 37 (6): 134 - 145.

[197] Yelle L E. The learning curve: historical review and comorehensive survey [J]. Decision Sciences, 1979, 10 (2): 302 - 328.

[198] Zhao X G, Liu X M, Liu P K, et al. The mechanism and policy on the electricity prices for renewable energy in China, Renewable and Sustainable Energy Reviews, 2011, 15 (9): 3494 - 4302.